याद की रहगुज़र

बहुप्रशंसित नाट्य प्रस्तुति 'कैफ़ी और मैं'
इसी पुस्तक पर आधारित है

याद की रहगुज़र

शौकत कैफ़ी

लिप्यंतरण

अब्दुल मुग़नी

राजकमल प्रकाशन

ISBN : 978-81-267-1082-9

मूल्य : ₹ 395

पहला संस्करण : 2006
चौथा संस्करण : 2018

प्रकाशक : राजकमल प्रकाशन प्रा. लि.
1-बी, नेताजी सुभाष मार्ग, दरियागंज
नई दिल्ली-110 002

शाखाएँ : अशोक राजपथ, साइंस कॉलेज के सामने, पटना-800 006
पहली मंजिल, दरबारी बिल्डिंग, महात्मा गांधी मार्ग, इलाहाबाद-211 001
36 ए, शेक्सपियर सरणी, कोलकाता-700 017

वेबसाइट : www.rajkamalprakashan.com
ई-मेल : info@rajkamalprakashan.com

मुद्रक : बी.के. ऑफसेट
नवीन शाहदरा, दिल्ली-110 032

YAAD KI RAHGUZAR
by Shaukat kaifi
Transliteration by Abdul Mughni

यह किताब मैं अपने दोनों बच्चों
शबाना आज़मी और बाबा आज़मी
के नाम मा'नून करती हूँ जो मुझे
दुनिया की हर शै से ज़्यादा अज़ीज़ हैं।

एक लफ़्ज़े-तशक्कुर *

मैं जब भी मुड़के देखती हूँ तो अपनी ज़िन्दगी के उतार-चढ़ाव याद करके कुछ हैरत भी होती है, कुछ ख़ुशी भी। सोचती थी कि बीते दिनों के बारे में लिखूँ। बहुत दिनों तक सिर्फ़ सोचती ही रही। आख़िर एक दिन हिम्मत करके लिखना शुरू किया। मेरा बचपन हैदराबाद में गुज़रा है। हैदराबाद का कल्चर बड़ा रँगारंग है। वहाँ रंगों के नाम भी अंग्रेज़ी में नहीं उर्दू में होते हैं और बहुत ख़ूबसूरत होते हैं लेकिन मेरी ज़िन्दगी में जो रंग सबसे गहरा है वह कैफ़ी का रंग है और वह इस किताब में जगह-जगह बिखरा हुआ है। कैफ़ी के साथ मैंने एक भरपूर ज़िन्दगी गुज़ारी है, इसलिए लिखते हुए मुझे किसी मुबालग़े[1] से काम लेने की कोई ज़रूरत ही नहीं पड़ी। बीते दिन ज्यों के त्यों मैंने काग़ज़ पर उतार दिए।

इस किताब के सिलसिले में सबसे पहले मैं जावेद अख़्तर का शुक्रिया अदा करूँगी क्योंकि कैफ़ी के जाने के बाद मेरा दिल बिल्कुल उचाट हो गया था। मैंने यह किताब अधूरी ही छोड़ दी थी, लेकिन उन्होंने मुझसे इसरार करके इस किताब को मुकम्मल करवाया।

मेरी बेटी शबाना उस कप्तान की तरह है जो जहाज़ को अपनी काविश से मंज़िले-मक़्सूद तक पहुँचाता है। यही काम उसने मेरी किताब के साथ किया। अगर शबाना ने इतनी दिलचस्पी लेकर इस किताब के छपने का इंतिज़ाम न किया होता तो शायद यह मुसव्वदा[2] मेरे सिरहाने ही पड़ा रह जाता।

मैं सुहैल अख़्तर की भी मम्नून[3] हूँ, जिन्होंने इतनी मेहनत और तवज्जुह से कम्प्यूटर पर इस किताब को लिखा। उबैद आज़मी और ख़ुसूसन डॉ. ज़हीर अली की शुक्रगुज़ार हूँ, जिन्होंने इस किताब की

* आभार, 1. अतिशयोक्ति, 2. पांडुलिपि, 3. आभारी।

एडिटिंग में मेरी बड़ी मदद की। नसरीन रहमान उर्फ़ चीनी का भी तहे-दिल से शुक्रिया अदा करना चाहूँगी, जिन्होंने इस किताब का अंग्रेज़ी में तर्जुमा[1] किया है।

मैं सलमा सिद्दीक़ी की भी मश्कूर हूँ, जिन्होंने 'एक तअस्सुर' लिखकर मेरी इज़्ज़त-अफ़्ज़ाई की।

–शौकत कैफ़ी

1. अनुवाद।

एक तअस्सुर[1]

मुझे दूसरों की ज़िन्दगी में झाँकना अच्छा लगता है, शायद कुछ और लोगों को भी अच्छा लगता हो। इसकी वजह सिर्फ़ ताकझाँक या तजस्सुस[2] के अलावा भी हो सकती है। अगर ऐसा न होता तो यह नाटक, नौटंकी, सिनेमा, बाइस्कोप, थियेटर और टेलीविज़न, हमारी ज़िन्दगी का अहम[3] हिस्सा क्योंकर बन पाते ? यह तो extension है उस दास्तानगोई[4], मुशायरों, बैतबाज़ी[5], कठपुतली के तमाशों और रक़्सो-सुरूद[6] की महफ़िलों का, जिसे इनसानों ने अमावस की सियाह रातों में, मुसीबतों के बोझ तले, उम्मीद की एक किरन, रोटी के एक टुकड़े, किसी चाँद-से मुखड़े और किसी रौशन मुस्तक़्बिल[7] के इंतिज़ार और इस्तिक़्बाल[8] में अपने दिल में बसा लिया हो। आपबीती और सवानेहउम्री[9] भी इसी ज़ुम्रे में आती है। इसे मोनोलोग या .खुदकलामी भी कहा जा सकता है। मग़रिबी अदब[10] में इसकी मुतअद्दिद[11] मिसालें मौजूद हैं लेकिन उर्दू अदब में इसका इस्तेमाल निस्बतन कम हुआ।

क़ाबिले-ज़िक्र[12] बात यह है कि इस सिन्फ़[13] में सिन्फ़े-नाज़ुक[14] ने चन्द इज़ाफ़े[15] किए। अपने महदूद[16] मुतालआ[17] और उससे भी कम वसाइल[18] के बावुजूद चन्द ख़वातीन[19] ने रोज़नामचे[20] या .खुतूत[21] के ज़रिए अपने और अपने माहौल और मुआशरे[22] के बारे में बाहर की दुनिया से "साफ़ छुपते भी नहीं सामने आते भी नहीं" के मिस्दाक़,[23] एक राबिता[24] बरक़रार रखा और एक रिश्ता क़ाइम किया। उन्नीसवीं सदी के अवाइल[25] में चन्द ख़वातीन ने अपने हालाते-ज़िन्दगी तहरीर किए।[26] अहम नामों में मुहम्मदी बेगम (वालिदा[27] इम्तियाज़ अली ताज) और वालिदा अब्दुल क़ादिर ने उर्दू में इसकी शुरुआत की और नज़्र सज्जाद हैदर (वालिदा

1. छाप, धारणा, 2. जिज्ञासा, 3. महत्त्वपूर्ण, 4. कथा सुनाना, 5. अन्ताक्षरी, 6. नाच-गाना,, 7. भविष्य, 8. स्वागत, 9. आत्मकथा, 10. पश्चिमी साहित्य, 11. बहुत-सी, 12. उल्लेखनीय, 13. विधा, 14. स्त्री वर्ग, 15. वृद्धि, 16. सीमित, 17. अध्ययन, 18. साधन, 19. ख़ातून का बहु., महिलाएँ, 20. डायरी, 21. ख़त का बहु. पत्रों, 22. समाज, 23. चरितार्थ, 24. सम्पर्क, 25 आरम्भ काल, 26. लिखे, 27. माता।

क़ुर्रतुलऐन हैदर) ने इस सिलसिले को आगे बढ़ाया। क़ुर्रतुलऐन हैदर ने अपने मख़्सूस[1] और मुन्फ़रिद[2] स्टाइल में इस फ़न को नुक़्ता-ए-उरूज[3] तक पहुँचाया। पाकिस्तान में चन्द अहम आपबीतियाँ लिखी गईं, जिनमें हमीदा अख़्तर रायपुरी और अदा बदायूनी की तसानीफ़[4] क़ाबिले-ज़िक्र हैं। ये अपनी-अपनी कहानियाँ लिखी तो गईं पाकिस्तान में, लेकिन दोनों ख़वातीन का माज़ी[5] और मैका चूँकि हिन्दुस्तान से वाबस्ता[6] है, जहाँ वो अपना बचपन छोड़ आईं। लेकिन उनकी यादें बग़ैर किसी क़ानूनी रुकावट के उनके साथ-साथ दबे पाँव एक नए मुल्क में रहने-बसने के लिए रवाना हो गईं। हिन्दुस्तान में हमीदा सालिम की सवानेह भी एक निहायत मोतबर[7] और मुस्तनद[8] तस्नीफ़ है। इस सिलसिले की एक निहायत अहम कड़ी किताबी सूरत में इस वक़्त मेरे सामने है 'याद की रहगुज़र'। यह बेगम शौकत कैफ़ी की पचपन साला शबो-रोज़[9] की वह दास्तान है जिसे सच पूछिए तो किसी तआरुफ़[10] या तब्सिरे[11] की क़त्अन ज़रूरत नहीं है। मैंने जब इसे पढ़ना शुरू किया तो बड़ी लापरवाही और बददिली से इस पर नज़र डाली, यह सोचकर कि माना शौकत कैफ़ी एक बहुत उम्दा आर्टिस्ट हैं, बारहा उनको स्टेज पर और फ़िल्मों में देख चुकी हूँ, अब भला उनको राइटर बनने की क्या ज़रूरत थी। लेकिन पहला बाब[12] पढ़ते-पढ़ते ही मैं चौंक गई। घबरा के मैंने इधर-उधर देखा कि कहीं मेरी हैरतो-इस्तेजाब[13] और रश्को-हसद[14] को कोई अनजाना कैमरा तो महफ़ूज़ नहीं कर रहा है।

शौकत कैफ़ी ने किताब की इब्तिदा[15] अपने बचपन और अपने घरेलू माहौल से की जिसके बग़ैर इस आपबीती में वह रंगीनी, मिठास और शाइस्तगी[16] न होती, जिसने शुरू से आख़िर तक तमाम किर्दारों को एक डोर में पिरोए रक्खा। उनके घर का माहौल वैसा ही था जैसा कि उस अह्द[17] में आमतौर के मुसलमान मुतवस्सित[18] घरानों का होता था, जहाँ बाप की हैसियत एक सरपरस्त[19] की होती और माँ औलाद की सेहत और सलामती के अलावा एक सख़्तगीर[20] निगराँ[21] के ओहदे[22] पर फ़ाइज़[23] होती। रोज़ी-रोटी की तगोदौ[24] और बाहर की दुनिया से निबटना घर के मालिक के सुपुर्द होता और बच्चों, मुलाज़िमों[25] और रिश्तेदारों और तीज-त्योहार और मआशी[26] ऊँच-नीच को सँभालना माँ

1. विशेष 2. अद्वितीय, 3. चरम बिन्दु, 4. तस्नीफ़ की बहु., रचनाएँ 5. अतीत, 6. संबद्ध, 7. विश्वसनीय, 8. प्रमाणित, 9. दिन और रात, 10. परिचय, 11. टिप्पणी, 12. अध्याय, 13. आश्चर्य, 14. ईर्ष्या, 15. आरम्भ, 16. उत्तमता, 17. काल, 18. मध्यमवर्ग, 19. अभिभावक, 20. तानाशाह समान, 21. संरक्षक, 22. पद, 23. आसीन, 24. खोज, चिन्ता, 25. नौकर, 26. आर्थिक।

यानी मालाकेन के हिस्से कर दिया जाता। ज़िम्मेदारियों की इस तक़्सीम[1] या समझौते से घरों में अमनो-अमान[2] क़ाइम रहता था और ग़ैर-शुऊरी तौर पर[3] माहौल पुरसुकून[4] रहता। लेकिन इसमें कोई शक नहीं कि बेटे की हैसियत बेटी के मुक़ाबिले में अहम और मोतबर मानी जाती। लड़के की पैदाइश[5] पर लड्डू बाँटे जाते और लड़की की विलादत[6] पर 'अल्लाह की मर्ज़ी' कहकर सब्र कर लिया जाता था। लेकिन शौकत .खुशनसीब थीं कि उनके वालिद रवायती[7] वालिदैन[8] में नहीं थे जो बेटे-बेटी में तफ़रीक़[9] करते। उनके अब्बाजान का ऐसा क़ाबिले-क़द्र[10] और दोस्ताना रिश्ता उस वक़्त तो क्या आज भी मुश्किल से मिलेगा। उनकी वालिदा सौमो-सलात[11] की पाबंद थीं। अपनी औलाद की परवरिश और रोज़मर्रा की ज़िन्दगी में भी तनदिही[12] और सलीक़े से काम लेती थीं। बहन-भाइयों की ज़िन्दगी में कहीं कोई ऊँच-नीच नहीं थी और सब एक-दूसरे के जज़्बात का लिहाज़ करते थे। इस .खुशगवार माहौल ने शौकत कैफ़ी के बचपन और लड़कपन में उनको कहीं किसी Complex का शिकार नहीं होने दिया और इस घरेलू मुतवाज़िन[13] फ़िज़ा ने उनको अपनी आइन्दा[14] ज़िन्दगी को इन्तिहाई हिम्मत, सब्र और ज़हानत[15] से बसर करने में भरपूर तआवुन[16] और हौसला दिया, जिसे आगे चलके उन्होंने अपने बच्चों में बाँट दिया।

कैफ़ी आज़मी से उनकी मुलाक़ात भी एक ड्रामाई अंदाज़ में हुई। तरक़्क़ीपसन्द तहरीक[17] के वो अच्छे दिन थे और उससे भी अच्छे तरक़्क़ीपसन्द अदीब[18] और शुअरा[19] थे। सरदार जाफ़री, मजाज़, मख़्दूम, मजरूह, साहिर, जाँ निसार अख़्तर, जज़्बी और कैफ़ी आज़मी, तुलबा-ओ-तालिबात[20] के लिए मश्अले-राह[21] की हैसियत रखते थे। तरक़्क़ीपसन्द अदीब और शुअरा का क़ाफ़िला हैदराबाद में अपनी तारीख़ी[22] और अहम अदबी[23] कान्फ्रेन्स के सिलसिले में पहुँच चुका था और मेहमान और मेज़बान तक़रीब[24] के ख़यालों में सरशार[25] थे कि .खुदा का करना यूँ हुआ कि वहीं पहली बार शौकत कैफ़ी ने कैफ़ी से मुलाक़ात की। सिर्फ़ मुलाक़ात ही नहीं, अपनी पूरी ज़िन्दगी उनके साथ

1. बाँट, 2. सुख-चैन, 3. बिना जाने-बूझे, 4. शान्त, 5. जन्म, 6. जन्म, 7. पारम्परिक, 8. माता-पिता, 9. भेद, 10. आदरणीय, 11. रोज़ा-नमाज़, 12. तन्मयता, परिश्रम, 13. सन्तुलित, 14. आनेवाली, भविष्य, 15. विवेक, 16. सहयोग, 17. प्रगतिशील आन्दोलन, 18. लेखक, 19. शायर का बहु., कविगण, 20. छात्र और छात्राएँ, 21. मार्ग प्रदर्शक, 22. ऐतिहासिक, 23. साहित्यिक, 24. अधिवेशन, 25. डूबे हुए।

बिताने का फ़ैसला कर लिया। कैफ़ी भी तक़रीबन इसी कैफ़ियत[1] से दोचार थे। इस सिलसिले में उनके दरमियान जो कुछ भी हुआ उसका इस क़दर सच्चा और तफ़्सीली बयान[2] शौकत कर चुकी हैं कि मेरा इस बारे में कुछ कहना बेमानी[3] होगा। लेकिन मुझे यह दास्तान पढ़कर ऐसा ज़रूर महसूस हुआ, जैसे मस्नवी 'ज़हरे-इश्क़'[4] की महजबीं ने अपना बोसीदा[5] काग़ज़ी पैरहन[6] उतारकर अचानक शौकत का रूप धार लिया हो और समाज और उसके नामनिहाद[7] रखवालों से अपना ख़ूँबहा[8] तलब कर रही हो।

कान्फ्रेन्स की कामयाबी और इख़्तिताम[9] पर मन्दूबीन[10] अपने-अपने ठिकानों को लौट गए। कैफ़ी भी, लेकिन कैफ़ी तन्हा नहीं गए। वो शौकत के ख़्वाबों को ज़ादे-राह[11] के तौर पर अपने साथ लेते गए। उसके बाद क्या हुआ ?

एक रौशन-ख़याल[12] और इनसानी जज़्बात की क़द्र करने वाला बाप अपनी बेटी की नई ज़िन्दगी के आग़ाज़[13] में उसका पूरा साथ देने और इन्साफ़ करने के लिए एक अजनबी शहर में पहुँच जाता है, लेकिन कॉमरेड सज्जाद ज़हीर (बन्ने भाई) और उनकी इन्तिहाई दर्दमन्द और मेहरबान शरीके-ज़िन्दगी[14] रज़िया सज्जाद ज़हीर ने बाप-बेटी को चन्द लम्हों में अजनबियत[15] के हिसार[16] से निकाल दिया, और वहीं तरक़्क़ीपसन्द शुअरा और मुसन्निफ़ीन[17] की मौजूदगी में शौकत और कैफ़ी आज़मी ने अपनी नई-नवेली ज़िन्दगी को एक ख़ूबसूरत क़ानूनी और समाजी नाम दे दिया और बम्बई के शबोरोज़ में इस तरह घुल-मिल गए कि पचपन साल की मुद्दत को इस तरह तय किया, जैसे यह सिर्फ़ वह एक तवील[18] लम्हा था, जिसके गुज़र जाने के बाद ही उसकी पहली और आख़िरी अहमियत का एहसास शदीद से शदीदतर हो जाता है।

तक़रीबन निस्फ़ सदी[19] साथ-साथ बिताने में कैसे-कैसे नशेबो-फ़राज़[20] से गुज़रना पड़ा। नए ब्याहता हनीमून पर कश्मीर, पेरिस और स्विटज़रलैंड जाते हैं, शौकत और कैफ़ी ने अपना हनीमून पार्टी कम्यून में गुज़ारा। वहाँ बड़े सितारों वाले होटल नहीं थे तो क्या हुआ ? वहाँ चनार, आल्पूस और रौशन क़न्दीलों वाली रक़्सगाहें[21] नहीं थीं तो क्या हुआ ? उनके

---

1. हाल, 2. सविस्तार वर्णन, 3. अर्थहीन, 4. 18वीं शताब्दी की मिर्ज़ा शौक़ की प्रसिद्ध मस्नवी जो प्रेमकथा पर आधारित है, 5. फटा-पुराना, 6. लिबास, 7. तथाकथित, 8. ख़ून की क़ीमत, 9. समापन, 10. प्रतिनिधि, 11. पाथेय, 12. आधुनिक रीति का समर्थक, 13. आरम्भ, 14. जीवन संगिनी, 15. परायापन, 16. परिधि, 17. लेखकों, 18. लम्बा, 19. आधी शताब्दी, 20. उतार-चढ़ाव, 21. नाचघर।

सामने हरी-भरी मग़रिबी[1] घाट की पहाड़ियाँ थीं। आम, केले और कटहल के दरख़्त थे, चमेली के फूल और मेहँदी के झाड़ थे। सुबह-सवेरे चाय लाने वाले मुअद्दब[2] वेटर और बैरे नहीं थे तो क्या हुआ ? खुली और .ख़ुशगवार फ़िज़ा में एक पतीले में चाय उबलती रहती थी जिसे अपने-अपने मग में लेकर कॉमरेड, ज़ुल्म और नाइन्साफ़ी और नाबराबरी के ख़िलाफ़ जद्दोजहद[3] के लिए बर-सरे-पैकार[4] होते। कैफ़ी आज़मी और शौकत इस हरावल दस्ते के जांबाज़ सिपाही थे।

कम्यून में हर तरह के साथी थे। जो एक बड़े ख़ानदान के अफ़राद[5] की तरह एक-दूसरे से घुलमिल गए थे। पैसे के अलावा उनके पास सब कुछ था और मंज़िल भी एक थी। सब किसी-न-किसी काम में मशगूल रहते। शौकत ने इस माहौल का ग़ौर से और इन्तिहाई दर्दमन्दी[6] से मुशाहदा[7] किया और ज़िन्दगी की बेसरोसामानी[8] को हिम्मत और यगानगत[9] से एक दिलचस्प, बावक़ार[10] और .ख़ुशगवार मोड़ दे दिया। अदाकारी की तरबियत[11] किसी स्कूल में नहीं मिल सकी तो क्या, ज़िन्दगी से बड़ा कौन-सा स्कूल हो सकता था ? अपनी ज़रूरतों को अपने शौक़ और अपनी सलाहियतों[12] के मुताबिक़ ढाल लिया। और आने वाले दिनों में एक बासलाहियत अदाकारा की हैसियत से थियेटर और फ़िल्म की दुनिया में अपने क़दम जमा लिए और अपनी एक मुन्फ़रिद जगह बना ली।

इस दौरान वो अपनी ज़िन्दगी के बहुत ख़ूबसूरत दौर में दाख़िल हुईं और अपने पहले बच्चे की पैदाइश[13] का इंतिज़ार करने लगीं। बर-वक़्त[14] इलाज न होने की वजह से उनका जिगर-गोशा[15] उनसे हमेशा के लिए बिछड़ गया। इस वाक़िए को जिस तरह उन्होंने बयान किया है वह किसी मरसिये[16] से कम नहीं।

मुझे एहसास है कि मैं 'याद की रहगुज़र' पर कुछ ज़्यादा ही तेज़ चल रही हूँ जिसे मुम्बई की ज़ुबान में "खाली-पीली टाइम खोटी मत करो" कहा जाता है। मुझे यक़ीन है कि 'याद की रहगुज़र' अक्सरो-बेशतर लोगों को अपनी और अपने जैसों की ज़िन्दगी के शबो-रोज़ में झाँकने पर मजबूर कर देगी। इसकी एक वजह यह भी हो सकती है कि हर ज़िन्दगी एक

---

1. पश्चिमी, 2. शिष्ट, 3. संघर्ष, 4. लड़ने के लिए तैयार, 5. व्यक्तियों, 6. सहानुभूति, 7. निरीक्षण, अनुभव, 8. निस्सहायता, 9. आत्मीयता, 10. प्रतिष्ठित, 11. सीख, 12. योग्यताओं, 13. जन्म, 14. समय पर, 15. जिगर का टुकड़ा अर्थात् पुत्र, 16. करुण रस की कविता जिसमें किसी की मृत्यु का वर्णन हो।

किताब होती है, किर्दार[1] और हालात और अहद[2] मुख़्तलिफ़ हो सकते हैं लेकिन क़िस्मत की बालादस्ती[3] से किसी को मफ़र[4] नहीं।

मैं शौकत कैफ़ी को उर्दू अदब में एक अच्छी, मुस्तनद[5] और सच्ची तस्नीफ़[6] पर मुबारकबाद देती हूँ। मुझे यक़ीन है कि 'याद की रहगुज़र' को उर्दू अदब में एक गिरांक़द्र[7] इज़ाफ़े की सूरत में लाइब्रेरियों में ही नहीं, दिलो-दिमाग़ की गहराइयों में भी एक जाइज़ मुक़ाम[8] मिलेगा।

–सलमा सिद्दीक़ी

1. पात्र, 2. ज़माना, 3. श्रेष्ठता, 4. बचाव, 5. प्रमाणित, 6. रचना, 7. बहुमूल्य, महत्त्वपूर्ण, 8. उचित स्थान।

अनुक्रम

याद की रहगुज़र

हैदराबाद

मैंने जिस माहौल में आँखें खोलीं वह नीम-तरक़्क़ीपसन्द[1] था। यानी[2] मेरे अब्बा तो लड़कियों की तालीम के इन्तिहाई हक़ में थे लेकिन मेरे दादा और चचा इन्तिहाई ख़िलाफ़। मेरे अब्बा ने 1938 में अपनी दोनों बड़ी बेटियों, यानी मेरी बड़ी बहन लियाक़त ख़ानम (उम्र सत्रह साल) और मँझली बहन रियासत ख़ानम (उम्र सोलह साल) को ख़ानदान की मर्ज़ी के ख़िलाफ़ मिशन स्कूल में दाख़िल करवा दिया था। स्कूल में मख़्लूत तालीम[3] थी यानी लड़कियों के साथ लड़के भी पढ़ते थे। रहा पर्दे का सवाल, तो उन्होंने आज से 95 साल पहले ही अपनी बीवी का बुर्क़ा उसी वक़्त उतरवा दिया था, जब वो उन्हें ब्याह कर सहारनपुर के एक छोटे-से गाँव लोहारी से हैदराबाद ला रहे थे। देहली के स्टेशन पर उनका बुर्क़ा उतारकर अटैची में बन्द करवा दिया था।

मेरे दादा कट्टर क़िस्म के मौलवी, अरबी-फ़ारसी के आलिम[4] थे। जिन्होंने क़ुर्आन शरीफ़ का तर्जुमा[5] उर्दू में किया था। अब्बाजान को अरबी-फ़ारसी की तालीम तो मुकम्मल करवा दी थी लेकिन अंग्रेज़ी के ख़िलाफ़ थे। जब अब्बाजान ने महसूस किया कि अंग्रेज़ी के बग़ैर नौकरी नहीं मिल सकती, तो उन्होंने छुपकर अंग्रेज़ी पढ़नी शुरू की और मैट्रिक पास कर लिया। उनकी अंग्रेज़ी इतनी अच्छी थी कि वो बी.ए. के बच्चों को पढ़ा सकते थे। जब उन्हें महकमा-ए-एक्साइज़ में इन्सपेक्टर की नौकरी मिल गई तो उन्होंने तेलगू पढ़ना शुरू कर दिया, क्योंकि हैदराबाद में नौकरी के लिए तेलगू जानना ज़रूरी था। तेलगू वो बहुत अच्छी तरह पढ़ सकते थे और बोल सकते थे। बच्चों को पढ़ाना उनकी हॉबी थी।

अब्बा रोज़े-नमाज़ के सख़्त पाबंद थे। मेरी माँ भी पाँच वक़्त की नमाज़ पढ़ती थीं। मेरी मँझली बहन रियासत ख़ानम ने, जिन्हें हम छोटी आपा कहते थे, सात साल की उम्र में क़ुर्आन शरीफ़ ख़त्म कर लिया था और नौ साल की उम्र में हिफ़्ज़।[6] मैं भी नमाज़ पढ़ती थी, लेकिन क़ुर्आन शरीफ़ का सिर्फ़ उर्दू तर्जुमा पढ़ा करती थी। मुझे तजस्सुस[7] था कि आख़िर क़ुर्आन शरीफ़

1. अर्ध प्रगतिशील, 2. अर्थात्, 3. सहशिक्षा, 4. विद्वान, 5. अनुवाद, 6. कंठाग्र, 7. जिज्ञासा।

में ऐसा क्या लिखा हुआ है कि आधी दुनिया इसे मानती है।

हमारे अब्बा की तनख़्वाह सिर्फ़ तीन सौ रुपये थी जिसमें वो अपने दस बच्चों की पढ़ाई और खाने-पीने का ख़र्च उठाते थे। मेरी माँ इन्तिहाई नेक, परहेज़गार[1] और किफ़ायतशिआर[2] बीवी थीं। अपने शौहर की पसन्द पर सिर झुकाकर चलने वाली ख़ातून[3] लेकिन इन्तिहाई हस्सास[4] और .ख़ुद्दार[5] भी। मुझे याद है कि मेरे बड़े भाई जान, .ख़ुर्शीद अली ख़ां, जो बी.ए. में पढ़ रहे थे, एक महीने का ग़ल्ला सिर्फ़ चालीस रुपये में लाकर देते थे, जिसमें घी और लकड़ी भी होती थी (उस ज़माने में खाना लकड़ी के चूल्हे पर पकता था)। पकानेवाली मामा की तनख़्वाह आठ रुपये थी। बड़े भाई जान जो उस्मानिया यूनिवर्सिटी के हॉस्टल में रहते थे, उनका माहाना[6] ख़र्च सिर्फ़ इक्कीस रुपये था। मेरी बहनों के ट्यूशन मास्टर का नाम मल्लप्पा था, उनकी फ़ीस सिर्फ़ पन्द्रह रुपये थी। वो सुबह पाँच बजे आया करते थे इसलिए उन्हें नाश्ता भी दिया जाता था। हमारे घर नाश्ते में अक्सर सिर्फ़ खिचड़ी, चटनी, दही और पापड़ होते थे, कभी-कभी क़ीमा भी बन जाया करता था। हम लोग स्कूल शिकरम में जाते थे। यह एक तरह की दो बैलों वाली गाड़ी हुआ करती थी जिसमें चारों तरफ़ चिलमनें और दोनों साइड में सीटें होती थीं, जिन पर कम-अज़-कम आठ लड़कियां बैठ सकती थीं। मुझे आज भी याद है कि जब हम मंगल हाट नाम के एक मुहल्ले से गुज़रते थे तो एक चायख़ाने से बेगम अख़्तर का वह गाना "दीवाना बनाना है तो दीवाना बना दे" ज़रूर सुनाई देता था। गोश्त की दुकान से 'चार गंडे पाव सेर ले जाओ, चार गंडे पाव सेर' की आवाज़ें आती थीं। चार गंडे सोलह पैसे के होते थे। उस वक़्त गोश्त चौंसठ पैसे का एक सेर मिलता था। एक रुपये में छयानवे पैसे होते थे। यह मैं 1941 की बात कर रही हूँ। जब मेरी उम्र तेरह साल की थी और मैं छटी जमाअत[7] में पढ़ती थी। हैदराबाद में हाली पैसा चलता था। छः पैसे का एक आना होता था। हिन्दुस्तान के दीगर[8] हिस्सों में कलदार सिक्के का रिवाज था जहाँ चार पैसों का एक आना होता था। इसी तरह हैदराबाद में महीनों के नाम भी अलग तरह के हुआ करते थे मसलन फ़र्वरदीन, उर्दी बिहिश्त, ख़र्दाद, तीर माह, मुर्दाद, शहरीवर, मिह्र, आबान, आज़र, दे, बह्मन, इस्फ़ंदार[9]।

मुझे दुपट्टे रँगने और चुनने का बेपनाह शौक़ था। मैं बड़ी आसानी से अपने कुर्ते के रंगों और डिज़ाइनों को अपने दुपट्टे पर उतार लिया करती थी। मुझमें यह क़ुदरती देन थी कि मैं कोई-सा भी रंग बड़ी आसानी से दो-तीन रंगों को मिला

---

1. संयमी, 2. बचत करनेवाली, 3. महिला, 4. संवेदनशील, 5. स्वाभिमानी, 6. प्रतिमास, 7. कक्षा, 8. दूसरे, 9. ईरानी महीनों के नाम।

कर बना लिया करती थी। मेरा यह शौक़ देखकर मेरी माँ ने मुझे एक तख़्त दे दिया था। रंगों का डिब्बा, ब्रश्, गोंद गोया हर वह चीज़ जिसकी मुझे रँगने में ज़रूरत महसूस होती थी, मँगवा दिया करती थीं।

हैदराबाद की एक ख़ूबी यह थी कि निज़ाम ने हैदराबाद में उर्दू की बहुत ख़िदमत की थी। एक तो उस्मानिया यूनिवर्सिटी क़ाइम की। हर स्कूल में उर्दू लाज़िमी[1] क़रार दी गई थी। हत्ता कि[2] सरकारी ज़बान भी उर्दू ही हुआ करती थी।

हैदराबाद में रंगों के नाम अंग्रेज़ी में नहीं लिए जाते थे। उर्दू में उनके अपने ख़ूबसूरत नाम होते थे मसलन ज़ाफ़रानी, कासनी, प्याज़ी, कत्थई, ऊदा, तुरई के फूल का रंग, सब्ज़ रंग, मोतिया का रंग, आस्मानी, सुर्मई, शफ़्तालू, काही, उन्नाबी, लाल रंग, मोर कंठी रंग, बैगनी, सन्दली, तमाम नाम अब तो मुझे पूरी तरह याद भी नहीं हैं।

मेरे दुपट्टे इस क़दर ख़ूबसूरत रंगों के होते थे कि स्कूल में लड़कियाँ मेरी क्लास में झाँक-झाँककर देखती थीं कि आज मैंने कौन-से रंग का दुपट्टा ओढ़ा है। उस वक़्त दुपट्टे की मलमल दो आने गज़ थी। जो साड़ियाँ मेरी बहनें पहनकर कॉलेज जाती थीं वो डेढ़ रुपये से छः रुपये तक मिलती थीं। बेहतरीन शिफ़ॉन की साड़ी दस रुपये में मिल जाया करती थी। मेरी बड़ी बहन की शादी में सोना चालीस रुपये तोला था और सच्ची ज़री की, कामदानी या कारचोबी साड़ी सिर्फ़ 30 रुपये या 35 रुपये में मिल जाया करती थी।

एक कपड़ा जो 'कारगा' कहलाता था, बहुत ही ख़ूबसूरत होता था। बारीक सूती जाली पर औरतें धागे से ख़ाने गिन-गिनकर उस पर डिज़ाइन बनाती थीं। यह कपड़ा उस ज़माने में भी काफ़ी महँगा था, यानी अट्ठारह रुपये गज़ मिलता था। उसके कुर्ते लड़कियाँ खड़े दुपट्टे के साथ शादियों में पहना करती थीं। यह सफ़ेद रंग का होता था। उम्र-रसीदा औरतें छोटा-सा कुर्ता साड़ी पर पहनती थीं।

हैदराबाद की चूड़ियाँ भी बहुत मशहूर थीं जिन्हें जोड़े कहा जाता था। ये चूड़ियाँ तरह-तरह के रंगीन नगों से बनती थीं। मुझे याद है कि मेरी बहन की सहेली की शादी हुई और वह नगों का जोड़ा पहनकर अपने शौहर के साथ इंग्लिस्तान चली गई तो वहाँ एक आदमी यह समझकर उसके पीछे लग गया था कि वो हीरे की चूड़िया हैं। ये नग जर्मनी से आते थे और बिल्कुल हीरे की तरह चमकते थे। ये चूड़ियाँ अब भी बनती हैं लेकिन उतने चमकदार नग अब नहीं मिलते।

हैदराबाद के उस कल्चर में इस तरह की बहुत ही ख़ूबसूरत, दिलचस्प और

1. आवश्यक, 2. यहाँ तक कि।

रोमांटिक बातें थीं, मसलन लड़कियाँ सिर धोकर अगरबड़ियों (मुख़्तलिफ़ क़िस्म की जड़ी-बूटियों से बनी हुई जो इन्तिहाई .खुशबूदार होती थीं) को अंगारों पर डालकर उसका धुआँ बालों में लेती थीं जिसकी .खुशबू एक हफ़्ते तक सिर में बसी रहती थी। धुआँ लेने के लिए तरह-तरह की सूराख़ों वाली बाँस की टोकरियाँ बनाई जाती थीं जो शादियों में भी दी जाती थीं।

लड़कियाँ रंग-बिरंगे खड़े दुपट्टों में बहुत हसीन लगती थीं। उनमें से उठती हुई भीनी-भीनी केवड़े या ख़स की .खुशबू उन्हें दूसरी दुनिया की मख़्लूक़[1] बना देती थी। उनमें से मैं भी एक होती थी। मुझे इन चीज़ों से ज़्यादा दिलचस्पी थी। मेरे कपड़े मोगरे, मोतिया के फूलों और केवड़े के पत्तों की .खुशबू में बसे होते थे। सोच-सोच के अपने दुपट्टों को लड़कियों के दुपट्टों से मुख़्तलिफ़[2] बनाना और खूबसूरत कपड़े पहनना मेरा शौक़ था।

खाने बेहद लज़ीज़[3] होते थे। बहुत एहतिमाम से तैयार किए जाते थे। वहाँ के खानों में यू.पी. और जुनूब के पकवानों की आमेज़श[4] होती और यह इम्तिज़ाज[5] खाने को दिलचस्प बना देता था। बिरयानी, क़ोरमा, दम के कबाब, लुक़्मिया, टट्टी के कबाब (यह नाम सुनने में अच्छा नहीं लगेगा लेकिन वहाँ टट्टी चटाई को कहते हैं। यह एक तरह की लोहे की चटाई होती है जो दहकते हुए कोयलों पर रख दी जाती है। गोश्त के मसाला लगे पारचे उस पर सेंके जाते हैं जो गर्म-गर्म खाने पर बहुत उम्दा लगते हैं।) बघारे बैगन, मिर्चियों का खट्टा सालन, टमाटर का कट, गोश्त की कढ़ी, माही क़लिया (गोश्त में मछली का मसाला मिलाकर बनाया जानेवाला सालन) वग़ैरह भी होते थे।

हमारे घर एक बुढ़िया फ़क़ीरनी आती थी। उसके भीख माँगने का तरीक़ा आज तक मुझे याद है। उसके पास एक लकड़ी की गुड़िया थी जिसके हाथ टीन के नक़्शीन टुकड़ों के होते थे। वह गुड़िया के कपड़ों के नीचे हाथ डालकर उन दोनों हाथों को बजाती और गाना गाती। वह गाना ऐसा था :

"वो पैसा कैसा गया गे माँ
वो पैसा ना जाना था
वो पैसा होता तो हीमरू मँगाती
मियाँ को शेरवानी होती
बीबी को चोली होती
बच्चे को टोपी होती
बाँदी को थैली होती

---

1. प्राणी, 2. भिन्न, 3. मज़ेदार, 4. मिश्रण, 5. मिश्रण।

वो पैसा कैसा गया गे माँ
वो पैसा ना जाना था

वो पैसा होता तो गोश्त मँगाती
मियाँ को बिरयानी होती
बीबी को क़ोरमा होता
बच्चे को नल्ली होती
कुत्ते को हड्डी होती
वो पैसा कैसा गया गे माँ
वो पैसा ना जाना था।"

मेरी अम्माँ को चुपके-चुपके ख़ैरात[1] और ग़रीबों की मदद करने की आदत थी। एक बुढ़िया हर जुमेरात[2] को दोपहर का खाना खाने आती थी। हम बच्चे उससे बहुत चिढ़ते थे क्योंकि बुढ़िया बहुत ही बदमिज़ाज[3] थी। मेरी छोटी बहन जिसका नाम सरदार ख़ानम था (उसका इन्तिक़ाल हो चुका है) उस बुढ़िया से बहुत जलती थी, क्योंकि वह बुढ़िया उसके कमरे के सामने बैठकर मुँह से चब-चब की आवाज़ निकालकर खाती थी। कभी-कभी सरदार जलकर कहती : "तुम यहाँ काए को आते जी ?" तो बुढ़िया ढिठाई से जवाब देती : ''आई, देतिएं कर को आतिएं।'' (खाने को देते हैं इसलिए आते हैं)

मेरी छः सहेलियाँ थीं, आमिना, शमीम, अतिया, मुहसिना, मेहँदी और दिलशाद। आमिना मुझे बेहद महबूब थी क्योंकि वह इन्तिहाई ख़ूबसूरत होने के साथ-साथ .ख़ुशमज़ाक़ भी थी। कपड़े बहुत ही अच्छे पहनती थी। उसके पास से वही फूलों और अगर की भीनी-भीनी .ख़ुशबू आया करती थी। आमिना से मेरी दोस्ती स्कूल के सालाना जलसे के ड्रामे में हुई थी। एक साल मेरी टीचर ने 'अद्ले-जहाँगीर'[4] ड्रामा किया जिसमें मुझे जहाँगीर का रोल मिला और आमिना को नूरजहाँ का। आमिना नूरजहाँ के कपड़े पहनकर बिल्कुल नूरजहाँ लगती थी। अतिया को गाँव की लड़की का रोल मिला। अतिया शाहनवाज़ दुबली-पतली, गोरे रंग की बड़ी-बड़ी आँखों वाली बेहद हसीन लड़की थीं। वह आज तक उतनी ही दुबली-पतली और हसीन है। हालाँकि उसके बच्चों की भी शादियाँ हो चुकी हैं और वह .ख़ुद नानी-दादी बन चुकी है। मुझे पता चला कि आमिना का अभी कुछ महीनों पहले पाकिस्तान में इंतिक़ाल हो चुका है। यह सुनकर आठ दिन तक मुझसे खाना नहीं खाया गया।

---

1. दान, 2. बृहस्पतिवार, 3. चिड़चिड़ी, 4. जहाँगीर का इन्साफ़।

इंतिक़ाल से एक साल पहले ही पाकिस्तान में मेरी उससे मुलाक़ात हुई थी। दिल की मरीज़ हो चुकी थी लेकिन वैसी ही हसीन, बड़ी-बड़ी आँखोंवाली, ख़ूबसूरत कपड़े पहने मुझे मिली थी। शमीम आज़मगढ़ से आए हुए ख़ानदान की दुबली-पतली, साँवले रंग की नमकीन शक्ल वाली लड़की थी जो आज तक उतनी ही दुबली है। सिर्फ़ मैं ही इतनी मोटी हो गई हूँ वर्ना अतिया और शमीम में बहुत कम फ़र्क़ आया है।

हैदराबाद में एक तरफ़ तो यह महका-महका रंगीन और ख़ूबसूरत-सा माहौल था तो दूसरी तरफ़ ग़रीब लोगों की परीशान-हाली। छुट्टियों में जब हम अब्बाजान के साथ दौरे (टूर) पर जाते और डाक बंगले में ठहरते तो वहाँ के हरिजनों (जो धेड़ कहलाते थे) के साथ जो बर्ताव होता वह मुझे डरा देता। अब्बाजान के जवान (चपरासी) हरिजनों को ज़बरदस्ती उनके घरों से घसीटकर हमारा काम करने के लिए बेगार में लाते, मसलन टेंट् लगाना, सफ़ाई करना, पानी भरना वग़ैरह। अब्बाजान चूँकि रिश्वत नहीं लेते थे, इसलिए उन हरिजनों के घर से कोई चीज़ नहीं आती थी। मेरे दोनों मामूं भी महकमा-ए-एक्साइज़ में सब-इन्सपेक्टर थे। जब हम उनके साथ जाते तो वो उनके घर से मुर्ग़ियाँ, घी वग़ैरह ज़बरदस्ती मँगवा लिया करते थे। अगर वो इनकार करते तो उनकी ख़ौफ़नाक पिटाई होती। एक बार एक बूढ़े ने काम करने से इनकार कर दिया तो उसकी पीठ पर पत्थर की सिल रख दी गई थी। मैं सहम गई थी और मुझे सारी रात नींद नहीं आई थी।

शायद उसी ज़ुल्म के ख़िलाफ़ वहाँ तिलंगाना मूवमेन्ट ने जन्म लिया था जो कई वजूहात[1] की बिना पर कामयाब नहीं हो सकी। मैं नहीं समझती कि अब वहाँ इतना ज़ुल्म कोई बर्दाश्त करता होगा।

हैदराबाद में हाल यह था कि जंगों (नवाब और उमरा[2] को दिए जानेवाले अल्क़ाब[3]) की शादी-ब्याह में जहाँ निज़ाम सरकार आते थे, वहाँ चौदह साल से लेकर चौबीस साल तक की लड़की को अन्दर छुपा दिया जाता था कि कहीं सरकार की नज़र न पड़ जाए। अगर उन्हें लड़की पसन्द आ जाती तो उसे ज़बरदस्ती उनके हरम में दाख़िल होना पड़ता। इसी तरह उस ज़माने में कोई यार जंग के साहिबज़ादगान[4] थे जो इन्तिहाई अय्याश और आवारा थे, रास्तों से ख़ूबसूरत लड़कियों को उठाकर ले जाते। इसकी सज़ा निज़ाम सरकार ने (जिन्हें आलाहज़रत भी कहा जाता था) उन आवारा लड़कों के वालिद[5] को फूलों की बेड़ियाँ पहनाकर दी थी।

एक वाक़िआ मुझे याद है कि एक दिन मैं और मेरी बड़ी आपा लियाक़त ख़ानम

1. कारणों, 2. अमीर का बहु., धनवान् लोग, 3. उपाधियाँ, 4. बेटे, 5. पिता।

और मेरे छोटे भाई जान (जो मुझसे दो साल बड़े थे) बड़ी आपा जान की सहेली शाहजहाँ के पास से खुले ताँगे में घर आ रहे थे। बड़ी आपा जान की नई-नई शादी हुई थी। वो ख़ूबसूरत कपड़ों में बेहद हसीन लग रही थीं। रास्ते में उन्होंने कहा कि डॉक्टर साहब (जो हमारे दोस्त भी थे) से मिलते चलें। वह जगह सागर टाकीज़ सिनेमा हाउस के पास थी। वहाँ ज़रा अँधेरा-सा था। छोटे भाई जान ताँगे से उतरकर अन्दर डॉक्टर साहब को देखने गए। मैं और आपा जान ताँगे में ही थे कि एक कार हमारे ताँगे के क़रीब आकर रुकी। उसमें से एक साहिब जो सियाह शेरवानी पहने हुए थे, उतरकर हमारे क़रीब आए। बड़ी आपा जान से कहने लगे : "चलिए।" बड़ी आपा जान ने पूछा : "कहाँ ?" बोले : "साहिब बुला रहे हैं।" मैं काँप गई। क्योंकि उस ज़माने में स्कूल में रोज़ लड़कियों में इन्हीं जंग के बेटों का चर्चा होता रहता था कि आज फ़ुलाँ[1] लड़की को उठा ले गए, परसों फ़ुलाँ लड़की को इमली के पेड़ से बाँधकर चार आदमियों ने रेप किया, वह लड़की मर गई वग़ैरह-वग़ैरह। मैंने आपा जान से कहा : "यहाँ से फ़ौरन चलिए, ये जंग के बेटे हैं।'' फिर उनका हाथ पकड़कर भागी। उस गाड़ी ने हमारा पीछा किया। गाड़ी और हम दोनों के बीच में एक या दो फ़ुट का फ़ासिला रह गया था। टक्कर होते-होते बची। हम दौड़कर डॉक्टर साहिब के दवाख़ाने में घुस गए। छोटे भाई जान जो मुश्किल से उस वक़्त सोलह साल के रहे होंगे, बाहर निकले। गाड़ी थोड़े से फ़ासिले पर रुक गई थी। भाई जान एक निडर पठान, गुस्से में आगबगूला हो गए। कार में सिर डालकर पूछा : "आप में से किस ने कहा, चलिए ? शरीफ़ बहू-बेटियों को छेड़ते हुए आप लोगों को शर्म नहीं आती ?" उनमें से एक आदमी ने ज़रा बनकर कहा : "अरे नहीं साहिब, हमने तो कुछ नहीं कहा बल्कि हम तो ख़ुद मदद करने आ रहे थे। वो ख़्वातीन इधर से भाग कर जा रही थीं, कहीं कार से टक्कर लग जाती तो ?'' फिर हम वहाँ से अपने घर जाने की बजाय मलक पेट अपने दोस्तों के घर चले गए ताकि उन लोगों को हमारे घर का पता न चल सके। वह गाड़ी मलक पेट तक हमारा पीछा करती रही, फिर चली गई।

जब आलाहज़रत शाम को तफ़रीह के लिए निकलते तो जहाँ-जहाँ से उनकी गाड़ी गुज़रती, वहाँ-वहाँ लोगों को साकित[2] खड़ा हो जाना पड़ता था। गाड़ियाँ रिक्शे, साइकिलें, इनसान हर चीज़ साकित हो जाती थी। हम बच्चों को सिखाया जाता था कि आला हज़रत जब गुज़रें तो अपनी निगाहें नीची रखना वर्ना अन्धे हो जाओगे।

एक वाक़िआ मुझे याद आ रहा है कि एक नौजवान लड़का साइकिल पर था। 'आलाहज़रत' की सवारी गुज़रने का वक़्त हो चुका था। उसने सोचा 'सिर्फ़

1. अमुक, 2. निश्चल, मौन।

यह सड़क ही तो पार करना है, जल्दी से गुज़र जाऊँगा' और वह पुलिस की सीटियों के बावुजूद तेज़ी से सड़क पार करके एक गली में घुस गया। उसी वक़्त हुज़ूर की सवारी गुज़री। बेगम साहिबा ने उस लड़के को देख लिया। फ़ौरन गाड़ी रुकवाई और ऑर्डर दिया कि जितने गली के बच्चे हैं सब उस लड़के पर थूकें। बच्चों ने ऐसा ही किया। वह लड़का इस ज़िल्लत[1] को बर्दाश्त न कर सका और उसने ख़ुदकुशी कर ली। दूसरे दिन गंडी पेट के तालाब में उसकी लाश मिली।

ज़िन्दगी आगे बढ़ती रही और हम बच्चे बड़े होते गए। दो बहनों की शादियाँ हो गईं। बड़े भाई की भी शादी लोहारी में अपनी फूफीज़ाद बहन नफ़ीस ख़ानम से हो गई जो बेहद ख़ूबसूरत हैं। अब्बाजान का तबादला तरक़्क़ी के साथ औरंगाबाद में हो गया और हम सब बच्चे औरंगाबाद शिफ़्ट हो गए। अब अब्बाजान महकमा-ए-एक्साइज़ के सुप्रिन्टेन्डेंट हो गए थे। शानदार कोठी, गाड़ी, टेलीफ़ोन, बारह जवान (चपरासी)। उस वक़्त मैं मैट्रिक में पढ़ रही थी।

मेरी मँझली बहन रियासत ख़ानम की शादी अख़्तर हसन से हुई। अख़्तर भाई उस वक़्त हैदराबाद में उर्दू 'पयाम' (डेली पेपर) के एडिटर थे। ख़ुद तरक़्क़ीपसन्द शायर और अदीब भी थे। उनका घर हमेशा तरक़्क़ीपसन्द तहरीक का गहवारा[2] बना रहता था। मख़्दूम मुहिउद्दीन भी वहाँ आया करते थे। तमाम तरक़्क़ीपसन्द शायरों और अदीबों की मेहमाननवाज़ी बहुत ही प्यार से करते थे। छोटी आपा जान हमेशा उनका साथ दिया करती थीं।

फ़रवरी 1947 में हैदराबाद में तरक़्क़ीपसन्द अदीबों की कान्फ्रेंस मुनअक़िद[3] होना तय पाई थी। अख़्तर भाई ने बाजी (अख़्तर भाई की बड़ी बहन) के यहाँ कैफ़ी आज़मी और मजरूह सुल्तानपुरी को ठहराने का इन्तिज़ाम किया था। उन्हीं के घर से मिला हुआ अख़्तर भाई की छोटी बहन राबिआ बर्नी का घर था। वहाँ सरदार जाफ़री को ठहराया गया था और उनकी दोस्त सुल्ताना आपा को भी जो बाद में सरदार भाई की बीवी बनीं।

उन्हीं दिनों मैं औरंगाबाद से छोटी आपा जान से मिलने हैदराबाद आई हुई थी और उन्हीं के घर में ठहरी हुई थी और यही मेरी ज़िन्दगी का अहम मोड़ भी साबित हुआ। वहीं मैंने पहली बार उन तरक़्क़ीपसन्द अदीबों को देखा जिनके चर्चे सुनती आई थी। पहली बार ऐसे लोगों से मिली जो इतनी शुहरत[4] पाने के बावुजूद इतने सादा, इतने मिलनसार और इनसान दोस्त थे। दिमाग़ी तौर पर इतने बुलन्द और ऊँचे ख़यालात के हामी लेकिन उतने ही सादा मिज़ाज और उनके लिबास भी इन्तिहाई सादा।

---

1. अपमान, 2. केन्द्र, 3. आयोजित, 4. प्रसिद्धि।

हैदराबाद का कल्चर तो यह होता था कि ज़रा-सा अमीर आदमी हो कि ज़रा-सा शुहरतयाफ़्ता[1] अदीब या शायर (सिवाय मख़्दूम मुहिउद्दीन के), अपने से कमतर लोगों से बात भी नहीं करता था।

रात को मुशायरा था। मैं और मेरे बड़े भाई जान जो, उस वक़्त एल.एल.बी. में पढ़ रहे थे, मुशायरा सुनने के लिए गए। हम हॉल में सामने की सीटों पर बैठे हुए थे। मैंने बहुत देर तक सोचने के बाद बहुत ही ख़ूबसूरत कपड़े पहन रखे थे, सफ़ेद कारगे का कुर्ता, सफ़ेद शलवार और बहुत ही मेहनत से रँगा हुआ क़ौसे-क़ज़ह[2] के रंगों का दुपट्टा, पैर में सुनहरे रंग का सलीम शाही जूता। अपनी दानिस्त[3] में मैं सब पर छा जाने की कोशिश कर रही थी। जब कैफ़ी ने पढ़ना शुरू किया तो मैं मब्हूत[4] होकर उन्हें देखने लगी। दराज़[5] क़द, दुबला-पतला, पुरकशिश नौजवान और आवाज़ .खुदा की पनाह, इतनी घन-गरज। नज़्म का उन्वान[6] था 'ताज'। आलाहज़रत के शहर में उन्हीं के ताज के ख़िलाफ़ इतनी ताक़तवर नज़्म ! मैंने बड़े भाई जान को देखा और उन्होंने मेरी तरफ़। भाई जान कहने लगे : "इस उम्र में इतनी बेबाक[7] नज़्म, इन लोगों का मक़्सद बहुत आला है।"

मुशायरा ख़त्म हुआ तो लोगों का हुजूम[8] कैफ़ी आज़मी, सरदार जाफ़री और मजरूह सुल्तानपुरी की तरफ़ ऑटोग्राफ़ बुक लेकर लपका। कैफ़ी के चारों तरफ़ कॉलिज की लड़कियाँ मक्खियों की तरह जमा हो गईं। मैंने एक ताइराना[9] नज़र कैफ़ी पर डाली और सरदार जाफ़री की तरफ़ मुड़ गई। उनसे ऑटोग्राफ़ ले लिया। फिर जब भीड़-भाड़ कम हुई तो मैंने एक अदा से, काफ़ी .खुदएतिमादी[10] के साथ, अपना ऑटोग्राफ़ बुक कैफ़ी की तरफ़ बढ़ा दिया। कैफ़ी ने इतने हुजूम में भी कनखियों से मुझे सरदार जाफ़री की तरफ़ जाते हुए देख लिया था। मेरे ऑटोग्राफ़ बुक पर इन्तिहाई मुह्मल[11] शे'र लिख दिया जो इस तरह था :

वही अब्रे-ज़ाला चमकनुमा वही ख़ाके-बुलबुले-सुर्ख़-रू ज़रा राज़ बन के महन में आओ
दिले-घंटा तुन तो बिजली कड़के धुन तो फबन झपट के लगन में आओ

जबकि ज़किया मेरी दोस्त और अख़्तर भाई की छोटी बहन के ऑटोग्राफ़ बुक पर एक निहायत अच्छा शे'र लिखा था। ज़किया तो बहुत .खुश हो गई लेकिन मैं जलकर कोयला हो गई। जब हम वापस आ रहे थे तो घर की सीढ़ियाँ चढ़ते हुए मैं कैफ़ी के साथ चलने लगी। मैंने नाराज़गी से पूछा, "आपने इतना ख़राब शे'र मेरे ऑटोग्राफ़ बुक पर क्यों लिखा ?" तो कैफ़ी शरारत से मुस्कुराए और कहा : "आपने पहले जाफ़री साहिब से ऑटोग्राफ़ क्यों लिया ?" मैं खिलखिलाकर हँस पड़ी और मेरा गुस्सा रफ़ूचक्कर हो गया।"

1. ख्यातिप्राप्त, 2. इन्द्रधनुष, 3. समझ, 4. स्तब्ध, 5. लम्बा, 6. शीर्षक, 7. निडर, 8. भीड़, 9. उड़ती हुई 10. आत्मविश्वास, 11. अर्थहीन।

हम लोग घर की कुछ सीढ़ियाँ चढ़कर सीढ़ियों पर ही बैठ गए और धीरे-धीरे बातें करने लगे। छोटी आपाजान को शायद शक हो गया, वो आईं और उन्होंने कहा : "चलो खाना लग गया है। और हाँ कैफ़ी, तुम शौकत को मुबारकबाद दो क्योंकि तीन महीने बाद इनकी शादी हमारे मामूंज़ाद भाई उस्मान से हो जाएगी।''

मैंने देखा कि कैफ़ी का चेहरा एकदम उतर गया। हम उठकर खाना खाने चले गए। मैंने सरदार जाफ़री से सुन रखा था कि कैफ़ी की शादी बम्बई में किसी ख़ातून के साथ होनेवाली है और वो कैफ़ी के लिए औरंगाबाद से हीमरू की शेरवानी ख़रीदने वाले हैं।

खाना खाकर मैं और कैफ़ी फिर उन्हीं सीढ़ियों पर आकर बैठ गए। कैफ़ी ने आहिस्ता-आहिस्ता कहना शुरू किया : "तीन महीने बाद तो आपकी शादी हो जाएगी। फिर आपको तो हम याद भी नहीं रहेंगे।"

मैंने कहा : "आप भी तो बम्बई जाकर शादी कर लेंगे।"

कैफ़ी ने फ़ौरन कहा : "अब मैं ज़िन्दगी भर शादी नहीं करूँगा।"

फिर मैंने उन्हें बड़ी-बूढ़ियों की तरह समझाना शुरू किया कि शादी ज़रूर करनी चाहिए। शादी के बग़ैर ज़िन्दगी अधूरी रह जाती है। इनसान मुकम्मल नहीं होता वग़ैरह-वग़ैरह।

वो मेरी तरफ़ देखने लगे। मैं नीचे देखने लगी और चुपचाप उठकर अपने कमरे में चली गई। उस रात मुश्किल से नींद आई थी।

सुबह को उठकर, नहा-धोकर, तैयार होकर कैफ़ी के कमरे में झाँका। वो नहाकर निकले थे। पैंट-शर्ट, लम्बे-लम्बे गीले बाल। मैं वालिहाना[1] अन्दाज़ से गई और उन्हें सेन्ट लगाकर भाग आई। उस ज़माने में Evening in Paris का बहुत फ़ैशन था। कैफ़ी की मुस्कुराती हुई आँखें मेरा पीछा करती रहीं। फिर ये लोग मीटिंग में चले गए। शाम को कैफ़ी सरदार भाई की तरफ़ ही जाकर सो गए। रात को अख़्तर भाई ने सब शायरों और अदीबों को अपने घर पर दावत दे रखी थी। मैं और ज़किया शाम से ही अपने बेहतरीन कपड़े पहनकर इधर-उधर इतराते फिर रहे थे। रात के आठ बज गए, कैफ़ी नहीं आए। ज़किया ने कहा : ''कैफ़ी राबिआ आपा के घर जाकर सो गए हैं।'' मैंने कहा : "जाओ तुम उठा लाओ।" ज़किया ने कहा : मैं क्यों उठाऊँ ?'' मैंने दिल में कहा, मैं भी क्यों उठाऊँ ? थोड़ी देर में देखा कि कैफ़ी चले आ रहे हैं। मैं खिड़की के पास खड़ी थी। वहीं ठण्डे पानी की सुराही रखी थी और क़लईदार नक़्शीन कटोरा उस पर ढका हुआ था। कैफ़ी सीधे मेरी तरफ़ आ गए और कहने लगे : "बहुत प्यास लग रही है।''

मैंने सुराही से पानी निकाला और कटोरा भरकर दे दिया।

---

1. प्रेमपूर्वक।

कहने लगे : "और।"

मैंने और दिया।

वो बोले : "और।'

मैंने और दिया।

"और।"

मैं सवालिया आँखों से देखने लगी।

बोले : "प्यास नहीं बुझी।"

मैं शर्माकर दूसरी तरफ़ भाग गई और मेरी निगाहों में सारी दुनिया रंगों से भर गई।

फिर तमाम शायर बीच के कमरे में जमा हो गए। सफ़ेद चाँदनी का फ़र्श, गावतकिये लगे हुए, मोगरे के फूल चाँदी की नक़्शीन तश्तरी में सजे हुए जगह-जगह रखे गए थे। ख़ुशबू से कमरा महक रहा था। मजरूह, कैफ़ी और सरदार जाफ़री के साथ-साथ हैदराबाद के शायर भी जमा थे। मजरूह ने अपनी दिलनवाज़[1] आवाज़ और ख़ूबसूरत तरन्नुम में यह ग़ज़ल पढ़ी :

मुझे सह्ल[2] हो गईं मंज़िलें वो हवा के रुख़ भी बदल गए
तिरा हाथ, हाथ में आ गया कि चराग़ राह में जल गए

ख़ूब तालियाँ बजीं, वाह-वाह के नारे बुलन्द हुए। फिर सरदार भाई ने एक अदा से अपने लम्बे-लम्बे बालों में उंगलियाँ फँसाकर एक झटके से बाल पीछे किए, अपनी भारी और मक़्नातीसी[3] आवाज़ में कहा : "मैं आजकल एक तवील नज़्म मनस्वी की शकल में कह रहा हूँ 'नई दुनिया को सलाम,' उसके आख़िर का एक हिस्सा सुनाऊँगा :

ये आदमी की गुज़रगाह[4] ये कारवाने-हयात[5]
हज़ारों साल का बारे-गिरां[6] उठाए हुए
गुज़रते वक़्त के गर्दो-गुबार[7] के नीचे
हसीन जिस्म की ताबिन्दगी[8] छुपाए हुए
गुज़श्ता दौर[9] की तहज़ीब[10] की मनाज़िल[11] को
जवान माँ की तरह गोद में सुलाए हुए
नए उफ़ुक़[12] से नए क़ाफ़िलों की आमद[13] है
चराग़े-वक़्त[14] की रंगीन लौ बढ़ाए हुए
बग़ावतों[15] के सिपह,[16] इन्क़िलाब के लश्कर

1. दिल को लुभाने वाली, 2. आसान, 3. चुंबकीय, 4. मार्ग, 5. ज़िंदगी का कारवाँ, 6. भारी बोझ, 7. धूल, 8. चमक, 9. बीता हुआ युग, 10. सभ्यता, 11 मंज़िल का बहु., 12. क्षितिज, 13. आगमन, 14. समय का दीपक, 15. विद्रोह, 16. सिपाह का लघु, सेना।

ज़मीं पे पाँव फ़लक[1] पर नज़र जमाए हुए
उठो और उठके इन्हीं क़ाफ़िलों में मिल जाओ
जो वक़्त को भी हैं गर्दे-सफ़र[2] बनाए हुए

इस नज़्म ने मुझे चौंका दिया। उफ़्फ़ोह, ये लोग कितने-पढ़े लिखे हैं बल्कि फ़ल्सफ़ी भी। मैंने सोचा। इसमें शक नहीं कि कैफ़ी आज़मी की पुरकशिश शख़्सियत ने मुझे सिहरज़दा[3] कर दिया था लेकिन इन सब के नस्बुलऐन[4] ने मेरी मासूम ज़िन्दगी में हलचल मचा दी थी। शुऊर[5] की रौशनी की जगमगाहट की हलकी-सी किरन मेरे दिमाग़ से दिल में उतर गई। इनकी दुनिया मेरे लिए किसी जादूनगरी से कम नहीं थी।

इससे पहले हम सिर्फ़ शफ़ीक़ुर्रहमान, अज़ीम बेग चुग़ताई, इस्मत चुग़ताई को पढ़ा करते थे और मख़्दूम की एक ग़ज़ल :

रात भर दीदए-नमनाक[6] में लहराते रहे
साँस की तरह से आप आते रहे जाते रहे

हमारी बहुत ही पसन्दीदा ग़ज़ल थी।

फिर 'औरत' नज़्म की फ़र्माइश होने लगी। उस ज़माने में कैफ़ी से हर मुशायरे में 'औरत' नज़्म और साहिर से 'ताजमहल' नज़्म को सुने बग़ैर उन्हें जाने नहीं दिया जाता था। मैंने भी इस नज़्म की बहुत तारीफ़ सुन रखी थी और नज़्म सुनने के लिए बेचैन थी। कैफ़ी पूरे एतिमाद के साथ सामने आए। अपने काँपते हाथों से सिगरेट जलाई, बाल पीछे किए और 'औरत' नज़्म शुरू की :

क़ल्बे-माहौल में[7] लरज़ां शररे-जंग[8] हैं आज
हौसले वक़्त के और ज़ीस्त[9] के यकरंग[10] हैं आज
आबगीनों[11] में तपां[12] वलवलए-संग[13] हैं आज
हुस्न और इश्क़ हमआवाज़ो-हमआहंग[14] हैं आज
जिसमें जलता हूँ उसी आग में जलना है तुझे
उठ मिरी जान मिरे साथ ही चलना है तुझे

ज़िन्दगी जह्द[15] में है सब्र के क़ाबू में नहीं
नब्ज़े-हस्ती[16] का लहू काँपते आँसू में नहीं
उड़ने-खुलने में है नक्हत[17], ख़मे-गेसू में नहीं
जन्नत इक और है जो मर्द के पहलू में नहीं

---

1. आकाश, 2. यात्रा की धूल, 3. सम्मोहित, 4. उद्देश्य, लक्ष्य, 5. विवेक, 6. आँसू भरी आँख, 7. वातावरण में, 8. युद्ध की चिंगारी, 9. जीवन, 10. एक जैसे, 11. नाज़ुक शीशे की बोतल, 12. तड़पता हुआ, 13. पत्थर, का उत्साह, 14. एक-सी आवाज़ और एक-सी राय, 15. प्रयास, 16. जीवन की नाड़ी, 17. सुगन्ध।

उसकी आज़ाद रविश[1] पर भी मचलना है तुझे
उठ मिरी जान मिरे साथ ही चलना है तुझे

गोशे-गोशे में सुलगती है चिता तेरे लिए
फ़र्ज़ का भेस बदलती है फ़ज़ा तेरे लिए
क़हर है तेरी हर इक नर्म अदा तेरे लिए
ज़हर ही ज़हर है दुनिया की हवा तेरे लिए
रुत बदल डाल अगर फूलना-फलना है तुझे
उठ मिरी जान मिरे साथ ही चलना है तुझे

क़द्र[2] अब तक तिरी तारीख़[3] ने जानी ही नहीं
तुझमें शोले भी हैं बस अश्कफ़िशानी[4] ही नहीं
तू हक़ीक़त[5] भी है दिलचस्प कहानी ही नहीं
तिरी हस्ती[6] भी है इक चीज़ जवानी ही नहीं
अपनी तारीख़ का उन्वान[7] बदलना है तुझे
उठ मिरी जान मिरे साथ ही चलना है तुझे

तोड़कर रस्म के बुत, बन्दे-क़दामत[8] से निकल
ज़ोफ़े-इश्रत[9] से निकल, वह्मे-नज़ाकत[10] से निकल
नफ़्स[11] के खेंचे हुए हल्क़ए-अज़्मत[12] से निकल
क़ैद बन जाए मोहब्बत तो मोहब्बत से निकल
राह का ख़ार[13] ही क्या गुल भी कुचलना है तुझे
उठ मिरी जान मिरे साथ ही चलना है तुझे

तोड़ ये अज़्मे-शिकन[14] सिलसिलए-पन्द[15] भी तोड़
तेरी ख़ातिर है जो ज़ंजीर वो सौगंद भी तोड़
तौक़[16] ये भी है ज़ुमुर्रुद का गुलूबन्द भी तोड़
तोड़ पैमानए-मर्दाने-ख़िरदमन्द भी तोड़
बनके तूफ़ान छलकना है, उबलना है तुझे
उठ मिरी जान मिरे साथ ही चलना है तुझे

---

1. चलन, 2. मूल्य, 3. इतिहास, 4. आँसू-बहाना, 5. वास्तविकता, 6. अस्तित्व, 7. शीर्षक, 8. प्राचीनता का बन्धन, 9. आनन्द की कमी, 10. कोमलता का भ्रम, 11. अस्तित्व, 12. महानता का घेरा, 13. काँटा, 14. संकल्प, 15. उपदेशों का सिलसिला, 16. क़ैदियों के गले में पहनाया जानेवाला लोहे का घेरा।

तू फ़लातूनो-अरस्तू[1] है तू ज़ुहरा[2] परवीं[3]
तिरे क़ब्ज़े में है गर्दूं,[4] तिरी ठोकर में ज़मीं
हाँ उठा जल्द उठा पाए-मुक़द्दर[5] से जबीं[6]
मैं भी रुकने का नहीं, वक़्त भी रुकने का नहीं
लड़खड़ाएगी कहाँ तक कि सँभलना है तुझे
उठ मिरी जान मिरे साथ ही चलना है तुझे

मैं कैफ़ी को एक टुक ऐसे देखे जा रही थी जैसे यह नज़्म उन्होंने मेरे लिए ही कही हो और मैं ही उनके साथ चलने की हक़दार हूँ। .ख़ुशी मेरे चेहरे से फूटी पड़ रही थी। इस नज़्म के बाद मुझे पता नहीं कि लोगों ने कितनी तालियाँ बजाईं, कितनी वाह-वाह हुई। मैं अपनी ही दुनिया में खो गई थी। अपना पूरा किर्दार[7] मेरे सामने आ गया, .ख़ुदसर[8], .ख़ुद्दार[9], आज़ाद ख़याल, ग़लत बात के ख़िलाफ़ आवाज़ उठाने वाली।

अब्बाजान जब हैदराबाद से औरंगाबाद शिफ़्ट हुए थे तब मेरी उम्र तेरह साल की थी। मैं और मेरी छोटी बहन सरदार ख़ानम, मेरे छोटे भाईजान और एक नौकरानी हैदराबाद में रह गए थे, क्योंकि हमारे इम्तिहान चल रहे थे। इम्तिहान के बाद हम तीनों बहन-भाई को औरंगाबाद जाना था। छोटे भाई जान ज़रा पुराने ख़याल के थे। बहनों को बेपर्दा अपने साथ नहीं ले जाना चाहते थे। उन्होंने कहा : ''मैं तुम दोनों को सिर्फ़ इस शर्त पर अपने साथ ले जाऊँगा कि तुम दोनों बुर्क़ा पहनो।'' हम दोनों के पास तो क्या, मेरी बड़ी बहनों के पास भी बुर्क़ा नहीं था। मैं फ़ौरन अकड़ गई, ''मैं हरगिज़ बुर्क़ा नहीं पहनूँगी। मेरे पास बुर्क़ा है भी नहीं।'' मगर मेरी छोटी बहन सरदार जो गाय की तरह नेक थी, फ़ौरन तैयार हो गई और कहने लगी : "भाईजान मेरे पास बुर्क़ा तो नहीं है अलबत्ता मैं चादर ओढ़कर आपके साथ चलूँगी।" मैंने कहा : "मैं चादर भी हरगिज़-हरगिज़ नहीं ओढूँगी, आप सरदार को ले जाइए। जब अब्बाजान आएँगे तो उन्हीं के साथ जाऊँगी।" भाई साहब भी एक ज़िद्दी, मुझे छोड़कर सिर्फ़ सरदार को लेकर चले गए और मैं उस वक़्त तक एक नौकरानी के साथ अकेली रही, जब तक अब्बाजान आकर न ले गए। अक्सर जब मैं अपनी माँ से किसी बात पर नाराज़ हो जाती तो तीन-तीन दिन तक खाना नहीं खाती थी। सिर्फ़ मेरे अब्बा मुझे समझा-बुझाकर प्यार से खाना खिलाते थे।

कैफ़ी की नज़्म सुनने के बाद मैंने सोचा, औरत के बारे में इस तरह सोचनेवाला शख़्स ही मेरा शौहर हो सकता है। पुराने ख़याल के आदमी के साथ मेरा गुज़र नहीं हो सकता।

1. अफ़लातून (प्लेटो) और अरस्तू, 2. शुक्र ग्रह, 3. कृत्तिका नक्षत्र, 4. आकाश, 5. भाग्य का पैर, 6. माथा, 7. स्वभाव, 8. विद्रोही, 9. स्वाभिमानी।

औरंगाबाद

मुशायरे और कान्फ्रेंस के ख़ातिमे के बाद अख़्तर भाई ने यह तय किया कि सरदार जाफ़री, मजरूह सुल्तानपुरी, कैफ़ी आज़मी और सुल्ताना आपा को औरंगाबाद ले जाएँगे, जहाँ मेरे माँ-बाप भाई-बहन पहले से ही मौजूद थे। अख़्तर भाई ने कहा, वहाँ एक मुशायरा होगा फिर इन्हें अजन्ता एलोरा की सैर कराई जाएगी। चुनाँचे हम सब बग़ैर रिज़र्वेशन के गाड़ी में चढ़ गए। हैदराबाद से औरंगाबाद तीन सौ मील दूर है। एक रात का सफ़र। डिब्बे में बड़ी भीड़ थी। मैं, कैफ़ी, अख़्तर भाई और ज़किया खड़े रहे। बाक़ी सबको बैठने की जगह मिल गई थी। मैं कैफ़ी से काफ़ी दूर खड़ी थी। इतने में एक स्टेशन पर गाड़ी एक ज़ोर के झटके के साथ रुकी और मैं उस झटके से सीधी कैफ़ी पर गिरी। कैफ़ी ने मुझे फूलों की तरह सँभाल लिया। मैं शर्माकर जल्दी से वापस अपनी जगह पर खड़ी हो गई। लेकिन लोगों में हलकी-हलकी चेमीगोइयां शुरू हो चुकी थीं जिसकी मैंने परवाह भी नहीं की।

औरंगाबाद में अब्बाजान और मेरे सारे बहन-भाई हमारे क़ाफ़िले का इंतिज़ार कर रहे थे। सबको आराम से ठहरा दिया गया। ख़ूब अच्छा खाना खाया। हमारे पास एक गाड़ी थी, दूसरी गाड़ी अब्बाजान ने अपने दोस्त से मँगवा ली थी। औरंगाबाद के मुशायरे के बाद अजन्ता एलोरा देखने का प्रोग्राम बना। मैं जान-बूझकर ऐसी गाड़ी में बैठी जिसमें कैफ़ी बैठे थे। उसी गाड़ी में मजरूह, सरदार भाई और सुल्ताना आपा भी थे। औरंगाबाद से अजन्ता साठ मील दूर है। कैफ़ी और सरदार भाई अगली सीट पर थे। मैं, सुल्ताना आपा और मजरूह पिछली सीट पर बैठे थे। रास्ते में मजरूह और कैफ़ी ने ख़ूब हँसाया। कैफ़ी मुसलसल पुराने लखनऊ के शुअरा की नक़्लें उतार रहे थे और मजरूह गानों की पैरोडी बना-बनाकर हँसा रहे थे, मसलन[1]—

जाओगे जाने न दूँगी
पीछे कुत्ते छोड़ दूँगी

---

1. उदाहरणार्थ।

दोनों आँखें फोड़ दूँगी
दोनों टाँगें तोड़ दूँगी

वग़ैरह-वग़ैरह। हम लोगों का हँसते-हँसते बुरा हाल था। कैफ़ी शायरों की नक़्लें पूरी ऐक्टिंग के साथ कर रहे थे। कभी-कभी गर्दन घुमाकर नीम-वा[1] आँखों से मुझे देखने भी लगते थे। मैंने महसूस किया कि कैफ़ी में ऐक्टिंग की बेपनाह सलाहियत[2] मौजूद है और वो बहुत ही पुरकशिश[3] इनसान हैं।

अजन्ता में सब लोग उतर गए। मैं कैफ़ी से दूर-दूर ही रही क्योंकि मुझ पर छोटी आपा जान की बड़ी सख़्त निगरानी थी। दूसरे दिन हम सब 'पनचक्की' और 'बीबी का मक़्बरा' देखने गए जो औरंगज़ेब के बेटे शहज़ादा आज़मशाह ने अपनी वालिदा दिलरस बानो बेगम राबिआ दुर्रानी के लिए बनवाया था। ताजमहल की कॉपी है। फ़र्क़ सिर्फ़ इतना है कि मुकम्मल इमारत संगे-मरमर की नहीं है।

मैंने देखा कि कैफ़ी एक दरख़्त के नीचे तन्हा और उदास-उदास खड़े हैं। दूसरे लोग इधर-उधर देखने में मसरूफ़ थे। मैं चुपके से कैफ़ी के पास जाकर खड़ी हो गई। कैफ़ी ने उदास लहजे में कहा : "हम दो-चार दिन में चले जाएँगे, फिर आप से मुलाक़ात भी नहीं होगी। वैसे भी आप दूर-दूर ही रहने लगी हैं।" मैं चुप रही। अपने अँगूठे से ज़मीन कुरेदती रही। बार-बार आँखों में आँसू आ रहे थे जिन्हें दिखाना नहीं चाहती थी। कैफ़ी कहने लगे : "अगर आप इजाज़त दें तो एक नज़्म आपकी नज़्र[4] करना चाहता हूँ।" मैंने सिर झुकाए-झुकाए गर्दन हिला दी। कैफ़ी ने मेरी तरफ़ ग़ौर से देखते हुए नज़्म शुरू की :

नज़्म का उन्वान है 'तुम' :

शिगुफ़्तगी[5] का लताफ़त[6] का शाहकार[7] हो तुम
फ़क़त बहार नहीं हासिले-बहार हो तुम
जो एक फूल में है क़ैद वो गुलिस्ताँ हो
जो इक कली में है पिन्हां[8] वह लालाज़ार[9] हो तुम
हलावतों[10] की तमन्ना मलाहतों[11] की मुराद
ग़ुरूर कलियों का, फूलों का इन्किसार[12] हो तुम
तुम्हारे जिस्म में ख़्वाबीदा[13] हैं हज़ारों राग
निगाह छेड़ती है जिसको वो सितार हो तुम
उठा सकी न जिसे जुस्तजू[14] वो मोती हो
जिसे न गूँध सकी आरज़ू वो हार हो तुम

1. अधखुली, 2. योग्यता, 3. मोहक 4. भेंट, 5. खिलावट, 6. कोमलता, शुद्धता 7. सर्वोत्तम कृति, 8. छिपा हुआ, 9. लाला के फूलों का उद्यान, 10. माधुर्य, 11. सौन्दर्य, 12. नम्रता, 13. सोए हुए, 14. तलाश।

जिसे न बूझ सका इश्क़ वो पहेली हो
जिसे समझ न सका प्यार भी वो प्यार हो तुम
.खुदा करे किसी दामन में जज़्ब हो न सकें
ये मेरे अश्के-हसीं[1] जिनसे आश्कार[2] हो तुम

यह नज़्म सुनने के बाद मेरे आँसू पागलों की तरह बहने लगे और मैं वहाँ से भाग गई। शाम तक सारा क़ाफ़िला वहीं रहा। चाय वग़ैरह पी गई। फिर चाँद निकल आया। सबने मिलकर एक खेल सोचा। एक आदमी चोर बनता था और उसका काम यह होता था कि वह एक-एक आदमी के लिए एक-एक लफ़्ज़ में उसका कैरेक्टर बताए। दूसरे आदमी का काम यह था कि वह बताए कि पहले आदमी ने कौन-सा लफ़्ज़ किस शख़्स का कैरेक्टर बताने के लिए इस्तेमाल किया है। मुझे ठीक से याद नहीं कि वह खेल कौन जीता लेकिन इतना याद है कि कैफ़ी ने मेरा नाम मक़्नातीस[3] रखा था।

तीसरे दिन सरदार जाफ़री, सुल्ताना आपा और मजरूह सुल्तानपुरी तो वापस बम्बई लौट गए लेकिन कैफ़ी ठहर गए। मेरी छोटी बहनों से उनकी दोस्ती हो गई थी। अब्बाजान भी कैफ़ी को पसन्द करने लगे थे लेकिन मेरे दोनों बड़े भाई और छोटी आपाजान को मेरा कैफ़ी से बात करना भी नागवार था। उन लोगों की कोशिश यह होती थी कि जब भी मैं और कैफ़ी अकेले हों तो उनमें से कोई न कोई आकर बैठ जाए।

एक दिन मैंने जल्दी से खाना खा लिया और कैफ़ी के कमरे में चली गई जहाँ वो अकेले बैठे थे। घर वाले खाने में मसरूफ़ थे। मैंने बातों-बातों में कहा : "आप बम्बई जाकर उन्हीं से शादी कर लीजिए, फिर सब ठीक हो जाएगा।"

कैफ़ी कहने लगे : "मैं आपकी हर बात सुनने के लिए तैयार हूँ लेकिन अगर आप कहें कि मैं तेल की शीशी से शादी कर लूँ तो यह नहीं होगा।"

मुझे हँसी आ गई। मैंने कहा : "अच्छा अपना हाथ दिखाइए।"

कैफ़ी ने सीधा हाथ आगे कर दिया। मैंने उनका हाथ बड़े प्यार से थाम लिया और उनकी क़िस्मत की लकीरें देखने लगी। एक लकीर पर हाथ रखकर मैंने कहा : ''आपकी love marriage होगी।''

"सच ?" कैफ़ी मेरी तरफ़ देखने लगे।

"हाँ, यह जो शहादत की उँगली[4] के नीचे एक स्टार-सा बना हुआ है ना, यही इसकी अलामत[5] है।" मैंने एक पेपर उठाया और उस पर लिखा :

'ज़िन्दगी के सफ़र में अगर तुम मेरे हमसफ़र होते तो यह ज़िन्दगी इस तरह

1. सुन्दर आँसू, 2. प्रकट, 3. चुंबक, 4. तर्जनी, 5. पहचान।

गुज़र जाती जैसे फूलों पर से नसीमे-सहर[1] का एक तेज़ झोंका।' और वह पेपर कैफ़ी की तरफ़ बढ़ा दिया। कैफ़ी ने पढ़कर मेरी तरफ़ देखा और कहा : "मेरी ज़िन्दगी की क़िस्मत इन्हीं आँखों में है।"

फिर लोग आ गए और मैं वहाँ से उठ गई। फिर यह हुआ कि बीच के कमरे में, जहाँ से मैं कैफ़ी के कमरे में जा सकती थी, ताला पड़ गया और कैफ़ी से मिलने के लिए मुझे बुरी तरह से मना कर दिया गया। अम्माँजान ने भी डाँटा। दूसरे बहन-भाइयों को मुझे डाँटने की हिम्मत नहीं थी क्योंकि मैं बुरी तरह जवाब देने में उस्ताद थी लेकिन अम्माँजान को मैंने कोई जवाब नहीं दिया।

मेरी दो छोटी बहनें, जिनके नाम क़मर और ज़फ़र हैं, मेरी चमचियाँ थीं। जब मैं पलंग पर लेटकर रोने लगती तो दोनों बहनें मुझसे लिपट जातीं..."अल्लाह आपा बी, अगर आपकी शादी कैफ़ी भाई से हो गई तो कितना अच्छा लगेगा। इतने बड़े मशहूर शायर। हम अपने दोस्तों में शान से बताएँगे कि हमारे बहनोई कैफ़ी आज़मी हैं।"

फिर मुझे पता चला कि कैफ़ी रोते हुए बम्बई चले गए और मुझे मिलने भी नहीं दिया गया। शाम का वक़्त था, मैं पागलों की तरह उनके कमरे में गई जो बिल्कुल ख़ाली था। दीवानों की तरह उनकी मेज़ के काग़ज़ात उलट-पलटकर देखने लगी। मेरे पास उनका कोई पता नहीं था। आँखों में आँसू उमडे चले आ रहे थे। अचानक मेरी नज़र एक राइटिंग पैड पर पड़ी। जल्दी-जल्दी काँपते हाथों से उसके वरक़ उलट-पलटकर देख रही थी कि बीच के पेपर में एक इंतिहाई ख़ूबसूरत नज़्म लिखी हुई मिली। नीचे बम्बई का पता लिखा हुआ था। सेंढर्स्ट रोड, राज भवन, बम्बई 22। एकदम जान में जान आ गई। मैं वहीं कुर्सी पर ढेर हो गई। जब ज़रा होश ठिकाने आए तो नज़्म पढ़ना शुरू की...

शौकत के नाम

वो चाँद जिसकी तमन्ना थी मेरी रातों को
तुम ही वो चाँद हो इस चाँद-सी जबीं[2] की क़सम
वो फूल जिसके लिए मैं चमन-चमन में गया
तुम ही वो फूल हो रुख़्सारे-अहमरीं[3] की क़सम
तलाश जिसकी मिरी रूहे-शायरी[4] को थी
वो सिहरो-नग़्मा[5] इसी चश्मे-कैफ़बार[6] में है
घुली हुई है गुलिस्तां की चाँदनी जिसमें
वो गुंचगी[7] इसी लब[8] में, इसी इज़ार[9] में है

---

1. सवेरे की मंद, शीतल हवा, 2. माथा, 3. लाल कपोल, 4. शायरी की जान, 5. जादू और राग, 6. नशीली आँख, 7. कली होने की भाव, 8. होंठ, 9. गाल।

लचकता काँपता क़ामत,[1] घने-घने गेसू

... ...

मुजस्समा[2] है तू मेरे हसीन ख़्वाबों का

इतनी हसीन नज़्म मैंने ज़िन्दगी में पहली बार पढ़ी थी मगर अफ़्सोस कि पूरी याद नहीं। यह नज़्म पढ़ते ही मैंने वही पैड लिया और दीवानों की तरह ऊपर छत पर पहुँच गई और कैफ़ी को बेसाख़्तगी से ख़त लिखा।

> कैफ़ी, मुझे तुमसे मोहब्बत है, बेपनाह मोहब्बत। दुनिया की कोई ताक़त मुझे तुम तक पहुँचने से नहीं रोक सकती, पहाड़, दरिया, समन्दर, लोग, आस्मान, फ़रिश्ते, ख़ुदा...और पता नहीं क्या-क्या।
>
> तुम्हारी और सिर्फ़ तुम्हारी,
>
> शौकत

नीचे पता अपने चचाज़ाद भाई अक्बर के स्कूल का लिख दिया। अक्बर मेरे मर्हूम[3] चचा का लड़का था जो हमारे पास ही रहता और पढ़ता था, हमदर्द, मोहब्बत वाला। कैफ़ी को पसन्द करता था और मुझसे हमदर्दी थी। उसीने मुझे राय दी थी कि आप अपने ख़त मेरे स्कूल के पते पर मँगवा सकती हैं। पाँच-छह दिन में ही कैफ़ी का जवाब आ गया। मुझे उस ख़त का कुछ हिस्सा आज भी याद है :

> शौकत मेरी शौकत !
>
> तुम्हारा ख़त मिला। उसका एक-एक हर्फ़ मेरे अन्दर इस तरह जज़्ब हो रहा था जैसे पहली बारिश के क़तरे प्यासी ज़मीन में जज़्ब हो जाते हैं।

फिर ख़तों का सिलसिला शुरू हो गया। रोज़ अक्बर मुझे कभी छह, कभी बारह ख़त लाकर देता। मुझ पे लिखी हुई नज़्में होतीं और इंतिहाई ख़ूबसूरत ख़त। मैं सबसे छुपकर छत पर चली जाती और एक-एक ख़त को पाँच-पाँच, छह-छह बार पढ़ती और ख़यालों की एक हसीन दुनिया में पहुँच जाती। फिर मेरे भी छह-छह ख़त रोज़ जाने लगे। बाद में मुनीष (कैफ़ी के दोस्त) ने बताया कि कम्यून में ख़तों के लिए एक बोर्ड लगा होता था, जिस पर मेरे पूरे ख़त सजाकर लगाए जाते थे। एक हैंडराइटिंग, एक ही राइटिंग पैड पर लिखे हुए ख़त। कामरेड शरारत से कैफ़ी को ख़ूब छेड़ते और हँसते।

फिर एक दिन ऐसा आया कि घरवालों को पता चल गया। चारों तरफ़ से पाबन्दियां लगने लगीं। घर में मेरे अब्बाजान और दो छोटी बहिनों के अलावा कोई मेरा तरफ़दार नहीं था। अक्बर की वजह से कैफ़ी के ख़त तो मुझे मिल जाते

---

1. शरीर, 2. प्रतिमा, 3. स्वर्गीय।

लेकिन मेरे ख़त कैफ़ी तक नहीं पहुँचते क्योंकि चपरासी तो सब बड़े भाईजान और छोटे भाईजान की तरफ़ थे लेकिन कामाटन (बाई जो घर में झाड़ू-बर्तन करती है) मेरी तरफ़दार थी। मैं उसीके ज़रीए ख़त भेजती थी। वह गेहूँ पिसवानेवाले डिब्बे में बन्द करके ले जाती या कभी सौदा लानेवाली भुट्टी (टोकरी या बास्केट) में अख़्बार रखकर उसके नीचे मेरे ख़त रखकर ले जाती। मेरे भाइयों को पता चल गया। बस मेरे ख़त उससे लेकर फाड़ दिए जाते।

घर में एक हंगामा था। मेरा मामूंज़ाद भाई आ गया था। कभी वह मेरे अब्बाजान का रिवाल्वर निकाल लेता कि मैं अपने आपको शूट कर लूँगा। एक बार नीला थोथा खा लिया। भाई जान वग़ैरह अस्पताल ले गए। वहाँ उसका इलाज हुआ, ठीक हो गया।

जब पन्द्रह-बीस दिन गुज़र गए और मेरे ख़त बम्बई नहीं पहुँचे तो कैफ़ी बेचैन हो गए (वो समझे कि मैं ख़फ़ा हो गई हूँ)। उन्होंने अपने ख़ून से एक ख़त लिखा। जिसे देखकर मैं पागल-सी हो गई। मेरा सिर चकराने लगा। मैंने अब्बाजान से साफ़-साफ़ कह दिया कि मैं सिर्फ़ कैफ़ी से शादी करूँगी वर्ना किसी से नहीं और वह ख़ून से लिखा हुआ ख़त अब्बाजान को दिखा दिया। (वह ख़त आज भी मेरे पास है।)

"21 मार्च,

शब,

एक बजे तुमको एक ख़त लिखकर लिफ़ाफ़ा बन्द किया और लेटा कि शायद सो जाऊँ लेकिन नींद नहीं आई। फिर तुम्हारा ख़त पढ़ा और बेइख़्तियार आँसू निकल आए।

शौकत, तुमको मुझ पर भरोसा नहीं, मेरी मोहब्बत पर एतिबार नहीं ? यह मेरी बदनसीबी नहीं तो और क्या है ? समझ में नहीं आता कि तुमको अपनी मोहब्बत का कैसे यक़ीन दिलाऊँ ! फ़िर एक बात समझ में आई। ब्लेड लेकर अपनी कलाई के ऊपर एक गहरा-सा ज़ख़्म डाला और ख़ून से तुमको ख़त लिख रहा हूँ। अब तक तुम्हारी मोहब्बत में आँसू बहाए थे, अब ख़ून, आगे-आगे देखिए होता है क्या ?

मोती, मुझे बड़ा रंज है कि तुमने ये फ़िक़रे मुझे क्यों लिखे, "मैंने देखा, उसकी निगाहें मेरी तरफ़ नहीं हैं बल्कि वह और किसी निसूवानी पैकर को इशारा कर रहा है जो उसका मतलब नहीं समझ रही है या समझना नहीं चाहती।" शौकत, ये अल्फ़ाज़ वापस ले लो।

मेरी मोहब्बत की तौहीन न करो। अगर तुम मेरे लिए कुछ नहीं कर सकतीं तो न सही, मैंने तुमसे मोहब्बत जब की थी तो कौन-सी उम्मीद थी। मेरा और मेरी मोहब्बत का .खुदा मालिक है। रह गया यह कि मैं तुमसे मोहब्बत करता हूँ या नहीं और तुमसे शादी करूँगा या नहीं, यह तुम भी देख लोगी और दुनिया भी।

मेरी शौकत मुझे बताओ कि मेरा और मेरी मोहब्बत का क्या हश्र होगा। मैं तुमसे इतनी दूर हूँ कि तुमको मेरी हालत मालूम नहीं और दूसरे लोग जो कह दें तुम मान लेती हो। तुमको मेरी मजबूरियों पर तरस भी नहीं आता। कोई बात नागवार हो तो मुआफ़ कर देना।

बहुत-बहुत प्यार।
—तुम्हारा कैफ़ी''

ख़त पढ़कर अब्बाजान मुस्कुराए (हम बहन-भाइयों का रिश्ता अब्बाजान से दोस्तों का-सा था), कहने लगे : ''बेटे, ये शायर लोग बड़े रोमांटिक होते हैं। अस्ली ज़िन्दगी और उनकी शायरी में बड़ा फ़र्क़ है। ये लिखेंगे कि मैं आपकी याद में पत्थरों से अपना सिर फोड़ रहा हूँ और अपने ख़ून से ख़त लिख रहा हूँ हालाँकि हक़ीक़त में वो एक दरख़्त के नीचे लेटे ठंडी-ठंडी हवा खा रहे होंगे और बकरी के ख़ून से ख़त लिख रहे होंगे। ख़ैर, मैं आपको बम्बई ले चलूँगा। वहाँ आप अपनी आँखों से उनकी ज़िन्दगी देखिए और फिर फ़ैसला कीजिए।''

उधर कैफ़ी को मेरे ख़त नहीं मिल रहे थे। उनकी बुरी हालत थी। रोते-रोते बुरा हाल। पार्टी में सबको उन पर रहम आ गया, ख़ास तौर से कॉमरेड मिर्ज़ा अशफ़ाक़ बेग को. जो वकील और पार्टी के होल टाइमर थे और इंग्लिश अख़बार 'न्यू एज' में काम करते थे। एक दिन लिखते-लिखते वो अपना क़लम बन्द करके पी.सी. जोशी के पास गए जो उस वक़्त पार्टी के जनरल सेक्रेटरी थे। उनसे इजाज़त लेकर सीधे औरंगाबाद पहुँचे और अब्बाजान के दफ़्तर में चपरासी को बताया कि वो सी.आई. डी. के आफ़िसर हैं और अब्बाजान से मिलना चाहते हैं। अब्बाजान ने फ़ौरन दफ़्तर में बुला लिया। फिर उन्होंने आहिस्ता-आहिस्ता अपनी अस्लियत बताई। मुझे कुछ पता नहीं कि क्या बातें हुईं, सिर्फ़ इतना पता चला कि अब्बाजान अन्दर आए और मेरी माँ से कहा कि खाना ज़रा अच्छा पकवाओ, मेरे एक अज़ीज़ मेहमान आए हुए हैं। यह तो मुझे बाद में पता चला कि मिर्ज़ा अशफ़ाक़ बेग ने अब्बाजान को मेरी शादी कैफ़ी से करने के लिए राज़ी करके ही छोड़ा।

अब्बाजान उसी रात अम्माँजान से कह रहे थे : ''बीबी, हम और तुम हमेशा ज़िन्दा रहनेवाले नहीं हैं। अगर उसकी शादी ऐसे लड़के से कर देंगे जिसे वह नहीं चाहती तो वह शादी के तीसरे महीने हमारे घर वापस आ जाएगी। जब हम और तुम नहीं रहेंगे तो वह कहाँ जाएगी। उसकी देखभाल कौन करेगा ? लेकिन हम अगर उसकी शादी कैफ़ी से कर देते हैं तो यह इन्तिख़ाब[1] चूँकि उसका होगा और वह उसकी ज़िम्मेदार होगी, चाहे बने या बिगड़े, वह हमसे शिकायत नहीं करेगी और .खुद ही उस ज़िन्दगी को निभाएगी।'' अम्माँजान ने कुछ जवाब नहीं दिया। चुपचाप सुनती रहीं। बाद में अब्बाजान चुपक से मुझसे कहने लगे : "बम्बई चलकर आप .खुद फ़ैसला कीजिए कि आप क्या चाहती हैं। अगर आपको उनकी ज़िन्दगी पसन्द आई तो मैं आपकी वहीं शादी कर दूँगा, माँ और बहन-भाइयों को बताए बग़ैर।"

मैं यह सुनकर .खुशी से दीवानी हो गई। जल्दी-जल्दी अपने कपड़े सूटकेस में रखे और तैयार हो गई। अब्बाजान ने घर वालों को बताया : ''मोती चूँकि बहुत परेशान है इसलिए मैं उसे अपने साथ टूर पर ले जा रहा हूँ ताकि वह इत्मीनान[2] से अपना बुरा-भला सोच सके। अम्माँजान ने बावरची-ख़ाने का सामान सन्दूक़ में रखना चाहा तो अब्बाजान ने मना कर दिया और कहा : ''कोई ज़रूरत नहीं है। हम दो-एक दिन में वापस आ जाएँगे।'' बम्बई के टिकट चपरासी से मँगवा लिए थे। मुझे याद है, जब मैं घर से निकलने लगी तो घर को एक बार आँसू भरी आँखों से देखा और यह मिसूरा पढ़ा :

.खुश रहो अहले-वतन हम तो सफ़र करते हैं।

---

1. पसन्द, चुनाव, 2. सन्तुष्टि।

बम्बई

जब बम्बई स्टेशन क़रीब आने लगा तो मेरा दिल धड़कने लगा। कारख़ानों का धुआँ, लोकल ट्रेनों की ख़ौफ़नाक आवाज़ें, स्टेशनों की गन्दगी, मैले-कुचैले लोगों की भीड़-भाड़। मैंने अब्बाजान से कहा : "यहाँ ये लोग बग़ैर ऑक्सीजन के ज़िन्दा कैसे रहते होंगे।"

हैदराबाद और औरंगाबाद के बाद मैं पहली बार बड़े शहर में आ रही थी (हाँ एक बार मैं देहली होते हुए अपने आबाई[1] वतन सहारनपुर लोहारी भाईजान की शादी में गई थी, लेकिन उसका मुझ पर कोई ख़ास असर नहीं हुआ था)। बोरी बन्दर स्टेशन पर उतर कर हम सीधे एक सीव्यू होटल गए। सामान रखा। मैंने नहा-धोकर अच्छे कपड़े पहने। हम लोगों ने खाना खाया। थोड़ी देर आराम करके पाँच बजे के क़रीब सीधे सेंढर्स्ट रोड, राजभवन, पार्टी ऑफ़िस पहुँचे। अब्बाजान ऊपर गए, मैं टैक्सी में बैठी रही। मैंने देखा, अब्बाजान के साथ एक ख़ूबसूरत-सा नौजवान कनखियों से मुझे देखता, मुस्कुराता हुआ नीचे उतरा। उसने कहा : ''मेरा नाम मेहँदी है। कैफ़ी अभी तक आए नहीं हैं। वो अँधेरी कम्यून में रहते हैं। आप लोग ऊपर ऑफ़िस में बैठिए। हम उन्हें फ़ोन कर देंगे, वो एक-दो घंटे में पहुँच जाएँगे।'' मैं बहुत थकी हुई थी। मैंने कहा : ''हम होटल वापस जाते हैं। वो आएँ तो उन्हें होटल भेज दीजिएगा।'' मेहँदी ने कहा : "अच्छी बात है।" और हम चल दिए। पास ही कहीं किसी होटल से गाने की आवाज़ आ रही थी—

"घूँघट के पट खोल रे तोहे पिया मिलेंगे।"

कोई सात बजे के क़रीब कैफ़ी और मेहँदी हमारे होटल पहुँचे। अब्बाजान ने दरवाज़ा खोला। कैफ़ी को देखकर ख़ुशी से मेरी आँखों में आँसू आ गए। कैफ़ी का भी अजीब आलम था। उन्हें यक़ीन नहीं आ रहा था कि मैं सचमुच आ जाऊँगी।

मेहँदी हँसकर कहने लगे : "आज तो कैफ़ी मोटर के नीचे आते-आते रह

1. पैतृक।

गए जब उन्हें पता चला कि आप लोग आए हुए हैं।''

मेहँदी और कैफ़ी दोनों ने कहा, ''आप होटल में क्यों ठहरे हुए हैं ? बन्ने भाई (सज्जाद ज़हीर, तरक़्क़ीपसन्द मुसन्निफ़ीन के जनरल सेक्रेट्री) और रज़िया आपा (बन्ने भाई की बीवी) को पता चल गया है। उन्होंने आपको अपने घर बुलाया है। कल आप लोग मालाबार हिल, सीकरी भवन में शिफ़्ट हो जाएँ, जहाँ उनका घर है। हम दोनों आपको लेने आएँगे।''

कैफ़ी अपनी नीम-वा आँखों से सिर्फ़ मुझे देख रहे थे, इस तरह कि वो देखते भी रहें और किसी को पता भी न चले, लेकिन मेरा रुआँ-रुआँ इस बात को जान रहा था और महज़ूज़[1] हो रहा था।

कोई रात के बारह बजे तक ये लोग अब्बाजान से बातें करते रहे। फिर सुबह आने का वादा करके चले गए। मुझे सारी रात नींद नहीं आई। नए लोग नई दुनिया, लेकिन एक ही सौदा सिर में समाया हुआ कि मैं कैफ़ी से ही शादी करूँगी।

सुबह जल्दी उठ बैठी। नहा-धोकर सबसे अच्छे कपड़े पहने। आईने में देखा, मैं अच्छी लग रही थी। अब्बाजान भी नमाज़ पढ़ चुके थे। हम लोग नाश्ता कर ही रहे थे कि कैफ़ी आ गए। उस वक़्त कैफ़ी अकेले ही आए थे। हमारे साथ चाय पी, तीनों नीचे उतरे, टैक्सी ली, सामान रखा और मालाबार हिल की तरफ़ चल पड़े। वालकेश्वर रोड पहुँचकर 7, सीकरी भवन जहाँ बन्ने भाई और रज़िया आपा रहते थे। मैंने देखा कि पहला कमरा काफ़ी बड़ा था और इन्तिहाई सादगी और सलीक़े से सजा हुआ। दो प्यारी-सी बच्चियाँ नजमा और मोना भी थीं। रज़िया आपा और बन्ने भाई इन्तिहाई ख़ुलूस[2] से मिले। मुझे ऐसा लगा जैसे ये मुझे बरसों से जानते हैं। रज़िया आपा ने हँसकर कहा : "अच्छा हुआ भई तुम आ गईं वर्ना यह मेरा क़ालीन कैफ़ी के आँसुओं से ख़राब हो जाता।" होता यह था कि जब मेरे ख़त आने बन्द हो गए तो कैफ़ी का सहारा रज़िया आपा ही थीं। वो बड़ी बहन का-सा सुलूक करतीं। ये सीधे क़ालीन पर चित लेट जाते और आँसू बहाते रहते। रज़िया आपा प्यार से दिलासा देती रहतीं।

मुझे सबसे ज़्यादा हैरत इस बात पर हुई कि इनके माहौल में किसी ने इस बात का बतंगड़ नहीं बनाया, न मज़ाक़ उड़ाया, न मुझे यह एहसास दिलाया कि मैंने कोई शर्मनाक बात की है, न किसी ने मुझे हिक़ारत[3] से देखा। हर बात बिल्कुल नॉर्मल थी। मैंने सोचा, यह माहौल उस माहौल से किस क़दर मुख़्तलिफ़ है जो मैं छोड़कर आई हूँ। जहाँ के लोग छोटे, दक़ियानूसी, पुरानी क़द्रों[4] के हामी[5], इनसानी कमज़ोरियों को नज़रअन्दाज़ करने की बजाय उन्हें अहमियत देकर तज़्लील[6]

---

1. आनन्दित, 2. स्नेह, 3. तिरस्कार, 4. मूल्यों, 5. पक्षपाती, 6. अपमान।

करनेवाले हैं। इस पहले इम्प्रेशन ने मेरे इस ख़याल को कि मैं सिर्फ़ कैफ़ी से शादी करूँगी, और मज़्बूत कर दिया।

फिर चाय आ गई। रज़िया आपा ने कहा : "आप लोगों को होटल में ठहरना ही नहीं चाहिए था। सीधे हमारे घर आ जाते।" (हालाँकि उस वक़्त मैं चाय नहीं पीती थी। अब्बाजान की सख़्त मुमानिअत[1] थी कि चाय सेहत के लिए बुरी चीज़ है) मैंने चुपचाप चाय का कप उठा लिया और अमृत की तरह पी गई।

शाम को बन्ने भाई ने कहा : "चलिए आप लोगों को हैंगिंग गार्डन ले चलें।" उनके घर से हैंगिंग गार्डन मुश्किल से एक फ़र्लांग होगा। मैं, अब्बाजान, कैफ़ी, सरदार भाई, बन्ने भाई, रज़िया आपा, मिर्ज़ा अशफ़ाक़ बेग और मेहँदी—सब मिलकर वॉक करते हुए हैंगिंग गार्डन पहुँचे। फिर नाज़ रेस्तोरां में बैठकर कॉफ़ी मँगवाई गई। रास्ते में हम लोगों से ज़रा आगे चलते हुए बन्ने भाई अब्बाजान से बातें करते रहे। मेरे ख़याल में वो अब्बाजान को यही समझा रहे थे कि आप मोती (मेरा घरेलू नाम) की शादी कैफ़ी ही से कर दीजिए। तमाम टेंशन ख़त्म हो जाएगा। उस लड़के को भी सब्र आ जाएगा और आपकी परेशानियाँ भी दूर हो जाएँगी। अब्बाजान सिर हिला-हिलाकर 'जी हाँ-जी हाँ' करते जा रहे थे।

नाज़ रेस्तोरां में बैठकर कॉफ़ी पीते हुए मैं किसी और ही दुनिया में पहुँच गई। बिजली के क़ुमक़ुमे रौशन हो चुके थे। ऐसा लगता था जैसे समन्दर ने बाँहें फैलाकर इस शहर को अपनी हिफ़ाज़त में ले लिया हो, और सभन्दर के गले में किसी ने हीरे-जवाहिरात का हार पहना दिया हो, और वह जगमग-जगमग कर रहा हो, मेरे मुस्तक़्बिल[2] की तरह। मैं मुस्तक़्बिल के हसीन ख़्वाबों में खो गई।

कम्यून

दूसरे दिन हम कैफ़ी के साथ लोकल ट्रेन से अँधेरी कम्यून पहुँचे। अँधेरी कम्यून एक बहुत ही पुरफ़िज़ा[3] जगह पर था। ऐसा लगता था हम किसी छोटे-से हिल स्टेशन पर हों। बड़े-बड़े पीपल के दरख़्त, कटहल, केले, आम के दरख़्त। पीपल के दरख़्त में झूला पड़ा हुआ। मोगरे, जूही और रात की रानी के पौधे अपनी-अपनी ख़ुशबुओं के साथ सारी फ़िज़ा को मुअत्तर[4] किए हुए। दरअस्ल पहले इसमें कल्चरल स्क्वॉड (Cultural Squad) था जिसमें तमाम आर्टिस्ट और डांसर रहते थे। यह कम्यूनिस्ट पार्टी का ही एक इदारा[5] था। सचिन शंकर (उदय शंकर के चचाज़ाद भाई), गुल, दीना पाठक, प्रेम धवन के अलावा और भी बहुत सारे

1 निषेध, 2. भविष्य, 3. हरा-भरा और विस्तृत स्थान, 4. सुगन्धित, 5. संस्था।

आर्टिस्ट काम करते थे। बंगाल के क़हत[1] के वक़्त इन लोगों ने सारा हिन्दुस्तान घूम-घूमकर दो लाख रुपये जमा करके भेजे थे। दो लाख उस वक़्त बहुत बड़ी रक़म थी। ये लोग वामिक़ जौनपुरी का लिखा हुआ गीत "भूखा है बंगाल रे बाबा भूखा है बंगाल" गाया करते थे : जो बहुत मशहूर हुआ था।

अँधेरी कम्यून पहुँचकर मैंने कैफ़ी का छोटा-सा कमरा देखा जिसमें एक झिलंगा-सा बान का पलंग, उस पर एक दरी, गद्दा, चादर, तकिया, एक तरफ़ छोटी-सी मेज़-कुर्सी, उस पर किताबें, अख़्बारों का ढेर, चाय का मग और एक गिलास। मुझे उस कमरे की सादगी पर बहुत प्यार आया। मैंने दिल-ही-दिल में कहा, 'ठहर जाओ, मैं इस कमरे को इतना ख़ूबसूरत बना दूँगी कि इस कमरे की क़िस्मत ही बदल जाएगी।'

फिर खाना खाने कम्यून में गए। ऐल्यूमिनियम की थाली, दो ऐल्यूमिनियम की कटोरियाँ, दो-दो लकड़ी की चौकियाँ, एक पर बैठकर दूसरी पर अपनी खाने की थाली रखकर खाना खाया जाता था। परोसनेवाला बावरची होता था। खाने में एक सब्ज़ी, एक दाल, घी लगी चार रोटियाँ, थोड़ा-सा चावल, एक तरफ़ नमक, प्याज़, लीमूं का एक टुकड़ा और शायद अचार भी।

खाने के बाद हर एक को अपने बर्तन ख़ुद धोकर रखने पड़ते थे। अब्बाजान को इन बर्तनों में खाना खाना कुछ नागवार-सा लग रहा था। मैं डर रही थी कि कहीं वो इस माहौल को नापसन्द करके मुझे वापस चलने के लिए न कहें। मैं अब्बाजान की हर हर्कत पर नज़र रखे हुए थी। थोड़ा-सा खाना खाने के बाद अब्बाजान उठ गए। आहिस्ता से कहा : "बर्तन मैं नहीं धोऊँगा।" मैंने जल्दी से उनके बर्तन भी समेट लिए और ख़ंदापेशानी[2] से मुस्कुराते हुए सारे बर्तन धोकर जगह पर रख दिए।

फिर हम बन्ने भाई के घर आ गए। थोड़ी देर आराम करने के बाद अब्बाजान ने मुझसे कहा : "तैयार हो जाओ, हम चौपाटी तक टहलकर आते हैं।" मैं डरते-डरते तैयार हुई और हम दोनों टहलते-टहलते चौपाटी की तरफ़ चल पड़े। रास्ते में अब्बाजान ज़रा संजीदा-से थे। "बेटे, तो यह है इन लोगों की ज़िन्दगी, अब आप अपना फ़ैसला सुनाइए कि आया अब भी आप कैफ़ी साहिब से ही शादी करना चाहती हैं या वापस चलना चाहती हैं। हमारे ख़ानदान में शादी सिर्फ़ एक बार होती है। लड़की अपने शौहर के घर से मरकर निकलती है। बाद में आप यह न कहें कि कैफ़ी साहिब के पाँव बड़े हैं, मुझे पसन्द नहीं। ये तो होल

1. अकाल, 2. सुशीलता।

हैं, कुछ कमाते नहीं, या किसी और वजह से मैं तलाक़ लेना चाहती हूँ।"

मैंने चलते-चलते रुककर अब्बाजान की तरफ़ देखा, "अब्बा जान, ये लोग बहुत अच्छे हैं। कैफ़ी तो ख़ैर होल टाइमर हैं, लेकिन अगर ये एक मज़दूर भी होते तब भी मैं इन्हीं से शादी करती और टोकरी सिर पर उठाकर मिट्टी ढोती। मेरा फ़ैसला अटल है। अल्लाह ने चाहा तो आपको शिकायत का मौक़ा कभी नहीं दूँगी।" चुनाँचे हुआ भी वैसा ही। अब्बाजान मुत्मइन होकर वापस आए और बन्ने भाई से कहा : "कल आप इन दोनों का निकाह कर दीजिए। मुझे देर हो रही है। मैं बग़ैर छुट्टी लिए हुए आया हूँ।"

जब दिन मुक़र्रर हो गया तो मेरा दिल धड़कने लगा कि कल से बिल्कुल नई ज़िन्दगी शुरू करनी है। रात को नींद भी नहीं आई। पार्टी में धूम मच गई। कॉमरेड घाटे जो पार्टी के ख़ज़ांची थे, क़द में बहुत छोटे, दुबले-पतले आदमी और बहुत ही कंजूस, उन्होंने सौ रुपए देकर कहा, "कहीं यह लैला-मजनूँ का ड्रामा तो नहीं कि चार महीने के बाद सब ख़त्म, ख़्वाहमख़्वाह पार्टी के सौ रुपये का नुक़्सान होगा।" कॉमरेड ख़ूब हँसे। उन्हें क्या मालूम था कि यह ड्रामा पचपन साल बाद भी ख़त्म नहीं होगा।

शादी

दूसरे दिन सुबह रज़िया आपा क़ालीन पर बैठकर मेरे हाथों में मेहँदी लगा रही थीं कि मैं रोने लगी। बन्ने भाई ऊपर पलंग पर चादर ओढ़े लेटे थे। शायद उन्हें हल्की-सी हरारत भी थी। मुझे देखकर कहने लगे : "भई ये लड़कियाँ भी अजीब होती हैं। अपनी पसन्द की शादी हो रही है, इसमें भला रोने की क्या बात है। इस वक़्त तो इनको ख़ूब ख़ुश होना चाहिए, हँसना चाहिए।"

मुझे अपना घर और अम्माँ याद आ रही थीं। मगर रज़िया आपा बिल्कुल माँ की तरह बर्ताव कर रही थीं। अपने बरी के कपड़े निकालकर लाईं, गोटा लगा ग़रारा, ज़री का कुर्ता, गोटे लगा दुपट्टा। उन्होंने अपनी सोने की दो-दो चूड़ियाँ पहना दीं और कैफ़ी की तरफ़ से एक छोटी-सी अँगूठी।

शाम को मेहँदी और मुनीष भिण्डी बाज़ार से क़ाज़ी मिरघे को लेकर आ गए। उस वक़्त शायद चार बजे थे। बीच का बड़ा कमरा मेहमानों से खचाखच भर गया था। तक़रीबन तमाम ही तरक़्क़ीपसन्द शायर और अदीब जमा हो गए थे मसलन जोश मलीहाबादी, मजाज़, कृष्ण चन्द्र, महेन्द्र नाथ, साहिर, पितरस बुख़ारी और उनके छोटे भाई जुल्फ़िक़ार बुख़ारी (जो रेडियो स्टेशन पर स्टेशन डॉयरेक्टर थे), विश्वामित्र आदिल, सिकन्दर अली वज्द (जो औरंगाबाद में जज थे), इस्मत चुग़ताई,

सरदार जाफ़री, सुल्ताना आपा, रिफ़्अत सरोश, मीराजी वग़ैरह वग़ैरह। सिकन्दर अली वज्द और सरदार भाई गवाह बने और अन्दर आकर मुझसे पूछा : ''क्या आपको अतहर हुसैन रिज़्वी वल्द फ़त्ह हुसैन रिज़्वी से निकाह क़बूल है ?'' तब मुझे पहली बार मालूम हुआ कि कैफ़ी का अस्ली नाम क्या है। जब क़ाज़ी ने लड़के का मज़हब पूछा, तो सब एक-दूसरे का मुँह देखने लगे क्योंकि कैफ़ी शीआ थे और मैं सुन्नी। ऐसी शादियों में आम तौर से दो क़ाज़ी होते हैं वर्ना कठमुल्ला निकाह को जाइज़ नहीं समझते। अब ग़रीब पार्टी मुश्किल से तो एक क़ाज़ी ला पाई थी दूसरा क़ाज़ी कहाँ से आता। चुनाँचे बन्ने भाई ने मुस्कुराते हुए कहा : "हनफ़ियुल-मज़हब[1]"। जोश साहिब ने घूरकर बन्ने भाई को देखा और कहा : "हूँ ?" बन्ने भाई ने आँख मारकर इशारा किया कि चुप रहिए। बस निकाह हो गया। मुझे बहुत शर्म आ रही थी। मैं अपना मुँह नीचे किए बैठी थी। सुल्ताना आपा ने कहा : "मोती, इस्मत आई हैं" मैंने जल्दी से ऊपर देखा। इस्मत आपा को बेहद पढ़ा था। उन्हें देखने का शौक़ था। सब औरतें खिलखिलाकर हँस पड़ीं और मैं झेंप गई। सुल्ताना आपा मेरा हाथ पकड़कर बाहर मर्दाने में ले आईं। फिर शायरी शुरू हुई। मजाज़ ने 'आज की रात' सुनाई। जोश साहिब ने रुबाइयाँ सुनाईं। फिर मेहँदी और मुनीष ने शरारत से कहा : ''जोश साहिब, हैदराबाद के रिवाज के मुताबिक़ दूल्हे के बाप के सिर पर अफ़्शां[2] मली जाती है। इस वक़्त तो कैफ़ी के बाप आप ही हैं।'' मासूम जोश साहिब तैयार हो गए। मेहँदी, अशफ़ाक़ बेग, मुनीष, सबने मिलकर उनके गंजे सिर पर ख़ूब अफ़्शां मली। सब लोग ख़ूब हँसे। मिठाई तक़्सीम हुई। ग़रज़ कि शाम बहुत अच्छी गुज़री और हमारी नई ज़िन्दगी का ख़ूबसूरत आग़ाज़ हुआ।

उस ज़माने में कैफ़ी की किताब 'आख़िरे-शब' छप रही थी। अभी मुकम्मल नहीं हुई थी। सरदार भाई ने एक दिन में मुकम्मल करके 'आख़िरे-शब' की एक कापी, जिसकी जिल्द ब्राउन चमड़े की और इंतिहाई ख़ूबसूरत थी, छपवाकर मुझे तुह्फ़े में दी। उस पर उन्होंने कैफ़ी की नज़्म 'औरत' का एक बन्द ख़ुद अपने हाथ से लिखा था :

ज़िन्दगी जह्द में है सब्र के क़ाबू में नहीं
नब्ज़े-हस्ती का लहू काँपते आँसू में नहीं
उड़ने-खुलने में है नक्हत ख़मे-गेसू में नहीं
जन्नत इक और है जो मर्द के पहलू में नहीं
उसकी आज़ाद रविश पर भी मचलना है तुझे
उठ मिरी जान मिरे साथ ही चलना है तुझे

---

1. इमाम अबू हनीफ़ा के अनुयायी मुसलमान, 2. सुनहला या रुपहला पाउडर,

उस किताब को लेकर .ख़ुशी और तशक्कुर[1] से मेरी आँखों में आँसू आ गए। यह किताब कैफ़ी ने मेरे नाम इस तरह मानून[2] की थी :

'शीन' के नाम...

मैं तन्हा अपने फ़न को आख़िरे-शब[3] तक ला चुका हूँ, तुम
आ जाओ तो सहर[4] हो जाए।

—कैफ़ी

दूसरे दिन जोश साहिब की महबूबा ने मुँह दिखाई में दो रुपये दिए जिसे मैंने .ख़ुशी से क़बूल कर लिये।

जोश साहिब और बन्ने भाई अब्बाजान से मिलकर बेहद .ख़ुश थे। बन्ने भाई तो अब्बाजान के फ़ैन हो गए थे। कहने लगे : "इस दौर में इतना तरक़्क़ीपसन्द और रीज़नेबल आदमी कम देखने को मिलता है।"

दूसरे दिन मैं और कैफ़ी अब्बाजान को छोड़ने वी.टी. स्टेशन गए। अब्बाजान ने जाते हुए इतना कहा : "मैंने तुम लोगों का तो मस्अला हल कर दिया लेकिन मेरा मस्अला अभी हल नहीं हुआ। अभी मुझे अपनी बीवी का सामना करना है।"

मुझे अब्बाजान पर रहम आ गया। मेरी माँ, बावुजूद शौहरपरस्त होने के, बहुत जल्दी मुआफ़ नहीं करती थीं। बाद में मुझे पता चला कि उन्हें बेहद तक्लीफ़ पहुँची और उन्होंने अब्बाजान से एक महीने तक बात नहीं की।

अब्बाजान को वी.टी. स्टेशन पर ट्रेन में बिठाकर हम सीधे लोकल ट्रेन से अँधेरी पहुँचे। अँधेरी स्टेशन पहुँचकर हमने विक्टोरिया किया। उस वक़्त विक्टोरिया का किराया कम्यून तक सिर्फ़ एक रुपया होता था। हम कम्यून पहुँचे। अपने कमरे में आकर मैंने प्यार से उसका बिखरापन और ग़रीबी देखी। सबसे पहले झाड़ू लेकर आई। झाड़ू दी। उनकी किताबों को झटककर साफ़ किया। झिलंगा पलंग बाहर निकाल दिया। नीचे अख़्बार बिछाए, उस पर गद्दा और रंगीन चादर बिछाई। एक छोटी-सी मेज़ और कुर्सी भी थी, उन्हें सलीक़े से एक तरफ़ रखा। मेज़ पर किताबें रखीं। चाय पीने के लिए ऐल्यूमिनियम का मग और एक गिलास भी था। गिलास में कुछ फूल-पत्ते लगा दिए। ऐल्यूमिनियम के जग को ख़ूब चमकाया। कैफ़ी चुपचाप मुझे काम करते देखते रहे। कहने लगे : "मैंने ख़्वाब में भी नहीं सोचा था कि तुम मुझे मिल जाओगी। मैं कितना .ख़ुशक़िस्मत हूँ।"

उस ज़माने में कैफ़ी पार्टी के उर्दू सिहमाही पर्चे[5] 'नया अदब' के एडीटर थे। उन्हें दफ़्तर जाना था और वो चले गए। इस दौरान मैं कमरे को सजाती रही। एक साड़ी को फाड़कर पर्दा बनाया और लिस्ट बनाती रही कि कमरे को आरामदेह

1. कृतज्ञता, 2. समर्पित 3. रात का अंत, 4. सुबह, 5. त्रैमासिक पत्रिका।

और ख़ूबसूरत बनाने में किन चीज़ों की ज़रूरत होगी। अब्बाजान जाते हुए पाँच सौ रुपये दे गए थे।

मेरे ज़ेहन[1] में जो पहली चीज़ आई वह यह थी कि एक चाय का सेट ज़रूरी है, एक ट्रे और केतली के लिए टीकोज़ी भी। दूसरे दिन मैं सुबह-सवेरे उठ बैठी। कैफ़ी देर तक सोते थे। बाहर जाकर मैंने कम्यून का जायज़ा लिया। देखा, आँगन में एक बड़ा-सा चाय का पतीला अँगीठी पर चढ़ा हुआ है। कॉमरेड अपने-अपने मग में चाय लिए अख़्बार सामने खोले पढ़ने में मसरूफ़ हैं। किसी की नज़र मुझ पर पड़ जाती तो 'हैलो कॉमरेड' कहकर फिर अख़्बार पढ़ने में मसरूफ़ हो जाता। कॉमरेड मिर्ज़ा अशफ़ाक़ बेग का पाजामा कई जगह से फटा हुआ था लेकिन वो उससे बिल्कुल बेनियाज़[2] चाय पीने और अख़्बार पढ़ने में मसरूफ़ थे। मैंने एक मग और मांगा और दो मगों में चाय लेकर अपने कमरे में चली गई। बहुत प्यार से कैफ़ी को उठाया और साथ बैठकर चाय पी। रोज़ चाय के बाद सब कॉमरेड जल्दी-जल्दी नहा-धोकर तैयार होकर खाने के कमरे में चले जाते। खाना खाकर अपने-अपने फ्रंट पर चल पड़ते और शाम को ही लौटते।

कम्यून की दुनिया मेरे लिए एक बिल्कुल नई दुनिया थी। पीपल और कटहल के बड़े-बड़े पेड़ों से घिरी हुई यह जगह बहुत ही ख़ूबसूरत थी और इससे भी ख़ूबसूरत थे वहाँ के लोग; रौशन दिमाग़, इनसान दोस्त, कुचले हुए परेशान हाल भूखे इनसानों के लिए एक नई दुनिया बनाने की धुन में जद्दोजहद करते लोग, हिन्दुस्तान के मुख़्तलिफ़ शहरों से आए हुए लोग लेकिन लगता था कि सब एक ही ख़ानदान के फ़र्द[3] हैं। सभी कॉमरेड-कॉमरेड पुकारे जाते थे। उस वक़्त कॉमरेड का मतलब था 'मुकम्मल आदमी'।

उस ज़माने में बन्ने भाई के घर में हर इतवार को तरक़्क़ीपसन्द मुसन्निफ़ीन की मीटिंग हुआ करती थी। शुअरा और अदीब अपनी नज़्में और कहानियाँ सुनाते थे और उस पर ज़ोरदार तन्क़ीद[4] और बहस होती थी। मीटिंग चार बजे से रात आठ बजे तक चलती थी। किसी की मजाल नहीं थी कि ग़ैरहाज़िर[5] होता। बन्ने भाई की निगाह हर एक पर होती और ख़ास तौर से कैफ़ी और मुझ पर। शाम को रज़िया आपा की मेहरबानी से सब को चाय का एक प्याला मिल जाता।

अक्सर मैं और कैफ़ी बन्ने भाई के घर से पैदल ही चौपाटी की तरफ़ निकल जाते थे; भुट्टे खाते हुए, हँसते-मुस्कुराते, ज़िन्दगी की ऊँच-नीच से बेख़बर, एक-दूसरे के प्यार में सरशार[6], रौशन मुस्तक़्बिल की तस्वीर आँखों में लिए।

एक इतवार को मेरा जी चाहा कि पिक्चर देखें। मैंने कैफ़ी से अपनी ख़्वाहिश

---

1. मस्तिष्क, 2. बेख़बर, 3. व्यक्ति, 4. आलोचना, 5. अनुपस्थित, 6. मस्त।

ज़ाहिर की, कैफ़ी फ़ौरन तैयार हो गए। उस वक़्त उनकी जेब में सिर्फ़ ढाई रुपये थे। 7, सीकरी भवन से चर्नी रोड कोई एक मील के फ़ासिले पर है। उस ज़माने में वहाँ रॉक्सी सिनेमा हॉल था, जिसमें चेतन आनन्द की फ़िल्म 'सफ़र' चल रही थी। हम लोग तीन बजे के शो के लिए पैदल ही चल पड़े। सवा-सवा रुपये के दो टिकट लेकर पिक्चर देखी। इंटरवल में मुझे प्यास लगने लगी। मैंने कैफ़ी से कहा। उस ज़माने में तमाम नल दोपहर में बन्द रहा करते थे। रॉक्सी के नुक्कड़ पर एक बुढ़िया मटके में पानी लिये बैठी, दो पैसे में एक गिलास पानी बेचा करती थी। हमारे ढाई रुपए तो टिकट की नज़्र हो चुके थे। कैफ़ी ने कहा : ''जाओ उस बुढ़िया से पानी लो और पी लो। पैसों के लिए कह देना कि मेरे शौहर वहाँ हैं, मैं अभी उनसे पैसे लेकर आती हूँ, और भाग आना।'' मैंने वैसा ही किया और भाग आई। बाद में जब कभी ऑपेरा हाऊस से हम दोनों का गुज़र होता तो कैफ़ी कहते : "वह बुढ़िया अपने दो पैसे के ख़ातिर तुम्हारा इन्तिज़ार कर रही है।" मैं हँस पड़ती। उस दिन हम मीटिंग में भी नहीं गए, जिसकी दूसरे दिन बन्ने भाई ने ख़बर ली : "भई तुम दोनों कल मीटिंग में नहीं आए, बहुत बुरा किया। आइन्दा इसका ख़याल रखा करो।'' कैफ़ी कुछ उलटे-सीधे बहाने बनाने लगे और मैं अपने दुपट्टे को मुँह में ठूँसकर हँसी को छुपाती रही और वहाँ से चली गई।

1947 में जो मुशायरे हुआ करते थे उनमें तरक़्क़ीपसन्द और रवायती, दोनों ही शुअरा शरीक होते थे। तरक़्क़ीपसन्द शुअरा में जोश मलीहाबादी, सरदार जाफ़री, कैफ़ी आज़मी, साहिर लुधियानवी और मजरूह सुल्तानपुरी वग़ैरह होते। ये शुअरा अपने नए मौज़ूआत,[1] अपनी आवाज़ और पढ़ने के अन्दाज़ की वजह से मुशायरा लूट लेते थे। मुकर्रर इरशाद, मुकर्रर इरशाद के नारों से हाल गूँज उठता जबकि रवायती शायरों को ऐसी दाद नहीं मिलती थी। मुशायरे के अगले दिन सब बन्ने भाई के घर पर जमा होते और उनसे ख़ूब शाबाशी पाते थे। बन्ने भाई अपने मख़्सूस अन्दाज़ में कहा करते थे : ''भई वाह, कल का मुशायरा तो हमारे पट्ठों ने जीत लिया।'' कैफ़ी की नज़्में 'औरत,' 'हक़ीक़तें', 'ताज' वग़ैरह बेहद मक़्बूल[2] थीं। साहिर की नज़्म 'ताजमहल' सुने बग़ैर साहिर को छोड़ा नहीं जाता था। उस वक़्त लोग उर्दू आज से ज़्यादा समझते थे और रवायती इश्क़िया शायरी से मुख़्तलिफ़ और मुतनव्वे,[3] तरक़्क़ीपसंद शायरी को खुलकर दाद देते थे।

एक बार का वाक़िआ है। मेरी नई-नई शादी हुई थी। कैफ़ी मुझको एक मुशायरे में शायद मुझको मर्ऊब[4] करने के लिए ऑडिएंस पर छा जानेवाले अन्दाज़ और वहद मूड में नज़्म 'हक़ीक़तें' सुना रहे थे। जब वो इस बन्द पर पहुँचे :

---

1. विषयों, 2. लोकप्रिय, 3. भाँति-भाँति की, 4. प्रभावित।

वो रफ़ीक़ा[1] वो मिरी मूनिसे-इख़्लास-पनाह[2]
जिसकी मदक़ूक़[3] जवानी है मसाइब[4] की गवाह
दामने-क़स्दे-तबस्सुम[5] में समेटे हुए आह
देर से होगी मिरे वास्ते जो चश्म-बराह[6]
नज़्र[7] को उसकी, नदामत[8] के सिवा कुछ भी नहीं।

फिर तो लोग मुड़-मुड़कर मेरी तरफ़ देखने लगे। शायद सोचते होंगे कि यह तो अच्छी भली-चंगी ख़ूबसूरत कपड़े पहने बैठी हुई है तो फिर कैफ़ी की वो मदक़ूक़ जवानी और मसाइब की गवाह बेगम कहाँ हैं। मुझे बड़ी शर्म आ रही थी।

बन्ने भाई ने दूसरे दिन मुझसे कहा कि भई मोती तुम्हारे शौहर ने तो कल मुशायरा लूट लिया।

आहिस्ता-आहिस्ता मुझे एहसास होने लगा कि यह दुनिया हैदराबाद की दुनिया से बिल्कुल मुख़्तलिफ़ है। इन लोगों का रिश्ता चंद इनसानों से ही नहीं बल्कि सारी इनसानियत से बँधा हुआ है। ये अपने घर, अपनी बीवी-बच्चों के बारे में इतना नहीं सोचते, जितना मज़दूर, किसान और मेहनतकश इनसानों के बारे में सोचते हैं। इनका मक़सद उन्हें इस इस्तेहसाल[9] करनेवाले सरमायादाराना[10] निज़ाम[11] के पंजए-ग़ज़ब से छुड़ाना है।

कैफ़ी ने मुझे शादी के बाद जो पहला तुहफ़ा दिया वह एक किताब थी जिसका नाम था 'इनसान का उरूज'[12] जिसमें इनसान के इर्तिक़ा[13] की तारीख़ थी। किताब दिलचस्प थी, मैंने पढ़ डाली और महसूस किया कि जो जाले हैदराबाद के जागीरदाराना[14] मुतवस्सित तब्क़े[15] की वजह से मेरे ज़ेह्न में चिमटे हुए थे, आहिस्ता-आहिस्ता हट रहे हैं। हर तरक़्क़ीपसन्द ख़याल को मेरा ज़ेह्न फ़ौरन क़बूल करने लगा था।

मुझे यह एहसास हुआ कि ये बेलौस[16] लोग इस क़दर काम करते हैं, इनका खाना कुछ बेहतर होना चाहिए। मुझे इसमें दिलचस्पी लेनी चाहिए ताकि इन लोगों की सेहत ज़्यादा अच्छी रहे। चुनाँचे मैंने सुल्ताना आपा से सलाह ली। वो फ़ौरन राज़ी हो गईं। तय पाया कि आज जब कॉमरेड लौटेंगे तो हम एक नया मेनु पेश करेंगे। मैंने कहा : ''मैं आलू का भुर्ता बनाना बहुत अच्छा जानती हूँ।'' सुल्ताना आपा ने कहा : ''मैं गुड़ के मीठे चावल बनाऊँगी।'' चुनाँचे हम लोग बावरची ख़ाने में गए और बावरची से अपनी बात कही। वह नर्म मिज़ाज पहाड़ी आदमी था। उसने कहा : ''ज़रूर पकाइए।''

---

1. जीवन-संगिनी, 2. स्वार्थहीन साथी, 3. टी.बी. की रोगी जैसी, 4. मुसीबतें, 5. मुस्कराहटें दामन में समेटे हुए, 6. बेचैनी से प्रतीक्षा करती हुई, 7. भेंट, 8. लज्जा, 9. शोषण, 10. पूंजीवाद, 11. व्यवस्था, 12. उत्थान, 13. विकास, 14. सामंती, 15. मध्यमवर्ग, 16. निःस्वार्थ।

मैंने उसे बहुत सारे आलू उबालने को कहा और उसमें हरी मिर्च काटकर, हरा धनिया, नमक वग़ैरह मिलाकर हाथ से आलुओं को मसला। बस फिर क्या था, हाथ में जैसे पतंगे लग गए। पूरा हाथ जलन के मारे लाल हो गया। बेचारे कैफ़ी कभी तेल लगाएँ, कभी पंखा झलें और साथ ही मुस्कुराते भी जाएँ। दूसरी तरफ़ सुल्ताना आपा मेरे कमरे में घबराई हुई आईं और कहने लगीं : "मोती, ग़ज़ब हो गया। कॉमरेडों के आने का वक़्त क़रीब आ गया है और ये कमबख़्त चावल गलने का नाम ही नहीं लेते।'' मैं उसी हालत में दोबारा बावरचीख़ाने में गई। फिर मुझे ख़याल आया कि गुड़ के शीरे में चावल का गलना मुश्किल है। मैंने राय दी : ''ऐसा करते हैं कि चावल छलनी से दूसरे पतीले में छानकर निकाल लेते हैं। इन्हें पानी में अलग पकाकर फिर गुड़ का शीरा डालेंगे। तब मीठे चावल मज़ेदार पक जाएँगे। ऊपर से थोड़ा-सा केवड़े का अरक़ और नारियल कसकर डाल देंगे।'' बावरची से मदद लेकर ऐसा ही किया।

सारे कॉमरेड खाने में यह तब्दीली देखकर बहुत ख़ुश हुए। फिर तो मैंने एक दिन इस्मत आपा से पूछकर कोफ़्ते बनाए। फिर क्या था, कॉमरेड ख़ुशी से उछलने लगे और नारे बुलन्द हुए : "कॉमरेड मोती ज़िन्दाबाद ! कॉमरेड मोती की जय हो !"

दिन गुज़रते गए और हिन्दुस्तान की आज़ादी का हसीन दिन पन्द्रह अगस्त आ पहुँचा। कम्यून में सुबह-सवेरे से ही हलचल मच गई। तमाम कॉमरेड नहा-धोकर, जो भी अच्छे कपड़े थे, पहनकर तैयार हो गए और सवेरे आठ बजे ही कम्यूनिस्ट पार्टी के दफ़्तर के सामने जमा होने लगे। तिरंगा लहराया गया। चारों तरफ़ नारों का शोर बुलन्द हो रहा था, ''इन्क़िलाब ज़िन्दाबाद, हिन्दुस्तान की आज़ादी ज़िन्दाबाद, भारत माता की जय, सल्तनते-बर्तानिया मुर्दाबाद।''

सबसे पहले मजाज़ ने अपना गीत सुनाया, 'बोल अरी ओ धरती बोल'। सरदार जाफ़री ने एक इन्क़िलाबी नज़्म पढ़ी। कैफ़ी ने नज़्म सुनाई। फिर पार्टी की ख़ूबसूरत नौजवान लड़कियों ने जिनमें दीना और तरला भी थीं, 'सारे जहाँ से अच्छा हिन्दोस्ताँ हमारा' गाया। पी.सी. जोशी और सज्जाद ज़हीर वग़ैरह ने तक़रीरें भी कीं। फिर सब लोग जुलूस की शक्ल में जमा होने लगे। और मैं एक धान-पान-सी, दुबली-पतली लड़की आँखों में आज़ाद हिन्दुस्तान के वास्ते हसीन ख़्वाब लिए कैफ़ी का हाथ पकड़े-पकड़े उस जुलूस के साथ चल पड़ी। जुलूस ग्वालिया टैंक जाकर रुका। फिर तक़रीरें, नाच-गाना, नारे और ख़ूब हंगामे हुए। फिर जुलूस ख़त्म हुआ। मैं तो अपने कमरे में आकर सो गई। बहुत थक गई थी। लेकिन सरदार भाई, ज़ोए अंसारी, मिर्ज़ा अशफ़ाक़ बेग, मेहँदी, मुनीष, सब शहर

में घूमते रहे। एक ईरानी होटल में गए जहाँ जार्ज पंजुम[1] की बड़ी तस्वीर लगी थी। सरदार भाई मेज़ पर चढ़ गए और जार्ज पंजुम की तस्वीर निकालकर ज़मीन पर पटक दी। बेचारा मालिक मना ही करता रह गया लेकिन इन लोगों के तेवर से डर भी गया था। इस पर ज़ोए अंसारी बिगड़ गए कि सरदार को ऐसा नहीं करना चाहिए था और कुछ बुरा-भला भी कहा। सरदार भाई को गुस्सा आ गया। उन्होंने ज़ोए अंसारी को इतना कसकर तमाँचा रसीद किया कि उनका सिर घूम गया। वो डरकर चुप हो गए। उस वक़्त तमाम कम्यूनिस्ट इसी मूड में थे कि अंग्रेज़ों की एक-एक निशानी मिटा देंगे।

फिर क़यामतख़ेज़ फ़सादात की ख़बरें आने लगीं, जिन्हें सुनकर मेरा दिल दहल जाता था। पी.सी. जोशी ने तमाम कॉमरेडों को ऑर्डर दिया था कि कोई शेरवानी पहनकर बाहर न जाए, सिर्फ़ शर्ट और पैंट पहने। इसी तरह से पार्टी कोशिश कर रही थी कि लोग इस फ़िरक़ावाराना[2] जुनून को छोड़ दें। इंडियन पीपुल्स थियेटर (इपटा जो कम्यूनिस्ट पार्टी का ही ऑर्गनाइज़ेशन था) में भी फ़सादात के ख़िलाफ़ ड्रामे शुरू हो गए थे। मैं इन सब बातों से बेनियाज़ अपनी ही धुन में खोई रहती थी। मुझे यह एहसास बहुत रहता था कि सुबह की चाय ज़रा अच्छी तरह से पीना चाहिए। चुनाँचे एक दिन मैं अपने कमरे में बैठी, एक टीकोज़ी काढ़ रही थी (क्योंकि टी सेट में चाय पीने की ख़्वाहिश को मैं अभी तक रोक नहीं सकी थी) कि पी.सी. जोशी मेरे कमरे में आए। ख़ाकी रंग का नेकर और सफ़ेद रंग की आधी आस्तीनों वाली शर्ट पहने हुए थे। मैं घबराकर खड़ी हो गई। अभी तक मैंने उन्हें इतने क़रीब से नहीं देखा था। रंग खुलता हुआ साँवला, नमकीन, नेक चेहरा, लगता था कि मोहब्बत करनेवाले आदमी हैं। मुझे बैठने के लिए कहा। मैं बैठ गई। पूछा : "तमाम दिन क्या करती रहती हो ?" मैंने शर्माकर कहाः "कुछ नहीं।" वो मुस्कुराए और बहुत ही नर्म लहजे में कहा, "कम्यूनिस्ट शौहर की बीवी कभी बेकार नहीं रहती। उसको अपने शौहर के साथ पार्टी का काम करना चाहिए। पैसे कमाने चाहिएं और बाद में जब बच्चे हों तो उन्हें अच्छा शहरी बनाना चाहिए, तब ही वह कम्यूनिस्ट की मुकम्मल बीवी बन सकती है।'' वो तो यह कहकर चले गए लेकिन मेरे कच्चे दिमाग़ में इन बातों ने एक हलचल-सी मचा दी, बल्कि ये बातें मेरे दिल में पत्थर की लकीर बन गईं। उनके लहजे की सादगी और ख़ुलूस में इतनी ताक़त थी कि मैंने दिल ही दिल में फ़ैसला कर लिया कि उन्होंने जो कहा है, मैं कर दिखाऊँगी। कैफ़ी के आते ही सारा वाक़िआ सुनाया और कहा : ''मैं पैसे कमाने के लिए ज़रूर कोई न कोई काम करूँगी।'' दरअस्ल मैं पार्टी मेम्बर

---

1. पंचम, 2. साम्प्रदायिक।

नहीं थी इसलिए पार्टी मेरे खाने के तीस रुपये नहीं देती थी, कैफ़ी को कमाने पड़ते थे। चूँकि कैफ़ी होल टाइमर थे, इसलिए पैसे कमाने के लिए ज़्यादा वक़्त नहीं दे सकते थे। उन्होंने उर्दू के एक डेली पेपर 'जुम्हूरियत' में पाँच रुपये रोज़ पर एक तन्ज़िया[1] मिज़ाहिया[2] नज़्म लिखनी शुरू की। रोज़ उन्हें कोई न कोई नया मौज़ू[3] सोचना पड़ता था। वो बेचारे रोज़ सुबह पाँच बजे उठकर किसी दरख़्त के नीचे बैठ जाते और लिखने लगते। उन्हें इस तरह लिखते देखकर मेरा दिल कट-सा जाता, लेकिन मैं उनकी कोई मदद नहीं कर सकती थी।

पी.सी. जोशी से मिलने के बाद मैंने तय कर लिया कि मैं भी कुछ न कुछ पैसे कमाऊँगी ज़रूर। कैफ़ी हँसने लगे कि मैं क्या कर सकती हूँ ? सिर्फ़ मैट्रिक तक पढ़ा है। नौकरी कहाँ से मिलेगी ? मैंने कहा : "मैं स्कूल के सालाना जलसों के ड्रामों में काम किया करती थी। रेडियो के ड्रामों में हिस्सा ले सकती हूँ। मेरी आवाज़ अच्छी है, अगर फ़िल्मी गानों के कोरस में जगह मिल जाए तो मैं भी पैसे कमा सकती हूँ।" कैफ़ी ने कहा : "ठीक है, कल मैं तुम्हें रेडियो स्टेशन ले जाऊँगा। वहाँ दूबे मेरे दोस्त हैं।" (दूबे जो बाद में एच.एम.वी. के जनरल मैनेजर बने उस वक़्त रेडियो के ड्रामे डायरेक्ट करते थे।) मेरा ऑडीशन कामयाब हुआ और जब पहली बार रेडियो के एक ड्रामे में काम करने के बाद मुझे दस रुपये मिले तो जैसे मेरी चाँदी हो गई। वह दस रुपये पाकर मुझे जितनी ख़ुशी हुई थी उसका बयान मुश्किल है।

उस ज़माने में प्रेम धवन जो पार्टी में काम करते थे, फ़िल्मों में गाने भी लिखते थे। मैंने उनसे कहा : "कोरस में मुझे काम दिलवाइए।" वो सुनकर बोले : "आप काम करेंगी ?" मैंने कहा : "क्यों नहीं, मेरी आवाज़ अच्छी है। कोरस में तो गा ही सकती हूँ।" उन्होंने कहा : "अच्छा, कल दस बजे बर्मन दा (एस.डी. बर्मन) मेरे गाने की रिहर्सल करवा रहे हैं, मैं तुम्हें उनसे मिलवा दूँगा।"

अगले दिन मैं उनके साथ गई। उस वक़्त उनकी होनेवाली बीवी नूर भी साथ थी, जिसकी आवाज़ अच्छी थी और वह भी कोरस में गानेवाली थी। अब मुझे याद नहीं कि वह कौन-सा थियेटर था, शायद दादर में होगा, जहाँ एक ख़ूबसूरत लड़का बैठा गाने की रिहर्सल कर रहा था। बाद में मुझे पता चला कि वह ख़ूबसूरत लड़का मुकेश था।

बर्मन दा ने मेरी आवाज़ पास कर दी। दो दिन मुझे रिहर्सल करनी पड़ी। रिकार्डिंग पर मुझे तीस रुपये मिले। कुछ न पूछिए कि उन तीस रुपयों की मेरे नज़्दीक क्या क़द्र थी ! मुझे यक़ीन नहीं आ रहा था कि मैंने अपनी मेहनत से

1. व्यंग्यात्मक, 2. हास्य, 3. विषय।

तीस रुपये कमाए हैं। फिर आहिस्ता-आहिस्ता जब लोगों को पता चलने लगा कि मैं काम कर सकती हूँ, तो मुझे डबिंग वग़ैरह का काम भी मिलने लगा जिसके कभी दो सौ, कभी पाँच सौ रुपये भी मिल जाते।

इपटा की बुनियाद डालनेवालों में सरदार जाफ़री, अनिल डिसिल्वा, ख़्वाजा अहमद अब्बास वग़ैरह थे। यह बात अगस्त, 1947 की है। उस वक़्त इपटा में बड़े-बड़े लोग काम करते थे, मसलन बलराज साहनी, उनके भाई भीष्म साहनी, प्रेम धवन, दीना पाठक, अब्बास साहिब की बीवी मुज्जी, मोहन सहगल, विश्वामित्र आदिल वग़ैरह। बावुजूद यह कि उस वक़्त तक पृथ्वी थियेटर भी क़ाइम हो चुका था, पृथ्वीराज कपूर इपटा के एज़ाज़ी[1] प्रेसीडेंट भी थे। पृथ्वी थियेटर के ख़ास आर्टिस्ट मसलन अज़रा बट्ट, ज़ुहरा सहगल भी इपटा में एज़ाज़ी मेम्बर थे।

एक दिन ख़्वाजा अहमद अब्बास की बीवी मुज्जी, जो बहुत ही नमकीन शक्ल की थीं, मेरे कमरे में आईं और बातों-बातों में उन्होंने पूछा : "तुम इपटा में काम करोगी ?" मेरा दिल .ख़ुशी से धड़कने लगा। मैंने पूछा : "कौन सा काम ?" उन्होंने कहा : "आजकल हिन्दू-मुस्लिम फ़सादात बहुत हो रहे हैं, उसी के बारे में इस्मत आपा ने एक वन ऐक्ट ड्रामा लिखा है 'धानी बांकें,' उसमें एक नई नवेली बहू का किर्दार[2] है। यह ड्रामा भीष्म साहनी डॉयरेक्ट कर रहे हैं और वो चाहते हैं कि यह रोल तुम करो।" मैं .ख़ुशी से उछल पड़ी। मैं तो दिल से चाहती थी कि पार्टी की किसी तंज़ीम[3] में काम करूँ। इसलिए फ़ौरन हाँ कर दी। कैफ़ी को कोई एतिराज़ नहीं था।

दूसरे ही दिन मैं कैफ़ी के साथ शाम को छह बजे इपटा के दफ़्तर पहुँची। उस ज़माने में इपटा की रिहर्सल एक छोटे-से थिएटर देवधर हॉल में हुआ करती थी जो चौपाटी से ऑपेरा हाउस जाते हुए बाएँ तरफ़ एक गली में था। छह बजे सब लोग वहाँ जमा हो जाते थे। मुझे देखते ही सबके चेहरों पर .ख़ुशी दौड़ गई और मुझसे बहुत प्यार से मिले। उस ज़माने में पार्टी में ऐसा माहौल था जैसे एक ख़ानदान के मोहब्बत करनेवाले लोग एक जगह जमा हो गए हों। कोई जलन, हसद या नफ़रत जैसे जज़्बात उनके दिलों में जन्म ही नहीं लेते थे। मसलन इपटा में नूर भी थी जो तक़रीबन मेरी ही उम्र की होगी। उसे भी मेरी जगह 'धानी बांकें' में लिया जा सकता था। इसके बावुजूद वह मुझसे बहुत .ख़ुलूस से मिली।

ड्रामे की रीडिंग शुरू हुई। भीष्म साहनी मुझसे बहुत .ख़ुश थे। ड्रामे में एक चूड़ी वाली का रोल ज़ुहरा सहगल कर रही थीं। मैंने देखा कि ज़ुहरा आपा अपना सफ़ेद बुर्क़ा ज़मीन पर डालकर पैरों से मैला कर रही हैं। मैं हैरान-परेशान यह मंज़र देखती

1. ऑनरेरी, 2. पात्र, 3. संगठन।

रही। फिर हिम्मत करके पूछा : "आप अपना बुर्क़ा मैला क्यों कर रही हैं ?" तो वो हँसकर बोलीं : "भला चूड़ी वाली क्या सफ़ेद बुर्क़ा पहनेगी ? उसका बुर्क़ा तो मैला ही होना चाहिए ना...मैं अपने कैरेक्टर में आने की कोशिश कर रही हूँ।" जब रिहर्सल शुरू हुई तो चूड़ीवाली को मेरी सास ने पान का बीड़ा पेश किया। पान खाते-खाते चूड़ीवाली जो क़हक़हा मारकर हँसी तो मैं बौखला गई। बिल्कुल चूड़ीवालियों जैसी हँसी थी। मैं जुहरा आपा की ऐक्टिंग की क़ाइल हो गई। मेरी सास का रोल अज़रा बट्ट कर रही थीं और हिन्दू माँ का रोल दीना पाठक ने किया था।

सुन्दर बाई हॉल में ड्रामा हुआ। बहुत कामयाब रहा। कुछ कॉमरेडों का कहना था कि मैंने अच्छा काम किया लेकिन मेरी आवाज़ आख़िर तक नहीं पहुँच रही थी। इसके बावुजूद भी मेरे डॉयरेक्टर भीष्म साहनी मुझसे बहुत ख़ुश थे।

भीष्म साहनी ने फ़ौरन एक दूसरा ड्रामा 'भूतगाड़ी' जो एक इंग्लिश ड्रामे का एडॉप्टेशन (adaptation) था, शुरू किया और मुझे मर्कज़ी रोल ऑफ़र किया। यह एक ऐसी भोली-भाली लड़की का रोल था जो बज़ाहिर बड़ी मासूम है लेकिन अन्दर से अंग्रेज़ों की एजेंट और बड़ी मक्कार। वह हिन्दुओं को अलग अस्लिहा[1] सप्लाई करती है और मुसलमानों को अलग हथियार देती है। बलराज साहनी एक सी.आई.डी. इंस्पेक्टर का रोल कर रहे थे जो बाद में उस मक्कार लड़की को गिरिफ़्तार कर लेता है। उस मक्कार लड़की का कैरेक्टर करना आसान नहीं था। मैं ज़रा डर-सी गई मगर कैफ़ी मुझसे ज़्यादा डर गए थे। उनका ख़याल था कि शायद मैं यह रोल नहीं कर पाऊँगी, लेकिन मैं करना चाहती थी। चुनाँचे बहुत मेहनत से वह रोल किया। उस ज़माने में अहमदबाद में इपटा की कान्फ्रेंस थी। बारह हज़ार लोगों के सामने वह ड्रामा पेश किया गया और बेहद कामयाब हुआ। तक़रीबन तीस बरस बाद जब मैं शबाना के साथ अहमदाबाद गई तो लोगों को मेरा वह रोल तब भी याद था।

---

1. हथियार।

लखनऊ और मिजवाँ

1948 में जब मेरा पहला बच्चा होनेवाला था तो कैफ़ी मुझे अपने घर लखनऊ ले गए। वहाँ उनके बड़े भाई अच्छन भैया और बड़ी बहन वाजिदा बाजी रहते थे। बावुजूद इसके कि मैं बुर्क़ा नहीं पहनती थी और सुन्नी मस्लक[1] से थी, जबकि कैफ़ी के ख़ानदान वाले पुराने ख़यालात के और ख़ालिस शीआ थे, मुझसे बहुत प्यार से मिले। मैं वाजिदा बाजी के यहाँ ठहरी क्योंकि कैफ़ी वाजिदा बाजी के बहुत चहेते भाई थे। यह वही वाजिदा बाजी थीं जो बचपन में कैफ़ी को मीर अनीस[2] पढ़कर सुनाया करती थीं। उन्हें होमियोपैथी का ख़ासा इल्म[3] था। अक्सर लोगों को दवाएँ भी देती थीं। मुझसे बहुत प्यार से मिलीं। अच्छन भैया और उनकी बीवी, दुल्हन भाभी भी बड़ी मोहब्बत से पेश आए।

लखनऊ मैं पहली बार गई थी और यह शहर मेरे लिए बिल्कुल अजनबी था। यहाँ के लोगों की ज़बान और लहजा बहुत ख़ूबसूरत था। लखनऊ में दो तरह के लखनऊ थे, एक पुराना लखनऊ और एक नया लखनऊ। वाजिदा बाजी का घर पुराने लखनऊ में था। वहाँ का माहौल भी दिलचस्प था। अच्छन भैया डालीगंज में रहते थे। वो वकील थे। मेरा सारा ख़र्च वही उठाते थे।

मुनीष नारायण सक्सेना भी लखनऊ के थे और उन दिनों वहीं आए हुए थे। अक्सर वो साइकिल पर बाजी के घर आ जाते। कैफ़ी ताँगा किराए पर लाते। ताँगे में दोनों तरफ़ चादर के पर्दे लगाए जाते। मैं और कैफ़ी ताँगे में बैठ जाते। मुनीष हमारे साथ साइकिल पर हज़रत गंज जाते। कॉफ़ी हाउस में उतर कर तीनों कॉफ़ी पीते और दिलचस्प बातें करते। वापसी में ताँगे में लगे पर्दे वहीं लांड्री में दे दिए जाते।

जब बाजी को पता चला तो सिर्फ़ इतना कहा : "दुल्हन, हमारे यहाँ बेपर्दगी को ऐब समझा जाता है।" मैं चुप हो गई और कोई जवाब नहीं दिया।

फिर कैफ़ी की वालिदा और वालिद, जो आज़मगढ़ के एक छोटे-से गाँव मिजवाँ में ज़मींदार थे, मुझे देखने लखनऊ आ गए। कैफ़ी के सारे ख़ानदान ने

1. मत. 2. मीर बब्बर अली अनीस (1802-74 ई.), करबला के शहीदों के विषय में करुण रस की कविताओं (मरसियों) के प्रसिद्ध रचयिता, 3. ज्ञान।

मुझे बहुत प्यार से क़बूल किया। किसी ने इशारतन भी कोई ऐसी बात नहीं कही जिसमें किसी तल्ख़ी या तन्क़ीद का पहलू हो।

कैफ़ी के ख़ानदान वाले सीधे-सादे, मोहब्बत करनेवाले लेकिन पुराने ख़याल के लोग थे। लड़कियों को स्कूल-कॉलेज भेजने के ख़िलाफ़, पर्दे के सख़्त हामी। अब्बा हमेशा घर में खँखारकर दाख़िल होते, ताकि अगर कोई लेटा है तो उठकर बैठ जाए। मियाँ-बीवी एक पलंग पर बैठे हों तो अलग होकर बैठें वग़ैरह-वग़ैरह।

मेरा पहला बेटा लखनऊ के अस्पताल में 26 अप्रैल, 1948 को पैदा हुआ। वाजिदा बाजी और मेरी सास साथ ही थीं। उसके पैदा होने पर पास के कमरों से औरतें पूछने आईं : "चची, अतहर के यहाँ लड़का हुआ कि लड़की ?" अम्माँ (मेरी सास) ने मुँह बनाकर कहा : "बेटी हुई है।" मैं चौंक गई। औरतों के जाने के बाद मैंने अपनी सास से पूछा : "अम्माँ, मुझे तो लड़का हुआ है।" अम्माँ मुँह पर उँगुली रखकर आहिस्ता से बोलीं : "चुप-चुप, ज़ोर से न बोल, नज़र लग जाएगी। यहाँ की औरतें बहुत जल्द नज़र लगा देती हैं।" मैं हैरान रह गई कि यहाँ लड़के की इतनी अहमियत है और आज सोचती हूँ तो उस वक़्त की हैरत दुख में बदल जाती है। आज तो लड़कियों को पैदा ही नहीं होने दिया जाता, पेट में ही निकलवा दिया जाता है। कुछ शहर तो लड़कियों से ख़ाली होते जा रहे हैं। शादी के लिए लड़कों को लड़कियाँ नहीं मिल रही हैं। एक तरफ़ तो साइंस तरक़्क़ी कर रही है, इनसान की उम्र का औसत बढ़ रहा है और दूसरी तरफ़ इतनी जहालत। अफ़सोस-सद-अफ़सोस !

चार महीने बाद अम्माँ और अब्बा ने मुझे गाँव, मिजवाँ आने की दावत दी। मैं अपने चार महीने के बच्चे को लेकर कैफ़ी के साथ मिजवाँ गई। मिजवाँ में कैफ़ी का घर तो काफ़ी बड़ा था लेकिन गाँव बहुत ही छोटा-सा था। शाहगंज स्टेशन से उतरकर हमें छोटी लाइन से फूलपुर उतरना पड़ता और फिर वहाँ से दो किलोमीटर डोली में बैठकर जाना पड़ता था। मिजवाँ तक कोई सड़क नहीं थी, खेत ही खेत थे। गाँव इतना छोटा था कि उसमें कोई दुकान नहीं थी, बिजली नहीं थी, नल नहीं था। पानी कुएँ से भरा जाता था। पानी भरने के लिए अब्बा ने अपनी ज़मीन पर एक धुनिया ख़ानदान को बसा लिया था (धुनिये वो लोग जिनका आबाई पेशा रज़ाई, लिहाफ़, गद्दों के लिए रूई धुनना होता है)। उस धुनिये की बीवी रहमतिया जो बड़े ठस्से से रहती थी, चाँदी के ज़ेवरों से लदी, हमारा पानी भरती थी। हमारी एक नौकरानी का नाम तुलिया था जो खाना पकाती थी। गाँव की औरतों के ठट के ठट मुझे देखने के लिए जमा होते थे। उनके सामने मुझे शर्माकर झुककर बैठना पड़ता था। सबको मेरी शक्ल बहुत पसन्द आई

लेकिन बाहर जाते-जाते एक ख़ातून ने कह ही दिया, "चच्ची की हड्डी में तो पैवन्द लग गया।" (क्योंकि मैं शीआ नहीं थी)।

हम लोग अन्दर के कमरे में रहते थे। बिजली न होने की वजह से अन्दर फ़र्शी पंखा लगा हुआ था। एक मेज़, एक कुर्सी, दो पलंग। एक पलंग पर मैं और मेरा बच्चा दोपहर में सो जाते थे। कैफ़ी मेज़ पर झुके हुए नज़्में लिखने में मसरूफ़ रहते। उन्होंने अपनी नज़्में 'टेलीफ़ोन' और 'तिलंगाना' वग़ैरह वहीं लिखीं। पैर में पंखे की डोरी बाँधकर उसे खेंचते रहते। गाँव में भला अपनी बीवी के लिए कोई काहे को काम करता होगा ! बाहर लड़के कैफ़ी का ख़ूब मज़ाक़ उड़ाते। उनके दोस्त डोरी खेंचने की नक़्ल करके उन्हें सताते रहते।

एक दिन कैफ़ी की वालिदा शिकायत करने लगी : "अतहरवा (अतहर हुसैन रिज़्वी, कैफ़ी का घरेलू नाम), तुम वंही हो ना कि जब कोई मेहमान घर आने के बाद वापस जाने लगता था तो तुम छुपकर एक कोने में खड़े होकर इतना रोते थे कि तुम्हारा दामन आँसुओं से भीग जाता था और अब बम्बई जाकर तुम हमको कई-कई महीने ख़त तक नहीं लिखते।"

मिजवाँ में हमें चार महीने हो गए थे। इतने दिनों तक घर में बन्द रहना शायद मेरे लिए दूभर हो जाता मगर कैफ़ी की वालिदा और वाजिदा बाजी मुझे कैफ़ी के बचपन के क़िस्से सुनाती रहती थीं। जो मेरे लिए बहुत दिलचस्प थे।

शीआ घराने में पैदा होने की वजह से मीर अनीस के मरसिये वाजिदा बाजी छह साल के अतहर को अपने पास लिटाकर सुनाया करती थीं। वाजिदा बाजी ने बताया कि नौरोज़[1] मनाया जा रहा था और छोटे-से अतहर ने अपनी तोतली ज़बान में यह शे'र पढ़ा :

सबा[2] चारों तरफ़ अक़्साए-आलम[3] में पुकार आई
बहार आई, बहार आई, बहार आई, बहार आई

उस वक़्त अतहर की उम्र सिर्फ़ आठ साल की थी।

एक रोज़ वाजिदा बाजी हँसकर एक क़िस्सा सुनाने लगीं : "एक दिन शाम के चार बजे अब्बा और उनके दोस्त बाबू ख़ाँ बैठक (ड्राइंग रूम) में बैठे बातें कर रहे थे। अतहर बाहर लड़कों के साथ खेलकर अन्दरूने-ख़ाना[4] जाते हुए बैठक से गुज़रे तो अतहर बाबू ख़ाँ को नज़रअन्दाज़ करके, सलाम किए बग़ैर अन्दर चले गए। यह बात अब्बा को बुरी लगी। जब बाबू ख़ाँ उठकर चले गए तो अब्बा ने अतहर को बुलाया और पूछा :

1. साल का पहला दिन, ईरानियों में फ़र्वरदीन मास का पहला दिन जिसमें बहुत बड़ा उत्सव मानाया जाता है, 2. पुर्वा हवा, 3. संसार के हर कोने में, 4. घर के अन्दर।

अब्बा : अतहर, बाबू ख़ाँ बैठे हुए थे, तुमने उनको सलाम नहीं किया ?

अतहर : (सिर खुजाते हुए) अब्बा...मैंने...उनको देखा नहीं था।

अब्बा : कोई बात नहीं...कभी-कभी हो जाता है। अच्छा, अब ऐसा करो कि जो सामने ताड़ के दरख़्त हैं, जाओ, बारी-बारी सब को सलाम करो।

अतहर का दम निकल गया। क्योंकि ताड़ के दरख़्त डेढ़ सौ से ज़्यादा ही थे। लेकिन वो अब्बा का हुक्म कैसे टाल सकते थे। रोते जाते और हर दरख़्त को सलाम करते जाते, हत्ता कि[1] रात हो गई। अब्बा बैठे चाय पीते रहे। जब रो-रोकर सलाम ख़त्म हुए तो अब्बा ने ख़ुद ही बुलाकर कहा : "अब आओ, चाय पी लो।" यह कहकर बाजी ज़ोर से हँस पड़ीं। अब्बा की ट्रेनिंग ऐसी थी।

फिर एक दिन कहने लगीं : "तुम्हें मालूम है दुल्हन, कि कैफ़ी कितने हस्सास[2] हैं। चाहे क़यामत गुज़र जाए, न तो अपनी तकलीफ़ का ज़िक्र करेंगे और न ही किसी से कोई चीज़ माँगेंगे। हम बहनों को अम्माँ की सख़्त ताकीद थी कि जब कैफ़ी बावरचीख़ाने में पीढ़ी पर खाने बैठें तो कोई-न-कोई बहन वहाँ ज़रूर रहे और उनके खाने का ख़याल रखे, नहीं तो वो भूके पेट ही उठ जाएँगे, माँगेंगे नहीं।"

वाजिदा बाजी की यह बात मैंने गिरह में बाँध ली, चुनाँचे ज़िन्दगी भर उनकी प्लेट में गोश्त-सब्ज़ी-दाल मैं ही निकालती रही। दवाएँ मुँह में डालना, डॉक्टर को दिखाना, ये सारी ज़िम्मेदारी मेरी थी या फिर बच्चों की। कैफ़ी ने कभी मुझसे भी अपनी बीमारी और तकलीफ़ का ज़िक्र नहीं किया। बर्दाश्त की ऐसी ग़ैरमामूली क़ुव्वत मैंने किसी और में नहीं देखी।

वाजिदा बाजी ने यह भी बताया कि अहतर ईद के दिन नए कपड़े नहीं पहनते थे, क्योंकि किसान बच्चों को नए कपड़े नसीब नहीं होते थे। मैंने बाजी से सवाल किया : "बाजी यह बताइए, कैफ़ी शायर कब बने ?"

बाजी मुस्कुराईं..."यह भी एक लम्बी कहानी है।"

मैंने ज़िद की : "बताइए ना बाजी।"

"भई होता यह था कि अब्बा की वजह से घर में शे'रो-शायरी का माहौल रहता था। हमारे सब भाई शायर थे। महीने में एक बार घर में मुशायरा होता था। सब बड़े भाई उसमें हिस्सा लेते थे। अतहर तेरह-चौदह साल के थे। उनका काम था महफ़िल में चाय-पान ले जाना।" बाजी बोलती रहीं और सीन मेरे ज़ेहन के पर्दे पर सिनेमा की तरह चलता रहा...

---

1. यहाँ तक कि, 2. संवेदनशील।

(बैठक में ख़ूब चहल-पहल है। फ़र्श पर सफ़ेद चाँदनी बिछी है और उस पर गावतकिये। एक तख़्त जिस पर क़ालीन बिछा है। अतहर के बड़े भाई ज़फ़र भैया, अच्छन भैया, शब्बीर भैया सब लखनऊ से आए हुए हैं। सब लोग आहिस्ता-आहिस्ता आकर बैठ रहे हैं। अतहर के अब्बा पहले से ही बैठे अपने एक दोस्त से बातें कर रहे हैं। मालूम होता है कोई तरही मुशायरा होनेवाला है।
घर के अन्दर एक कमरे में बाजी अपने तख़्त पर बैठी पान लगा रही हैं। शब्बीरी (छोटी बहन) बावरचीख़ाने में चाय के इन्तिज़ाम में लगी हुई है। अम्माँ छालिया काटने में मसरूफ़ हैं और रहमतिया को हिदायत कर रही हैं :)
''पानी कम न पड़े, जल्दी-जल्दी लाया कर, बाहर के घड़े भी भरने हैं।''
दालान के एक कोने में शब्बीर भाई हाथ में कापी-पैंसिल लिए हुए कुछ लिखने की सोच रहे हैं और परेशान हैं कि ग़ज़ल हो नहीं रही है।
अतहर जो बाजी के पास खड़े पान लगवा रहे थे कि बाहर ले जाएँ, शब्बीर भाई की तरफ़ आते हैं और शब्बीर भैया से प्यार से पूछते हैं : ''शब्बीर भैया क्या परेशानी है ? हमें भी बताइए।''
शब्बीर भैया : ''तुम्हारी समझ में नहीं आएगा। मुशायरे का वक़्त सिर पे है और ग़ज़ल हो नहीं रही है।''
अतहर : ''भैया, अगर आप बुरा न मानें तो मैं कुछ कह सकता हूँ। आप मेरा नाम न लीजिएगा।''
शब्बीर भैया : (मुस्कुराकर) ''अच्छा कहो, देखते हैं तुममें कितनी सलाहियत है।'' (कापी-पैंसिल अतहर की तरफ़ बढ़ा देते हैं)

मिसरए-तरह था—

इतना हँसो कि आँख से आँसू निकल पड़े

थोड़ी देर में अतहर ख़ुशी-ख़ुशी शब्बीर भैया की तरफ़ आते हैं और ग़ज़ल सुनाते हैं :

इतना तो ज़िन्दगी में किसी की ख़लल पड़े
हँसने से हो सुकून न रोने से कल[1] पड़े
जिस तरह हँस रहा हूँ मैं पी-पी के अश्के-ग़म[2]

1. चैन, 2. दुख के आँसू।

यूँ दूसरा हँसे तो कलेजा निकल पड़े
मुद्दत के बाद उसने जो की लुत्फ़ की निगाह
जी .खुश तो हो गया मगर आँसू निकल पड़े

शब्बीर भैया : "क्या वाक़िई यह ग़ज़ल तुमने कही है ! अब तो तुम भी इस मुशायरे में शरीक हो सकते हो।"

अतहर : (दुख से) "मुझसे कौन पढ़वाएगा ?"

शब्बीर भैया : "नहीं, नहीं, मैं अब्बा से तुम्हारी सिफ़ारिश करूँगा, चलो।"

अतहर .खुश-.खुश लेकिन शर्माते हुए महफ़िल में शरीक होते हैं। शब्बीर भैया अब्बा के कान में कुछ कहते हैं। अब्बा सिर हिलाकर हाँ कहते हैं। मुशायरा शुरू होता है। अतहर अपनी ग़ज़ल सुनाते हैं। महफ़िल में वाह-वाह का शोर बुलन्द होता है लेकिन दाद इस तरह मिलती है गोया यह ग़ज़ल किसी और भाई ने कहकर दी है और अतहर ने इस कमउम्री में जिस एतिमाद से पढ़ी वो क़ाबिले-तारीफ़ है। इस तरह की दाद पाके अतहर भागकर अन्दर दालान में जाके बाजी के सामने रो पड़ते हैं। "बाजी देखना, एक दिन मैं बड़ा शायर बनकर दिखाऊँगा।"

"हाँ-हाँ, क्यों नहीं, मेहनत करोगे तो ज़रूर बन जाओगे, अभी तो यह पान बाहर ले जाओ।"

क़िस्सा सुनाते-सुनाते बाजी चुप हो गईं। उन्हें खाँसी का दौरा-सा पड़ा। मैंने घबराकर उन्हें सहारा दिया। बाजी को टी.बी. थी मगर वो बड़ी हिम्मत वाली औरत थीं। वक़्त गुज़रता गया। बाजी की हालत ख़राब से ख़राबतर होती गई। फिर उनके शौहर आए और उन्हें लखनऊ ले गए। अम्माँ भी उनके साथ गईं। घर में मैं, बच्चा, कैफ़ी और अब्बा रह गए।

चार महीने बन्द घर में रहकर मेरा दिल घबरा गया था। मैंने कैफ़ी से कहा : "अब आप बम्बई चलिए।" इतने में ख़बर आई कि बाजी का इन्तिक़ाल हो गया। इस ख़बर से अब्बा पर तो जैसे बिजली गिर गई। कैफ़ी सारा दिन रोते रहे। कुछ दिन के बाद अम्माँ वापस आ गईं।

आख़िर हमने बम्बई जाने का फ़ैसला कर ही लिया। कैफ़ी के पास पैसा कमाने का कोई ज़रीआ नहीं था। उनकी समझ में नहीं आ रहा था कि बम्बई जाकर मुझे कहाँ रखेंगे। मेरे साथ मेरा आठ महीने का बच्चा भी था।

फिर यह तय पाया कि फ़िलहाल कैफ़ी मुझे लखनऊ में क़ाज़ी अब्दुल ग़फ़्फ़ार साहिब ('लैला के ख़ुतूत' वाले) के घर छोड़कर बम्बई जाएँगे और वहाँ किसी घर का इन्तिज़ाम करने के बाद मुझे बुलाएँगे। मैं क़ाज़ी साहिब के घर आ गई, वो तो हैदराबाद में थे लेकिन उनकी बीवी जिन्हें सब 'आपा' कहते थे, लखनऊ में ही थीं। उन्होंने मुझे बहुत प्यार से महीना भर रखा। वहीं मेरी मुलाक़ात डॉक्टर रशीद जहाँ से हुई जो कम्यूनिस्ट पार्टी की मेम्बर थीं। वो हर इतवार को पुराने कपड़ों और पुराने जूतों का एक-एक थैला लेकर निकलती थीं और जितने ग़रीब कॉमरेड या उनकी बीवियाँ मिलती थीं, उन्हें जो चीज़ फ़िट आ जाती, दे देतीं थीं। मेरी चप्पल टूट गई थी। उनके सैंडल मुझे फिट आ गए। फ़ौरन मिल गए। जिन दिनों कैफ़ी लखनऊ में थे, एक दिन रशीदा आपा अपने शौहर महमूदुज़्ज़फ़र का चौख़ानेवाला कुर्ता पहने हुए थीं। कैफ़ी ने कहा : "रशीदा आपा, यह कुर्ता बहुत ख़ूबसूरत है।" उन्होंने फ़ौरन कहा : ''यह तुम ले लो, इस वक़्त तो मैं उतार कर नहीं दे सकती, कल सुबह भेज दूँगी।'' दूसरे दिन वह कुर्ता कैफ़ी को मिल गया। (कैफ़ी की जवानी की एक बड़ी ख़ूबसूरत तस्वीर है, उसमें वो वही कुर्ता पहने हुए हैं)।

लखनऊ से बम्बई

कैफ़ी मुझे लखनऊ में क़ाज़ी साहिब के घर छोड़कर बम्बई चले गए। फिर कुछ दिनों के बाद कैफ़ी ने मुझे एक कॉमरेड के साथ बम्बई बुला लिया। जब मैं अपने आठ महीने के बच्चे ख़ैयाम को लेकर पहुँची तो बम्बई की दुनिया ही बदल चुकी थी। कम्यून टूट चुका था। बन्ने भाई का घर ख़ाली हो चुका था। उन्हें पाकिस्तान की कम्यूनिस्ट पार्टी ने बुला लिया था। रज़िया आपा अपनी तीनों बेटियों नजमा, मोना और नादिरा को लेकर लखनऊ शिफ़्ट हो चुकी थीं। वहाँ वो करामत हुसैन मुस्लिम गर्ल्ज़ कालेज में टीचर हो गई थीं और अपनी बच्चियों को पाल रही थीं।

बन्ने भाई के घर को सरदार जाफ़री और सुल्ताना आपा ने ले लिया था। पी.सी. जोशी की जगह बी.टी. रणदीवे ने ले ली थी। कॉमरेडों के तेवर बदले हुए थे। मैं हैरान-हैरान सबको देखती थी लेकिन किसी से पूछने की हिम्मत नहीं थी। फिर आहिस्ता-आहिस्ता पता चला कि दूसरी पार्टी कांग्रेस जो कलकत्ता में हुई थी, उसमें पी. सी. जोशी पर इल्ज़ाम लगाया गया था कि वो रिफ़ार्मिस्ट हैं और कांग्रेस के तरफ़दार हैं। वो इन्क़िलाब नहीं ला सकते। बी.टी. रणदीवे ने जो रिपोर्ट तैयार की थी उसमें उन्होंने कहा था : "मुसल्लह[1] इन्क़िलाब का वक़्त आ चुका है, अवाम[2] हमारे साथ हैं।" इसके बर-अक्स पी.सी. जोशी ने लिखा था कि अभी अवाम पूरी तरह हमारे साथ नहीं हैं। अवाम में अभी पार्टी का काम पूरी तरह नहीं हुआ है। अभी अवाम में मुसल्लह इन्क़िलाब का शुऊर पैदा करने के लिए बहुत वक़्त दरकार है। मुसल्लह इन्क़िलाब उस वक़्त तक नहीं आ सकता जब तक कि पार्टी अवाम के अन्दर न पहुँचे और मुसल्लह इन्क़िलाब के लिए उन्हें तैयार न करे। लेकिन ज़्यादातर कॉमरेड बी.टी. रणदीवे के साथ हो गए और पार्टी पॉलिसी बदल गई। वहीं से पार्टी का ज़वाल[3] शुरू हुआ। बड़े-बड़े लीडर जेल में ठूँस दिए गए, जो बचे थे वो अंडर-ग्राउंड हो गए। मार-तोड़ की वजह से गवर्नमेंट

1. सशस्त्र, 2. जनता, 3. पतन।

ने पार्टी बैन कर दी। सरदार जाफ़री को घर में सोते से उठाकर जेल ले जाया गया था। यह 1949 की बात है। कैफ़ी के नाम भी वारंट निकल चुका था। अंडर-ग्राउंड होना पड़ा। अब तक उन्हें कोई घर भी नहीं मिला था तो मेरे पास रहने के लिए कोई जगह नहीं थी।

बम्बई से हैदराबाद

मैं दो दिन बम्बई ठहरकर हैदराबाद अपने माँ-बाप के घर चली गई। घर की हालत भी ठीक नहीं थी। अब्बाजान का वज़ीफ़ा हो चुका था। मेरे दोनों बड़े भाई पाकिस्तान चले गए थे। दो बड़ी बहनों की शादियाँ हो चुकी थीं। मेरे माँ-बाप के साथ मेरी चार छोटी बहनें और एक छोटा भाई रहता था। मेरा बेटा उस वक़्त तक ग्यारह महीने का हो चुका था। निहायत ख़ूबसूरत और मीठी शक्ल थी उसकी। वह हम दोनों का combination था। मेरी तो वह जान था। उसका नाम कैफ़ी के अब्बा ने ख़ैयाम रखा था। सब प्यार से उसे भोंदू पुकारते थे। एक दिन अचानक उसे बुख़ार आ गया। मेरे पास पैसे नहीं थे, मैंने अपने माँ-बाप से भी नहीं माँगे और उसे अपने पुराने होमियोपैथ डॉक्टर के पास ले गई। वो पैसे नहीं लेते थे। उन्होंने दवा दी, कोई फ़ायदा नहीं हुआ। मैं फिर उनके पास ले गई, फिर उन्होंने दवा दी। फिर कोई फ़ायदा नहीं हुआ। तीसरी बार फिर ले गई। वो चिढ़ गए और मुझे झिड़क दिया लेकिन दवा दे दी। मैं रोती हुई बुख़ार में जलते हुए बच्चे को लेकर घर आ गई। अब्बाजान घबरा गए। उन्होंने कहा : "बेटे इसको एलोपैथ डॉक्टर को दिखा दो।" मैंने कहा : "नहीं, वह मेरे बच्चे को मार डालेगा। एलोपैथ डॉक्टर से मुझे डर लगता है।" अन्दर से यह एहसास भी मुझे जकड़े हुए था कि मेरे पास पैसे नहीं हैं, मैं अपने माँ-बाप पर बोझ नहीं बनूँगी।

ख़ैयाम 26 अप्रैल, 1948 को पैदा हुआ था और उसे बुख़ार 13 अप्रैल, 1949 को शुरू हुआ। जब बुख़ार बहुत तेज़ हो गया और बच्चे की हालत बहुत नाज़ुक हो गई तो छोटी आपा जान भागी हुई डॉक्टर जसोरिया (जो सरोजिनी नायडू के बेटे थे और एलोपैथिक और होमियोपैथिक दोनों ही के डॉक्टर थे) के पास ले गईं। उन्होंने बच्चे को देखकर कहा कि यह बच्चा सिर्फ़ बारह घंटे का मेहमान है। इसे तीसरे दर्जे की टी.बी. है। यह बात उस वक़्त मुझसे छुपाई गई थी।

ख़ैयाम का इन्तिक़ाल

शाम होते-होते 19 अप्रैल, 1949 को मेरा बेटा ख़ैयाम मुझे हमेशा के लिए छोड़कर चला गया। मेरी दुनिया अँधेरी हो गई। उसकी सालगिरह जो 26 अप्रैल, 1949

को थी, मैंने उस दिन के लिए ख़ुद अपने हाथों से जाली पर कारगे का काम करके कुर्ता बनाया था। वही कुर्ता आँखों से लगाती। जहाँ-जहाँ मेरा बच्चा खेलता था, वहाँ-वहाँ मैं लोट-लोटकर रोती। उन जज़्बात का इज़हार करना मेरी ताक़त से बाहर है। अब्बाजान मेरे साथ रोते जाते थे। अम्माँ जान चुपचाप आँसू बहाती थीं। छोटी आपा जान ने कैफ़ी को तार दिया, वो फ़ौरन हैदराबाद पहुँचे और मुझे लेकर बम्बई वापस आ गए।

हैदराबाद से बम्बई

उस ज़माने में कैफ़ी और महेन्द्रनाथ भीवंडी में तरक़्क़ीपसन्द मुसन्निफ़ीन की ऑल इंडिया कान्फ्रेंस का इन्तिज़ाम करने में पागलों की तरह मसरूफ़ थे। चूँकि पार्टी पर बैन लग चुका था इसलिए यह सारा इन्तिज़ाम अंडर-ग्राउंड रहकर करना था। कैफ़ी इतने मसरूफ़ थे कि अपने बेटे की मौत के ग़म को अन्दर ही अन्दर पी गए। जब मौक़ा मिलता, मुझे तसल्ली देते रहते। भीवंडी में कुछ बुनकर और पार्टी के मेम्बर हाथ बटा रहे थे। कान्फ्रेंस में तमाम बड़े-बड़े तरक़्क़ीपसन्द राइटर, अदीब जमा थे, मसलन मजाज़ लखनवी, कृष्ण चन्द्र, इस्मत चुग़ताई, शाहिद लतीफ़, राजिन्दर सिंह बेदी, विश्वामित्र आदिल, हबीब तनवीर, सैयद मुहम्मद मेहँदी, मुनीष नारायण सक्सेना, सुल्ताना जाफ़री (सरदार जाफ़री उस वक़्त जेल में थे), जां निसार अख़्तर, उनकी बीवी सफ़िया आपा, उनके छोटे-छोटे दो बच्चे जावेद और सलमान। जावेद उस वक़्त चार-पाँच बरस के होंगे। सिर्फ़ कुर्सियों पर कूदते रहते और सफ़िया आपा उन्हें मना करने के बजाय प्यार से देखा करतीं थीं। सारे अदीबों के नाम तो इस वक़्त मुझे याद नहीं हैं लेकिन तक़रीबन सारे ही तरक़्क़ीपसन्द अदीब मौजूद थे।

ज़ुहरा जमाल की बहन अख़्तर जमाल ने बड़ी पुरजोश तक़रीर की : "आज हमारे क़लम, हमारी तहरीरें, हमारे अफ़्साने, हमारी नज़्में सब सुर्ख़ होने चाहिएं।" तो मजाज़ मुस्कुराकर कहने लगे : "मुहतरमा, कम-अज़-कम गुलाबी की तो इजाज़त दे दीजिए।" सब हँस पड़े। कान्फ्रेंस के ख़ातिमे पर नया मेनिफ़ेस्टो वुजूद में आया।

कान्फ्रेंस के दौरान तो मैं बहली रही लेकिन मेरा ग़म नाक़ाबिले-बर्दाश्त[1] था। कान्फ्रेंस के बाद मैं फिर सुल्ताना आपा के घर आ गई, लेकिन बच्चे को भूल नहीं पा रही थी। उसका कुर्ता हमेशा अपने पास रखती। जब भी बस स्टॉप पर एक साल का बच्चा देखती, मेरी टाँगों से जैसे दम निकल जाता। खड़ी नहीं रह सकती थी। अपने बच्चे का कुर्ता आँखों पर रखकर वहीं बैठ जाती और रोने लगती।

---

1. असहनीय।

आहिस्ता-आहिस्ता मुझे एहसास होने लगा कि लोग ग़मज़दा[1] लोगों से घबराने लगते हैं और चुपचाप उठकर चले जाते हैं। मैंने यह सोचकर अपने ग़म पर क़ाबू पाने की कोशिश शुरू की।

कैफ़ी फिर अंडर-ग्राउंड हो गए थे। मैं 7, सीकरी भवन में आ गई थी। हैदराबाद से आकर मैंने पार्टी का नक़्शा ही बदला हुआ पाया। सैक्टेरिअनिज़्म का दौर-दौरा था। कॉमरेडों की वह नर्मी, प्यार-मोहब्बत सब रफ़ूचक्कर हो चुके थे। हर कॉमरेड दूसरे कॉमरेड को मश्कूक[2] नज़रों से देखने लगा था गोया वह जासूस हो। एक तो बच्चे का ग़म, उस पर कॉमरेडों का यह रवैया, मेरा जी घबरा गया। कैफ़ी से भी कभी बीस-पच्चीस दिन में चोरी-छुपे मिलने का मौक़ा मिलता था, वह भी अगर किसी कॉमरेड को मुझ पर रहम आ जाए तो। कैफ़ी ने मूँछें रख ली थीं ताकि पहचाने न जाएँ। मैंने देखा तो कहा, "ऊई तौबा, कांस्टेबल लगते हो।" ख़ूब हँसे। कई दिन तक तो कैफ़ी राजिन्दर सिंह बेदी के घर रहे, फिर पता नहीं कहाँ-कहाँ रहे। उस दौरान में कैफ़ी को भी ख़ूब तजर्बे हुए। कुछ अमीर लोग जो बज़ाहिर पार्टी के हमदर्द थे, कैफ़ी को देखकर घबरा जाते और उन्हें वहाँ से भागना पड़ता। लेकिन इस्मत आपा सचमुच पार्टी के लोगों से प्यार करती थीं। एक रात वो बारह बजे इस्मत आपा के घर भूखे-प्यासे पहुँचे। वो जल्दी से बावरचीख़ाने में गईं, फ्रिज में से चार-पाँच कबाब निकाले, चार-पाँच परांठे उसी वक़्त अपने हाथों से बनाए और कबाब तलकर कैफ़ी को खाना खिलाया। खाना खाते ही कैफ़ी रात को एक बजे वहाँ से भागे। पुलिस को शक हो गया था और उनके पकड़े जाने का ख़दशा[3] था।

तमाम मुफ़लिस कॉमरेड 7, सीकरी भवन में बस गए थे जहाँ मैं भी थी। तय यह पाया था कि हर कॉमरेड अपने खाने के पचास रुपये सुल्ताना आपा को हर महीने दिया करेगा, लेकिन सिवाय विश्वामित्र आदिल के कोई नहीं देता था। वहाँ हबीब तनवीर, कंवल नारायन और आहूजा रहते थे। दीना भी, जो जेल से छूट गई थीं, आ जाती थीं। एक खाना पकानेवाला नौकर था जिसको दो सौ रुपये तन्ख़्वाह दी जाती थी। जब पैसे ख़त्म होने लगते तो सुल्ताना आपा दस किलो आलू और दस किलो प्याज़ रस्सी में बाँधकर लटका देती थीं। बस हर रोज़ आलू पक जाया करते थे। दाल और प्याज़ से रोटी खाई जाती, शकर पर कन्ट्रोल था। राशन पर शकर बहुत कम मिलती थी। हर कॉमरेड गोल्ड फ़्लेक के ख़ाली डिब्बे में अपनी शकर साथ रखकर चाय पीने मेज़ पर आ जाता। बहुत कंजूसी से चाय पी जाती थी। दीना के पास शकर का डिब्बा नहीं होता था। हबीब तनवीर अपनी शकर में से एक चाय का चमचा उन्हें दे दिया करते थे।

1. शोकग्रस्त, 2. संदिग्ध, 3 डर।

पता चला कि जेल में तमाम कॉमरेडों ने भूख हड़ताल कर दी है। उनकी हमदर्दी में पार्टी ने एक बहुत बड़ा जुलूस निकालने का आर्डर दिया। उसमें इपटा के आर्टिस्ट, मज़दूर, राइटर सब ही थे। तक़रीबन एक लाख का मज्मा होगा। बलराज साहनी, उनकी बीवी तोश जी और दीना पाठक जुलूस में आगे-आगे थे। सबसे आगे इपटा का एक लड़का था, नाम याद नहीं आ रहा है। कामगार मैदान पहुँचकर पुलिस ने हमें रोका, हम नहीं रुके और ज़ोर-ज़ोर से नारे लगाने लगे : "मुरारजी भाई कुर्सी छोड़ो, जल्दी छोड़ो, इन्क़िलाब ज़िन्दाबाद'' और पता नहीं क्या-क्या नारे लगाए गए। इतने में बन्दूक़ चलने की आवाज़ आई। मालूम हुआ कि जुलूस रोकने के लिए पुलिस ने फ़ायरिंग कर दी। पुलिस फ़ाथरिंग होते ही इपटा का वह लड़का वहीं ढेर हो गया। फिर तो जुलूस में भगदड़ मच गई। मेरी ज़िन्दगी में यह पहला जुलूस था जिस पर गोली चली थी। मैं जो सिर पर पैर रखकर भागी तो बेचारी औरतों को कुचलती हुई भागती ही चली गई। मौत का ख़ौफ़ भी क्या बुरा होता है। यह एहसास मुझे उस वक़्त हुआ। मैं एक मज़दूर के घर में घुस गई। दिल पत्ते की तरह काँप रहा थ। मज़दूर औरत ने मुझे प्यार से बिठाया, पानी पिलाया। उसके शौहर ने दिलासा दिया : "बाई ! डर मत, इधर कोई नहीं आएगा। जब थोड़ा ठीक होगा तो हम तुमको तुम्हारे घर पर छोड़ देगा। तुम किधर रहता है बाई ?'' मैंने डरते-डरते जवाब दिया, ''वाल्केश्वर रोड, 7, सीकरी भवन।''

"अच्छा-अच्छा, हम तुमको पहुँचा देगा।"

मुसलसल गोलियों की आवाज़ें, चीख़-पुकार। पुलिस दीना पाठक, बलराज साहनी और तोश जी को बुरी तरह मार रही थी और घसीट-घसीटकर, गाड़ियों में ठूँसकर जेल ले जा रही थी। कैफ़ी, मुनीष और मेहँदी मुझे ढूँढ़ रहे थे। मेरा पता नहीं था। जब कैफ़ी रात बारह बजे 7, सीकरी भवन पहुँचे तो मैं वहाँ बैठी हुई मिली। तब उनकी जान में जान आई। सुल्ताना आपा भी वापस आ गई थीं। कैफ़ी रात भर वहाँ रहे। फिर सुबह होने से पहले ही चले गए।

इपटा में धूल उड़ रही थी। ज़्यादातर आर्टिस्ट जेल में थे या पार्टी की ग़लत पॉलिसी की वजह से इपटा से अलाहृदा हो चुके थे। उन दिनों इपटा हबीब तनवीर और आहूजा जैसे लोगों के हाथों में था जिनके नज़्दीक अवामी आर्ट का मतलब महज़ नारेबाज़ी होकर रह गया था।

शबाना होने को थी। क्योंकि मेरा पहला बच्चा गुज़र गया था इसलिए मैं तो बहुत ख़ुश थी लेकिन पार्टी को यह बात पसन्द नहीं आई। आर्डर हुआ ''एबॉर्शन करवा दिया जाए।'' क्योंकि कैफ़ी अंडर-ग्राउंड हैं। मैं बेरोज़गार हूँ। बच्चे की

ज़िम्मेदारी कौन लेगा। मुझे बेहद तक्लीफ़ पहुँची। इस बात पर जब एक मीटिंग हुई तो उसमें मैंने कहा : "यह बच्चा मुझे चाहिए और जैसे भी हो मैं इसे पालूँगी। मुझसे बहुत कुछ कहा गया लेकिन मैं अपनी जगह अड़ गई थी। उस मीटिंग में सिर्फ़ हमारे दोस्त मेहँदी ने मेरा साथ दिया। आख़िर पार्टी ने मुझे यह बच्चा पैदा करने की इजाज़त दे दी।

मैंने फ़ैसला किया कि इस वक़्त तो मैं अपने माँ-बाप के घर चली जाऊँगी और वापस आकर कोई नौकरी या काम देखूँगी। चुनाँचे मैं हैदराबाद चली गई।

बम्बई से हैदराबाद

हैदराबाद में मेरी माँ ने मुझ गले लगा लिया। मेरे तमाम छोटे बहन-भाई मेरी नज़रों को देखते रहते और भाग-भागकर मेरा काम करते थे। उसी ज़माने का एक दिलचस्प वाक़िआ है :

कम्यूनिस्ट पार्टी ने एक अपील जारी की थी कि लोगों से पीस मूवमेंट के एलाननामे पर दस्तख़त लेकर भेजा जाए। रज़ाकारों[1] का ज़माना कुछ ही साल पहले ख़त्म हुआ था। मैं और बाजी (अख़्तर भैया की बड़ी बहन जमालुन्निसा) हैदराबाद के एक मिडिल क्लास घर में घुस गए। हमने देखा कि दालान में एक औरत अपने बच्चे को दूध पिला रही है। दूसरे दालान में दो औरतें खाना पकाने में मसरूफ़ हैं। मैं और बाजी खड़े रहे। औरत ने पूछा : "आप लोगां कां से आए माँ, और काए को आए ?'' बाजी ने बहुत नर्म लहजे में कहा : "अगर आप लोग इजाज़त दें तो हम बैठ जाएँ। आप लोगों से कुछ बातें करनी हैं।" मेरी तरफ़ इशारा करके कहा : ''यह कैफ़ी आज़मी की बीवी हैं और मेरा नाम जमालुन्निसा है। मैं लड़कियों को सिलाई-कढ़ाई सिखाती हूँ।'' औरत ज़रा नर्म हुई और बोली : "बैठो बैठो।"

हम वहीं दरी पर बैठ गए। बाजी ने अपील निकाली और बोलीं : "आपको तो मालूम है कि जंग के कितने हौलनाक[2] असरात[3] होते हैं। अभी-अभी रज़ाकारों और इंडियन यूनियन में जंग हुई थी। कितने जवान लड़के मारे गए, कितनी जवान लड़कियों की आबरूरेज़ी[4] हुई। इसलिए हम चाहते हैं कि दुनिया में जंग कभी न हो। हमेशा अम्न क़ाइम रहे।'' वह औरत ज़रा बोर होने लगी। इतने में बाजी ने अपील निकाली और कहा : ''इस पर आप दस्तख़त कर दें। इसमें लिखा हुआ है कि जंग कभी न हो, हमेशा अम्न क़ाइम रहे।'' वह औरत दस्तख़त करने के नाम से चौंक गई और ज़ोर से अपनी भाभी को पुकारा, "अजी भाभी जान, इनो बोल रईं अमन कते की जंग कते की दस्तख़त करना कते।" उधर से भाभी जान दाल बघारते हुए बोली : "अई हम औरतां मर्दों से पूछे बग़ैर कैसा दस्तख़त करेंगे ?

1. स्वयंसेवकों, 2. भयानक, 3. प्रभाव, 4. बलात्कार।

उनको बोलो, अभी आप जाओ, कल आना। हम मर्दों से पूछकर दस्तख़त करेंगे।"

मैं बड़ी मुश्किल से अपनी हँसी को रोकती हुई उठ खड़ी हुई। बाहर आकर ख़ूब हँसी। मैंने बाजी से कहा, "यह दस्तख़त का काम आप ही सँभालिए, मुझे तो मुआफ़ ही कीजिए। लेकिन बाजी मायूस नहीं हुईं। वो अकेले ही घर-घर जाती रहीं और अपील पर दस्तख़त कराती रहीं।

बागो दाई

मुझे हैदराबाद आए हुए पाँच महीने हो चुके थे। जब मेरा सातवाँ महीना शुरू हुआ तो अम्माँ जान ने कहा कि बागो दाई को बुलाकर दिखा देते हैं कि बच्चे की पोज़ीशन ठीक है या नहीं। बागो दाई उस ज़माने में किसी भी बड़ी से बड़ी लेडी डॉक्टर का मुक़ाबला कर सकती थी।

औरतें लेडी डॉक्टर से ज़्यादा बागो दाई पर भरोसा करती थीं। वह भी अपनी तरह का एक कैरेक्टर थी। पचपन या साठ साल की उम्र होगी, नमकीन चेहरा, साँवला रंग, गले में तिलंगाना का हसीन ज़ेवर जिसे कुट्टापुस्सल कहते हैं। आजकल तो बहुत फ़ैशन में है। आज उसकी क़ीमत डेढ़ लाख से कम नहीं होगी, उस वक़्त वह शायद सिर्फ़ दस-पन्द्रह हज़ार का होगा। कानों में सोने की गिंटियाँ (एक तरह का हैदराबादी ज़ेवर), खिचड़ी बाल, पान से होंठ लाल, मुस्कुराता चेहरा, लेकिन दोनों आँखों से अन्धी, अपनी पोती के साथ रिक्शा में आई थी। मेरे पेट को ख़ूब दबा-दबाकर देखा और बोली : "बीबी, आप कबी दवाख़ाने को नको जाओ, बच्चा बिल्कुल ठीक है। दवाख़ाने में कैसी-कैसी लेडी डाक्ट्ररों देखतिएं, ज़रा तकलीफ़ हुई तो क्लोरोफ़ार्म सुंघा देतिएं। परसों जुहरा बेगम टीचर को क्लोरोफ़ार्म सुंघा दिए। बच्चा पैदा होने के बाद होश में लाने को आक्सीजन ढूँढे तो पूरे उस्मानिया दवाख़ाने में ऑक्सीजन का एक सिलेंडर नईं मिला। बेचारी बेटे का मुँह देखे बिना ही अल्लाह को प्यारी हो गई।" मेरा तो डर के मारे दम निकल गया। मुझे वैसे ही हॉस्पिटल के नाम से डर लगता था। मैंने कहा : "बागो, तुम ही आओ।"

अम्माँ जान ने उसको पान का बीड़ा थमाते हुए कहा : "बागो, कोई डरनेवाली बात तो नहीं है ना ?"

बागो ने जवाब दिया : "अरे नईं पाशा, मैं झूठ काए को बोलूँगी। भगवान की दया से सब ठीक हो जाएगा। अभी तो भोत दिनां हैं। मँझले पाशा (छोटी आपा जान) को मेरा घर मालूम है। मैं जल्दीच आ जाऊँगी।"

शबाना की पैदाइश

दो महीने गुज़र गए। 17 सितम्बर, 1950 की रात को तकलीफ़ शुरू हुई। अम्माँ जान ने फ़ौरन बागो को बुलवाया। वह अपनी पोती के साथ आधे घंटे में आ पहुँची। रात को पौने तीन बजे शबाना साहिबा तशरीफ़ ले आईं। अम्माँ जान, कैफ़ी, छोटी आपा वग़ैरह सभी मौजूद थे। अम्माँ जान ने चावल-गेहूँ तोलनेवाली तराज़ू में शबाना को रखकर तोला। पौने आठ पौंड की तन्दरुस्त प्यारी बच्ची। बागो ने नहला-धुलाकर, कपड़े में लपेटकर मुझे दिखाया। मैंने देखा, एक प्यारी-सी बच्ची, बड़ी-बड़ी आँखें, नन्हा सा गुलाबी दहाना, सिर में घने काले बाल, तन्दरुस्त, गोरा रंग। ख़ुशी से मेरी आँखों में आँसू आ गए। अम्माँ जान ने बागो को कुछ रुपये और एक साड़ी दी।

इस्मत आपा और उनके शौहर शाहिद लतीफ़ उन दिनों फ़िल्में बनाते थे। शाहिद भाई ने कैफ़ी से दो गाने लिखवाके मुझे एक हज़ार रुपये भेजे थे। इस्मत आपा ने पहले भी, जब शबाना होनेवाली थी, मेरी बड़ी मदद की थी। मैं बेहद कमज़ोर थी। मुझे उन्होंने पन्द्रह दिन अपने घर में रखा और डॉक्टर को बुलाकर मुझे ताक़त के इंजेक्शन लगवाए थे।

इस्मत आपा मुझे बहुत याद आती हैं। वो कैफ़ी को और मुझे बहुत चाहती थीं। ज़िन्दगी में कई बार उन्होंने हमारी बहुत मदद की है।

हैदराबाद से बम्बई

शबाना जब चार महीने की हुई तो कैफ़ी आकर मुझे बम्बई ले गए। उस वक़्त तक पार्टी पर से पाबंदी उठ चुकी थी। डिमटिम्कर रोड की एक चॉल में चौथे माले पर कैफ़ी के एक दोस्त मसूऊद सिद्दीक़ी ने तीस रुपए माहवार में दो कमरे दिलवा दिए थे। शुक्र है कि बावरचीख़ाना दूसरे कमरे में था। मेरी शर्त यह थी कि मैं हर बात के लिए समझौता करने को तैयार हूँ लेकिन जिस कमरे में रहूँगी उसी कमरे में खाना नहीं पकाऊँगी। यह बात मेरे लिए नाक़ाबिल-बर्दाश्त थी। चुनाँचे ऐसा घर हासिल करने के लिए कैफ़ी को काफ़ी भाग-दौड़ करनी पड़ी। चॉल का माहौल था। पहले किरायेदार ने बिजली का बिल अदा नहीं किया था इसलिए उन कमरों की बिजली कटी हुई थी। कमरों की आधी दीवारें पान की पीक और मरे हुए खटमलों के ख़ून से लिपी हुई थीं। सबसे पहला काम तो मैंने यह किया कि दीवारों और दरवाज़ों को ब्रश से घिस-घिसकर धोया और कमरे को ख़ूब साफ़ किया। अपनी पुरानी साड़ी काटके पर्दे बनाए और खिड़कियों पर लगा दिए।

मैंने पृथ्वी थियेटर में काम करना शुरू कर दिया था। सौ रुपए माहवार तनख़्वाह मिलती थी। रोज़ सुबह नौ बजे शबाना को कंधे पर लादकर पृथ्वी थियेटर ले जाती, जो ऑपेरा हाउस में था और दोपहर में दो बजे वापस आकर खाना पकाती। अक्सर बस में आते हुए मेरे पर्स में सिर्फ़ दस पैसे होते थे और मेरा दिल धड़कता था कि अगर यह सिक्का खोटा निकला तो मुझे इन सारे मुसाफ़िरों के सामने इस बस से बेइज़्ज़त होके नीचे उतरना पड़ेगा। शुक्र है कि कभी सिक्का खोटा नहीं निकला। शाम को पाँच बजे एक लड़के को ट्यूशन पढ़ाती, उससे पैंतालीस रुपये मिल जाते। जब नागपुर टूर पर गई तो पर्दे और बेडकवर ख़रीद लिए जो पंद्रह-पंद्रह रुपये में मिल गए थे। मुनीष के साथ हैंगिंग गार्डन जाकर चम्पा के फूलों की टहनियाँ तोड़कर लाती और गुलदान में सजाती। मुनीष को नज़्दीक के चोर रास्ते मालूम थे, इसलिए हम दोनों पैदल जाते और टहनियाँ लेकर पैदल ही आते थे।

एक मर्तबा मेरी माँ, अख़्तर भाई, उनकी बीवी और छोटी आपा जान पहली

बार बम्बई आए और हमारे घर ठहरे। गर्मी सख़्त थी। बिजली कट जाने की वजह से पंखा भी नहीं था। लालटेन और मिट्टी के तेल की ढिबरी जलती थी जिससे मिट्टी के तेल की बू सारे कमरे में फैल जाती थी। गर्मी से परेशान होकर सारी रात ये लोग चौपाटी पर बैठे रहे। सुबह होते-होते उन्होंने हैदराबाद वापस जाने का फ़ैसला कर लिया। मुझे कोई ख़ास शर्मिन्दगी नहीं थी क्योंकि इस ज़िन्दगी को मैंने कोई मुसीबत नहीं जाना था। हिन्दुस्तान के करोड़ों लोग इससे बदतर ज़िन्दगी गुज़ार रहे थे। मगर मेरी बदहाली देखकर मेरी माँ को बहुत तक्लीफ़ हुई। मुँह से तो कुछ नहीं कहा लेकिन जाते हुए मेरे तकिये के नीचे पाँच सौ रुपये रखकर चली गईं। मैंने कभी अपने माँ-बाप से पैसे नहीं मांगे थे, न अपनी तक्लीफ़ का इज़हार किया और न कभी मुझे इस बात का अफ़सोस हुआ कि मेरे पास पैसे नहीं हैं।

कैफ़ी उस ज़माने में ज़्यादातर वक़्त मज़दूरों के महल्ले मदनपुरा में गुज़ारते थे। उन्हीं के साथ फ़ुटपाथ पर बान के झिलंगे पलंग पर लेट कर नज़्में लिखते। 'मकान' उसी दौर की लिखी हुई नज़्म है जो बहुत मशहूर हुई और जिसे शाहिद लतीफ़ ने अपनी फ़िल्म 'सोने की चिड़िया' में भी इस्तेमाल किया था।

मकान

आज की रात बहुत गर्म हवा चलती है
आज की रात न फ़ुटपाथ पे नींद आएगी
सब उठो, मैं भी उठूँ, तुम भी उठो, तुम भी उठो
कोई खिड़की इसी दीवार में खुल जाएगी

ये ज़मीं तब भी निगल लेने पे आमादा[1] थी
पाँव जब टूटती शाख़ों से उतारे हमने
इन मकानों को ख़बर है न मकीनों[2] को ख़बर
उन दिनों की जो गुफाओं में गुज़ारे हमने

हाथ ढलते गए सांचे में तो थकते कैसे
नक़्श के बाद नए नक़्श निखारे हमने
की यह दीवार बुलन्द, और बुलन्द, और बुलन्द
बामो-दर और, ज़रा और सँवारे हमने

1. तत्पर, 2. निवासियों।

आँधियाँ तोड़ लिया करती थीं शम्ओं की लवें
जड़ दिए इसलिए बिजली के सितारे हमने
बन गया क़स्र[1] तो पहरे पे कोई बैठ गया
सो रहे ख़ाक पे हम शोरिशे-तामीर[2] लिए

अपनी नस-नस में लिए मेहनते-पैहम[3] की थकन
बन्द आँखों में उसी क़स्र की तस्वीर लिए
दिन पिघलता है उसी तरह सरों पर अब तक
रात आँखों में खटकती है सियह तीर लिए।

आज की रात बहुत गर्म हवा चलती है
आज की रात न फ़ुटपाथ पे नींद आएगी
सब उठो, मैं भी उठूँ, तुम भी उठो, तुम भी उठो
कोई खिड़की इसी दीवार में खुल जाएगी

डिमटिम्कर रोड से रेड फ़्लैग हॉल में मुन्तक़िल होना...

डिमटिम्कर रोड पर छह महीने रहने के बाद, 1951 में सरदार भाई और मुनीष की कोशिशों से हमको प्रार्थना समाज पर वाक़े रेड फ़्लैग हॉल में एक कमरा मिल गया जो पार्टी की ही मिल्कियत था। रेड फ़्लैग हॉल दरअस्ल एक बड़ा-सा फ़्लैट था, जिसका ड्राइंग रूम पार्टी की मीटिंगों के लिए इस्तेमाल होता था। आठ कमरे थे। हर कमरे में एक कॉमरेड की फ़ैमिली रहती थी। हर कमरे का किराया पचास रुपये देना पड़ता था। यह कमरा डिमम्टिकर रोड वाले कमरे के मुक़ाबले में ज़्यादा साफ़-सुथरा था। लेकिन मुश्किल यह थी कि दूसरे कमरों के बरअक्स उसमें बाल्कनी नहीं थी। खाना कमरे में ही पकाना पड़ता था, जिसके लिए मैं किसी तरह अपने को तैयार नहीं कर पाती थी। मैंने कैफ़ी से साफ़ कह दिया : "मैं उस कमरे में हरगिज़ खाना नहीं पकाऊँगी जिसमें मैं रहती हूँ।" सरदार भाई ने कहीं सुन लिया। मेरे पास आए और कहने लगे : "मोती, तुम ऐसा करो, हमारे कमरे के पीछे जो गलियारी-सी है, तुम उसमें खाना पका लिया करो।" .ख़ुशी से मेरे आँसू निकल पड़े। कोई तो है, जिसके दिल में रहम है और जो दूसरे के जज़्बात का ख़याल रखता है, उसकी तक्लीफ़ के बारे में सोचता है। मैंने फ़ौरन अपना किचन उस गलियारी में मुन्तक़िल[4] कर लिया। यहाँ भी

---

1. महल, 2. निर्माण का विद्रोह, 3. निरन्तर परिश्रम, 4. एक स्थान से दूसरे स्थान को जाना।

तक्लीफ़ यह थी कि वह रास्ता भंगन के आने-जाने का था। मेरी पीठ के पीछे से वह अपनी झाड़ू और बालटी लिए गुज़रती थी जिससे मुझे बहुत तक्लीफ़ होती थी। .ख़ुशक़िस्मती से जल्द ही एक बाल्कनी वाला कमरा ख़ाली हो गया। उसमें रहनेवाले कॉमरेड किसी और शहर चले गए। मुनीष अकेले थे। अभी उनकी शादी नहीं हुई थी। इसलिए उन्होंने मुझसे कहा : "मोती, मैं उस कॉमरेड के कमरे में मुन्तक़िल हो जाता हूँ। तुम मेरा कमरा ले लो, वह निस्बतन बड़ा है।" मैं .ख़ुशी से उछल पड़ी। उनका शुक्रिया अदा किया और अपना सामान उठाकर उनके कमरे में ले गई। फिर तो जैसे मेरे ऐश हो गए। उस कमरे को मैंने आहिस्ता-आहिस्ता सजाना शुरू किया। बाल्कनी में एक तरफ़ सलीक़े से अपना चूल्हा और बर्तन रखे। दरवाज़े के सामनेवाले हिस्से में एक खाने की मेज़ और चार कुर्सियाँ लगा दीं जो मैं चोर बाज़ार से दस रुपये माहाना क़िस्त पर ले आयी थी। उस वक़्त मेज़-कुर्सी की क़ीमत बहुत कम हुआ करती थी, यानी मुझे खाने की मेज़ पैंसठ रुपये में और कुर्सियाँ पन्द्रह-पन्द्रह रुपये में मिल गईं। मैंने बढ़ई को बुलाकर खाने की मेज़ के सामने, बाँस का सहारा देकर, एक चटाई लगाई, उस पर मनी प्लांट चढ़ाया। अब मेरा खाने का कमरा मुकम्मल हो गया था। पृथ्वी थियेटर के साथ मैं जब भी टूर पर जाया करती, तो कुछ ख़ूबसूरत पर्दे और चादरें ख़रीद लिया करती थी। मेरे पास दो बड़े पलंग तो थे ही, चोर बाज़ार से एक बरस की शबाना के लिए एक छोटा-सा पलंग भी ख़रीद लिया। कुछ दिनों के बाद एक अलमारी एक सौ दस रुपये में ख़रीदी और फिर कैफ़ी के लिए मेज़ और कुर्सी। मेरे पास लोहे के दो सन्दूक़ थे जिनमें चादरें वग़ैरह रखा करती थी। उन सन्दूक़ों पर पुरानी रज़ाइयाँ बिछाकर ख़ूबसूरत चादरें बिछा दीं। यूँ मेहमानों के लिए सोफ़ा बन गया। एक कोने में यू.पी. से लाया हुआ एक सूप टाँग दिया जिसमें बच्चों की तस्वीरें लगा दीं। मैं चूँकि अपने ब्लाऊज़ .ख़ुद सीती हूँ इसलिए बहुत सारे कपड़ों के टुकड़े मेरे पास थे। उनको ख़ाली वक़्त में बैठकर जोड़-जोड़कर एक पर्दा तैयार किया और उसे कमरे की बीच की दीवार पर पेंटिंग की तरह लगा दिया। इस तरह मेरे कमरे का डेकोरेशन मुकम्मल हो गया। कैफ़ी बहुत .ख़ुश हुए। पूरे कम्यून में मेरा कमरा सबसे ख़ूबसूरत माना जाता था। आने-जानेवाले यह ज़रूर पूछते कि यह कमरा किसका है। उस कमरे में मैंने अपने दोनों बच्चों और कैफ़ी के साथ पूरे नौ साल गुज़ारे।

कमला बाई

रेड फ़्लैग हॉल प्रार्थना समाज में था और ऑपेरा हाउस से बहुत क़रीब था। दस मिनट का रास्ता था। मैं पैदल ही थियेटर चली जाती। सुबह नौ बजे थियेटर शुरू होता और दो बजे तक ख़त्म हो जाता था। मैं साढ़े आठ या पौने नौ बजे निकलती और वक़्त पर पहुँच जाती। कुछ दिनों के बाद एक आया ऐलिस मिल गई और मुझे शबाना को साथ ले जाने की ज़रूरत बाक़ी नहीं रही। मैं अक्सर शार्ट कट से जाती थी। यह रास्ता पुलिस स्टेशन के पिछवाड़े से निकलता था जो गाड़ियों के लिए बन्द था। लोग पैदल ही जाते थे, गाड़ियाँ वग़ैरह नहीं जाती थीं। वह थोड़ा-सा महफ़ूज़[1] फ़ुटपाथ था।

मैं रोज़ एक तीस-पैंतीस साल की औरत को देखती थी, जो म्यूनिसिपल नल से बालटी में पानी भरकर वहाँ खड़ी टैक्सियों को धोती थी। उसके दो लड़के और एक लड़की थी। लड़कों की उम्र कोई आठ और छह साल और लड़की की उम्र शायद पाँच साल होगी। मैं जब भी वहाँ से गुज़रती तो अक्सर उसे अपनी बच्ची के बालों में कंघी करते देखती थी। उसका चूल्हा सामने की दुकान के नीचे के हिस्से में रखा होता था। शायद दुकानदार ने रहम खाकर उसे रखने की इजाज़त दे दी थी। कभी-कभी मुझे उसका शौहर भी नज़र आ जाता था जो कुछ कामचोर-सा लगता था। अक्सर सोता रहता था। कभी-कभी टैक्सी धोता नज़र आता था। उस औरत ने मुझे बहुत मुतअस्सिर[2] किया। मैं अगर जल्दी में न होती तो खड़े होकर उससे बातें करने लगती। उसका नाम कमला बाई था। वह मद्रास के किसी गाँव की थी। रोज़ी-रोटी की तलाश में बम्बई आ गई थी। अपनी मेहनत से पैसे कमाती थी। बच्चों को इंग्लिश स्कूल भेजती थी। सस्ता ज़माना था। बच्चों को फीस ज़्यादा नहीं थी। वह ख़ुद भी थोड़ी पढ़ी-लिखी थी। उसका साफ़-सुथरापन और बच्चों को स्कूल भेजना मुझे बहुत मुतअस्सिर करता था। हमेशा ख़ुश और मसरूफ़ नज़र आती। कभी-कभी दो-दो तीन-तीन महीने उसका शौहर ग़ाइब रहता। मैं पूछती : "तुम्हारा शौहर कहाँ है ?" तो कहती : "अरे बाई उसका भरोसा क्या, जब जी चाहता है आ जाता है और जब जी चाहता है, गाँव भाग जाता है। मैं गाँव नहीं जाती क्योंकि वहाँ स्कूल नहीं है और

---

1. सुरक्षित, 2. प्रभावित।

मैं बच्चों को पढ़ा-लिखाकर उनकी जिन्दगी बनाना चाहती हूँ। यहाँ घर किसको मिलता है। यहाँ के लोग सब अच्छे हैं जो मुझे रहने को जगह दिया।''

एक मर्तबा मैंने पूछा : ''बरसात में तुम क्या करती हो ?''

वह बोली : ''बारिश के टैम हम लोग इसी दुकान के नीचे सो जाते हैं। वहाँ पानी नहीं आता। सामने से थोड़ा आता है पन हम लोग प्लास्टिक डालकर काम चला लेते हैं। ठंडी का टैम में भी हम सब वहीं सोता है। गर्मी में फ़ुटपाथ पर सोता है। यहाँ का आदमी लोग अच्छा है।'' मेरे दिल में उस औरत के लिए एक इज़्ज़त-सी पैदा हो गई।

उस ज़माने में कैफ़ी ने नौजवान मुसन्निफ़ीन के लिए एक यंग राइटर्स एसोसिएशन बनाई थी। ये लोग इतवार को रेड फ़्लैग हॉल में चार बजे जमा होकर अपनी कहानियाँ, नज़्में पढ़ते जिन पर तन्क़ीद और बहस वग़ैरह होती। सागर सरहदी, गुलज़ार, लाजपत राय और मदनपुरा के ज़फ़र गोरखपुरी के अलावा और भी नौजवान बच्चे आया करते थे। सागर सरहदी तो इपटा के लिए ड्रामे भी लिखा करते थे। एक दिन मैं उनको अपने साथ कमला बाई से मिलाने ले गई और उनसे कहा : ''इसकी ज़िन्दगी पर एक ड्रामा लिखो।'' वो भी बहुत मुतअस्सिर हुए और उन्होंने उसकी ज़िन्दगी पर एक ड्रामा, 'भूखे भजन न होए गोपाला' लिखा। यह ड्रामा इंटर कॉलीजिएट कम्पिटीशन में कई बार खेला गया। उसे रमेश तलवार ने डायरेक्ट किया था।

उस औरत के बच्चे वहीं पैदा हुए। चौथी बेटी भी उसी दुकान के नीचे पर्दे लगाकर पैदा हुई। कोई दाई वग़ैरह क़िस्म की औरत आ जाती थी। कमला बाई ने मुझसे कभी पैसे नहीं माँगे, अगर मैं कभी उसे कुछ पैसे देना भी चाहती तो वह हरगिज़ नहीं लेती थी।

बहुत दिनों बाद जब हम जूहू मुन्तक़िल हो गए थे और बच्चे बड़े होकर अपने-अपने कामों में मसरूफ़ हो गए थे, मैं कोल्हापुरी चप्पल ख़रीदने के लिए प्रार्थना समाज गई। फिर सोचा कि थोड़ी सब्ज़ी भी लेती चलूँ। मार्केट में गई तो देखा कि कमला बाई एक दुकान पर बैठी बातें कर रही है। बाल थोड़े सफ़ेद होने लगे थे। मुझे तअज्जुब हुआ, मैंने पूछा : ''कमला बाई, तुम यहाँ कैसे ? तुम्हारे बच्चे और शौहर कहाँ हैं ?'' वह मुस्कुराकर बोली : ''बाई, मेरे बच्चे तो बड़ी-बड़ी नौकरियों पर लग गए हैं। उनके पास फ़्लैट हैं। मैं उनके साथ रहती हूँ लेकिन कभी-कभी अपना पुराना जगह आने को जी चाहता है। यहाँ इतना लम्बा जिन्दगी गुजारा, मेरे को फ़्लैट में अच्छा नहीं लगता। इसलिए यहाँ आकर बैठ जाती हूँ। इन लोगों से बातें करके मुझे अच्छा लगता है।''

मैं वहाँ से चली तो आई लेकिन कमला बाई आज भी याद आती है।

रेड फ़्लैग हॉल और सरदार जाफ़री

मुझे इस बात पर फ़ख्र[1] है कि मैंने सरदार जाफ़री को क़रीब से देखा है। रेड फ़्लैग हॉल में जहाँ हम और हमारे बच्चों ने नौ साल गुज़ारे, हमारा कमरा जाफ़री साहिब के कमरे के बिल्कुल सामने था। उन नौ बरसों में मुझे उनकी इनसान दोस्ती, रहमदिली, अपने बीवी-बच्चों और बहनों से प्यार देखने को मौक़ा मिला। अपने एक कमरे वाले घर में उनका ज़्यादा से ज़्यादा वक़्त लिखने-पढ़नेवाली मेज़ पर गुज़रता। उसी मेज़ से वो उर्दू लिट्रेचर में ग़ैरमामूली[2] इज़ाफ़े[3] करते थे। वहीं से वो रूस भी जाते और हम लोगों के लिए मुख़्तलिफ़ तुह्फ़े भी लाते। टी-कोज़ी हमेशा मेरी कमज़ोरी रही है। मुझे याद है कि एक बार सरदार भाई रूस से मेरे लिए निहायत ख़ूबसूरत फ्रॉक पहनी हुई गुड़िया वाली टी-कोज़ी लेकर आए थे। मेरी ख़ुशी की हद न थी। क्योंकि हिन्दुस्तान में इस तरह की टी-कोज़ी नहीं बनती थी। वह टी-कोज़ी मेरे टी-सैट की शान में इज़ाफ़ा कर रही थी। गो मैं एक कमरे में ज़िन्दगी गुज़ार रही थी लेकिन मेरा टी सैट हमेशा इंतिहाई ख़ूबसूरत बोन-चाइना का होता। ट्रे-क्लॉथ के ऊपर टी-कोज़ी हमेशा चाय की केतली पर ढकी होती और मैं हमेशा ख़ूबसूरत प्यालों में चाय पीती, क्योंकि मेरी माँ के घर में चाय इसी तरह पी जाती थी।

अक्सर मैं पृथ्वी थियेटर से दो बजे लौटती और खाना खाकर सो जाया करती। मेरी आँख खुलती तो मैं कभी-कभार सरदार भाई को अपने कमरे में कैफ़ी के लिखने की मेज़ पर कुछ ढूँढता हुआ पाती। मैं पूछती, ''आपको क्या चाहिए सरदार भाई ?'' तो वो मुस्कुराकर कहते, ''कैफ़ी अपनी नज़्मों की तरफ़ से बहुत लापरवाह हैं। कभी सिगरेट की डिबिया के किनारे कुछ लिख देते हैं, कभी माचिस की डिबिया पर या किसी काग़ज़ के पुर्ज़े पर, मैं ऐसी ही किसी चीज़ की तलाश के लिए यहाँ आता हूँ ताकि कैफ़ी की कोई नज़्म मिल जाए तो मैं छाप सकूँ।''

उनकी दोनों बहनों, रबाब जाफ़री और सितारा जाफ़री से मेरी अच्छी ख़ासी दोस्ती थी। सरदार भाई ने अपने माँ-बाप के इन्तिक़ाल के बाद उन्हें बलरामपुर

---

1. गर्व, 2. महत्त्वपूर्ण, 3. वृद्धि।

से अपने पास बम्बई बुला लिया था। दोनों बहनें इन्तिहाई ज़हीन[1] और इंडिपेंडेंट थीं। एक दिन इत्तिफ़ाक़ से मेरे घर में बिल्कुल पैसे नहीं थे। खाना भी नहीं पका था। रब्बो बाजी ने सरदार भाई से कह दिया, ''शायद शौकत ने खाना नहीं खाया है।'' सरदार भाई ने फ़ौरन रब्बो बाजी से कहा कि शौकत को खाने के लिए बुला लो। मुझे रोना आ गया और मैं नहीं गई। मैंने कह दिया कि मैं खा चुकी हूँ। शाम को सरदार भाई कमरे में आए। चुपके से सौ रुपये कैफ़ी की मेज़ पर रखकर चले गए। दो मर्तबा कैफ़ी को मौत के मुँह से छुड़ाकर लानेवाले सरदार भाई और उनकी बीवी सुल्ताना आपा ही थे।

शबाना जब तीन साल की हुई तो सुल्ताना आपा, जो उस वक़्त तालीमे-बालिग़ां[2] की इन्सपेक्ट्रेस थीं, ने अपने दोनों बच्चों पप्पू और चुन्नम के साथ शबाना को भी म्यूनिसिपल स्कूल में दाख़िल करवा दिया। तौबा, शबाना को स्कूल की बस में बिठाना भी एक कारे-दारद[3] था। इस बच्ची को उस स्कूल से इतनी नफ़रत थी कि रो-रोकर आया की गोद से उछलकर ज़मीन पर बैठ जाती और एड़ियाँ रगड़-रगड़कर ज़मीन से चिपक जाती। आया के घसीटकर ले जाने पर भी नहीं जाती। फिर दो लोग गोद में उठाकर बस में बिठा देते। जब इम्तिहान का नतीजा सामने आया तो मैं परेशान हो गई। हर सब्जेक्ट में गोल-गोल अण्डे। जब मैंने यह हाल देखा तो सुल्ताना आपा से कहा : "मैं तो अपनी बच्ची को उस स्कूल में नहीं भेजूँगी।'' सुल्ताना आपा ने तीनों बच्चों को स्कूल से निकलवा लिया। कैफ़ी ने कहा : ''मैं शबाना को क्वीन मैरी हाई स्कूल में दाख़िल कराऊँगा।'' मैंने सुना तो घबरा गई। ''अरे बाप रे बाप, उसकी फ़ीस तो तीस रुपये है, वह कहाँ से दूँगी।'' कैफ़ी कहने लगे, ''तुम इसकी फ़िक्र मत करो, अपनी बेटी की पढ़ाई के लिए मैं पैसे कमाऊँगा।'' क्वीन मैरी का एक मस्अला[4] यह भी था कि दाख़िले के लिए यह शर्त थी कि बच्चों के माँ-बाप को अंग्रेज़ी आनी चाहिए, जो हम दोनों को नहीं आती थी। चुनाँचे शबाना का दाख़िला करवाने सुल्ताना आपा उसकी माँ और मुनीष नारायण सक्सेना कैफ़ी आज़मी बनकर गए।

मुझे यह देखकर हैरत हुई कि इतनी-सी शबाना क्वीन मैरी में जाते ही एक मुख़्तलिफ़ बच्ची बन गई। हर रिपोर्ट फ़र्स्ट क्लास। ड्रामों में भी हिस्सा लेने लगी। जब दस साल की हुई तो शेक्सपीयर के ड्रामे 'जूलियस सीज़र' के लिए अपने अब्बा का सिल्क का कुर्ता छुपाकर ले गई। इस ड्रामे में उसने मार्क एन्थनी का किर्दार अदा किया। वहीं से दरअस्ल उसकी सही[5] तर्बियत[6] शुरू हुई। इसके लिए मैं सुल्ताना आपा का जितना भी एहसान मानूँ कम है।

---

1. प्रतिभावान्, 2. प्रौढ़ शिक्षा, 3. कठिन काम, 4. समस्या, 5. ठीक, 6. प्रशिक्षण।

जब मेरा बेटा होनेवाला था तो सुल्ताना आपा ने मेरा नाम सेंट जार्ज हॉस्पिटल में लिखवा दिया। वह सरकारी हॉस्पिटल था इसलिए चैकअप वग़ैरह के पैसे ख़र्च नहीं होते थे। जब डिलीवरी क़रीब आई तो घर में एक पैसा भी नहीं था। कैफ़ी सामने पान की दुकान वाले से पाँच रुपये क़र्ज़ लेकर मुझे टैक्सी में हॉस्पिटल ले गए। 13 सितम्बर, 1953 को मेरा बेटा बाबा पैदा हुआ। बेटे को देखकर .खुशी से मैं अपनी सारी तक्लीफ़ भूल गई। आठ पौंड का, तन्दरुस्त, प्यारा सा बच्चा, सिर पर घने बाल, ख़ूबसूरत बड़ी-बड़ी आँखें और ऊँची नाक। दूसरे दिन सुबह-सुबह कैफ़ी अपने दोस्त मुनीष के साथ आए। अपने बेटे को देखकर बेहद .खुश हुए। पाँचवें दिन मुझे अस्पताल से छुट्टी मिल गई। कैफ़ी जब मुझे लेने आए तो शबाना अपनी आया के साथ टैक्सी में बैठी रही। शबाना उस वक़्त तीन साल की हो गई थी। जब मैं कपड़े में लिपटी हुई छोटी-सी पोटली को गोद में लिए नीचे उतरी तो वह हैरत से मुझे देखने लगी। टैक्सी में बैठकर मैंने उसे बताया कि यह तुम्हारा भाई है। यह सुनते ही वह ज़ोर से हँस पड़ी, और बच्चे को गोद लेने की ज़िद करने लगी। मैंने उसको समझाया कि बेटे यह गिर जाएगा। तब तक घर आ गया। आया ने बेटे को गोद में ले लिया और एक फ़्लोर चढ़कर मैं अपने कमरे में आ गई। .खुशी से मेरे आँसू निकल पड़े। मुझे लगा कि .खुदा ने मेरे पहले बेटे को वापस मेरे पास भेज दिया है। इतने में सब लोग बच्चे के अतराफ़[1] जमा हो गए। सुल्ताना आपा कहने लगीं, "बिल्कुल कैफ़ी की शक्ल का है।"

कैफ़ी मज़दूरों के महल्ले मदनपुरा जाते और मज़दूरों के लिए काम करते थे। अपने लिए काम भी ढूँढते रहते थे। कभी-कभी छोटे प्रोड्यूसर मसलन नानू भाई वकील या लेखराज भाकड़ी वग़ैरह की फ़िल्मों के लिए गाने या कहानी लिखने का काम मिल जाता। पूरी स्क्रिप्ट और गानों का मुआवज़ा पाँच हज़ार रुपये मिलता था। जिसमें कुछ महीनों तक हमारी फ़ैमिली का गुज़र-बसर हो जाता। शबाना की फ़ीस, आया की तनख़्वाह उसी में से दी जाती।

बच्चों की आया ऐलिस इनकी देखभाल बिल्कुल माँ की तरह करती थी। उसका एक दिलचस्प वाक़िआ है। शबाना सात साल की और बाबा चार साल का था। हमारे घर के क़रीब पारसियों का एक शादीख़ाना था। ऐलिस दोनों बच्चों को ख़ूबसूरत कपड़े (मैं ग़रीबी के बावुजूद दोनों बच्चों की सालगिरह के कपड़े इन्तिहाई स्मार्ट और ख़ूबसूरत बनाती थी) पहनाकर रोज़ शाम को शादीख़ाने में ले जाती और मुफ़्त में कोकाकोला और आइसक्रीम खिला-पिलाकर वापस ले आती।

1. चारों तरफ़।

घर आँगन से : चन्द तस्वीरें

शौकत कैफ़ी 24 वर्ष की उम्र में

कैफ़ी आज़मी, 29 वर्ष
(डॉ. रशीद जहाँ का कुर्ता पहने हुए)

शौकत कैफ़ी
(पृथ्वीराज कपूर के घर एक दावत में)

शौकत और कैफ़ी पहले बेटे खय्याम के साथ (1948)

माथेरान में छुट्टी बिताते शौकत और कैफ़ी (छाया : समीर आर्य)

जानकी कुटीर में (बायें से) बाबा, तन्वी, शौकत, कैफ़ी, शबाना, जावेद, 1986

शौकत कैफ़ी (बीच में) अपनी बहनों – लियाक़त खानम (बायें) एवं रियासत खानम (दायें) के साथ

खुशी के पल : जानकी कुटीर में कैफ़ी शबाना और शौकत (1980)

कैफ़ी और शौकत जुहू बीच पर

आजमगढ़ की एक सभा में कैफ़ी और शौकत

एक फ़िल्म के प्रीमियर पर लता मंगेशकर, गुलज़ार, कैफ़ी और शौकत

शौकत अपनी बेटी शबाना और बड़ी बहन लियाक़त की नवासी तब्बू के साथ 2004

कैफ़ी का ख़त शौकत के नाम

11 नवम्बर
मिजवाँ

शौकत मेरी जान ! पहले कुछ शे'र सुनो फिर दूसरी बातें :

इतनी मुद्दत से मिरी जान जुदा हो मुझसे
ये भी मालूम नहीं .खुश कि ख़फ़ा हो मुझसे
सुब्ह को आँखें जो खुल जाती हैं झल्लाता हूँ
दूर-नज़्दीक कहीं तुमको नहीं पाता हूँ
चाय गोपाल पिलाता है पिये जाता हूँ
ये कोई जीना नहीं है जिये जाता हूँ
कान में पड़ती नहीं आपकी मीठी आवाज़
गाँव में हूँ कि जहन्नम में ये खुलता नहीं राज़
जब ज़्यादा कभी तनूहाई में घबराता हूँ
कोई समझाए न समझाए समझ जाता हूँ
ये तो .खुद अपने किये की मैं सज़ा पाता हूँ
बम्बई छोड़के क्यों आ गया पछताता हूँ

अपनी तक्लीफ़ के साथ यह भी सोचता हूँ कि तुम तो मुझसे ज़्यादा तनूहा हो। मैं तुम से और बच्चों से दूर रहके तनूहा हूँ। तुम बच्चों में रहके तनूहा हो और हम दोनों ने अपनी तनूहाइयाँ ख़ुद मोल ली हैं। शौकत अगर हसीना भी ग्रीन ऐकर चली गई होगी तो क्या खाना तुमको पकाना पड़ता है या कोई नौकर मिल गया। मेरी जान पैसों की तक्लीफ़ न उठाना। जब ज़रूरत हो फ़ौरन लिखना। थोड़ी-बहुत ज़रूरत तो मैं पूरी कर सकूँगा। अब मुशायरों में ज़्यादा जाऊँगा और पैसे ज़्यादा बचाऊँगा। जानकी कुटीर का किराया माह-ब-माह देना बहुत ज़रूरी (है) वर्ना वह घर हमारे हाथ से निकल जाएगा। जी बहुत चाहता है कि फ़ौरन ही भाग आऊँ लेकिन दो रुकावटें ऐसी हैं कि जब तक वो दूर न हों बम्बई न आऊँगा। एक तो 26 दिसम्बर को कल्पनाथ राय का आना। दूसरे ग्रीन ऐकर का टेलीफ़ोन और

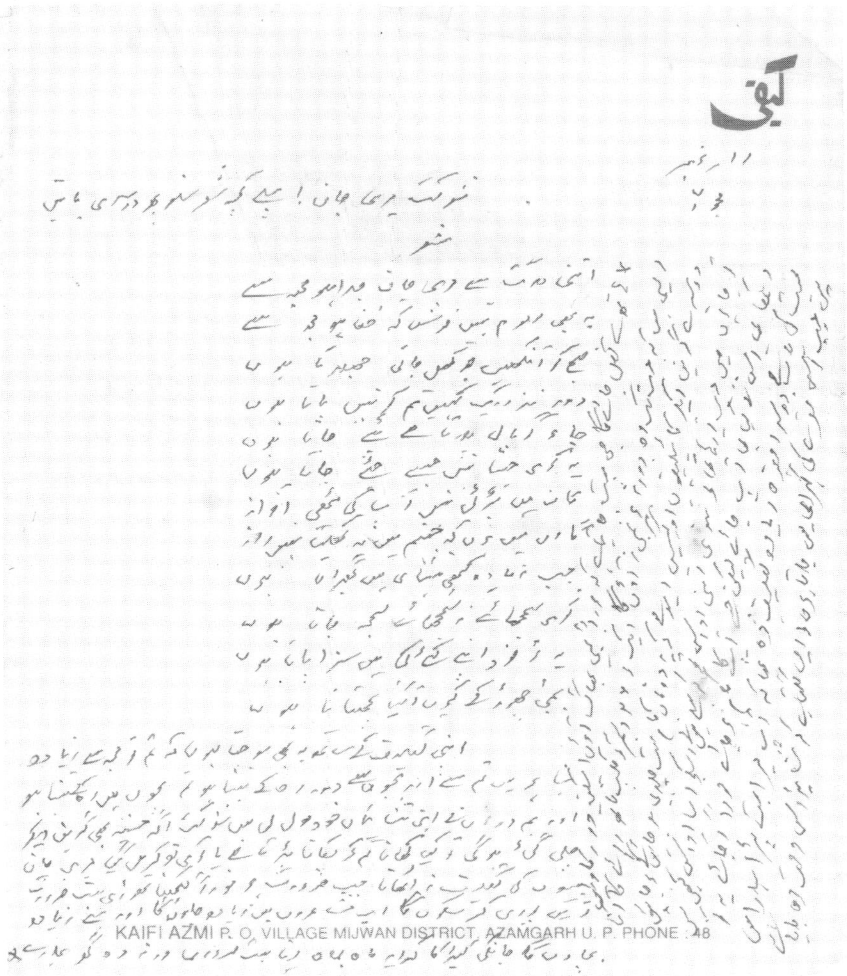

کیفی

KAIFI AZMI P. O. VILLAGE MIJWAN DISTRICT. AZAMGARH U. P. PHONE : 48

शौकत के नाम कैफ़ी का हस्तलिखित ख़त

गैस। उम्मीद है कि ये दोनों काम बहुत जल्द हो जाएँगे। जब मैं बम्बई आया था तो तनूवी इतनी उदास थी कि पहले मैंने उसको इतना उदास कभी नहीं देखा था। उसने कहा था ''आप जाएँ लेकिन जैसे (ही) आपका काम हो जाए, फ़ौरन आ जाएँ।'' यह तो मोहब्बत की बात है। दूसरा फ़िक़रा ज़्यादा तक्लीफ़देह था कि ''आप मेरा बहुत बड़ा सहारा हैं।'' मैं जब इस फ़िक़रे की गहराई में जाता हूँ तो ऐसा लगता है कि शायद उस वक़्त वह बाबा से ख़फ़ा होगी वर्ना उसका सबसे बड़ा सहारा वही है। .खुदा उसके सहारे को सलामत रखे। अभी-अभी मेरी लाडली बेटी का ख़त मिला है। वह हिन्दी में है इसलिए पढ़ नहीं सका हूँ। रियासत को बुलवाया है। उन्हीं से पढ़वाऊँगा। अभी-अभी दिल्ली से इश्तियाक़ आबिदी का भी ख़त आया है। वह इस लिफ़ाफ़े में रख रहा हूँ शबाना को भी सुना देना और तनूवी और बाबा को भी। मैं 24 नवम्बर को लखनऊ जाऊँगा, वहाँ से आपसे फ़ोन पर बातें होंगी। जब तक तुम्हारी तबीअत बिल्कुल ठीक न हो जाए आने की ज़रूरत नहीं। .खुदा-न-ख़्वास्ता तुम्हारी तबीअत ज़्यादा ख़राब हुई तो मैं .खुद आ जाऊँगा और .खुद तुम्हारा इलाज करवाऊँगा। ज़रूरत हुई तो धर्मसाला लेके चलूँगा।

बहुत-सा प्यार

–तुम्हारा कैफ़ी

●●●

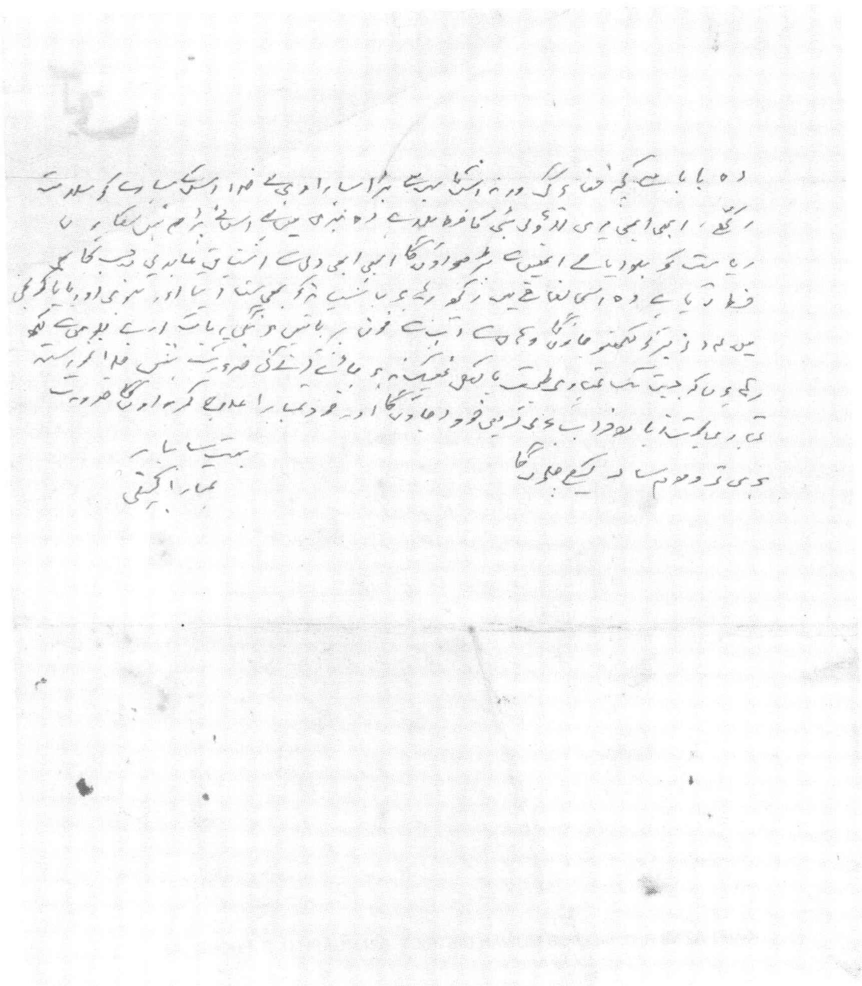

शौकत के नाम क़ैफी का हस्तलिखित ख़त

फ़िल्म 'सलाम बॉम्बे' में शौकत कैफ़ी और नाना पाटेकर (1987)

एम.एस. सथ्यू की 'गर्म हवा' में शौकत.कैफ़ी (1973)
(सत्यजीत राय ने कहा था, शौकत को इस फिल्म में अदाकारी के लिए सर्वश्रेष्ठ अभिनेत्री का राष्ट्रीय पुरस्कार मिलना चाहिए था।)

शौकत के नाम क़ैफ़ी का हस्तलिखित ख़त

एक अभिनेत्री : चन्द रूप

फिल्म 'उमराव जान' में शौकत कैफ़ी

फ़िल्म 'अंजुमन' में शौकत कैफ़ी (1984)

शौकत कैफ़ी राम सिंह के साथ इप्टा के नाटक 'अफ़्रीका जवान परेशान' मे 1958

नाटक 'पगली' में शौकत कैफ़ी

फिल्म 'हीर-राँझा' में शौकत

इप्टा की स्वर्ण जयंती पर 'अफ़्रीका जवान परेशान' के एक दृश्य के पुनर्मंचन में शौकत कैफ़ी

फ़िल्म 'गर्म हवा' में बलराज साहनी और शौकत कैफ़ी (1973)

फ़िल्म 'सलाम बॉम्बे' में शौकत कैफ़ी और नाना पाटेकर (1987)

एम.एस. सथ्यू की 'गर्म हवा' में शौकत कैफ़ी (1973)
(सत्यजीत राय ने कहा था, शौकत को इस फिल्म में अदाकारी के लिए सर्वश्रेष्ठ अभिनेत्री का राष्ट्रीय पुरस्कार मिलना चाहिए था।)

एक दिन चौकीदार को शक हुआ, उसने ऐलिस को रोका : "ए, तुम किधर जाता है, इधर आओ, हम रोज़ देखता है, तुम हर दिन इन बच्चों को लेकर हर शादी में आता है। क्या हर शादी में शादी का लोग के साथ तुम्हारा रिश्तेदारी है। भागो, अभी इधर आने का नहीं। नहीं तो हम बड़े साब से तुम्हारी शिकायत करेगा।'' ऐलिस थोड़ी शर्मिन्दा हुई, फिर बच्चों की उंगलियाँ पकड़े-पकड़े, बड़बड़ाती हुई निकल आई, "अरे बच्चा लोग थोड़ा खा लेगा तो तुम्हारे बाप का क्या जाता, साला लोग दम दांटी देता है। .खुद खाता है, वह कुछ नहीं।'' उस दिन से बेचारे बच्चों को जो मुफ़्त की आइसक्रीम खाने को मिलती थी, वह बन्द हो गई। जब बहुत दिनों बाद शबाना ने यह वाक़िआ मुझे बताया तो मुझे हँसी आ गई।

रेड फ़्लैग हॉल एक ऐसे गुलदस्ते की तरह था जिसमें मुख़्तलिफ़ क़िस्म के फूल एक साथ सजे थे फिर भी हर फूल की अपनी एक इन्फ़िरादियत[1] थी, एक अलग .खुश्बू थी। मसलन गुजरात से आए हुए मणि बेन और अम्बू भाई, मराठवाड़ा से सावन्त और शशि, यू.पी. से कैफ़ी, सुल्ताना आपा, सरदार भाई, उनकी दो बहनें रबाब और सितारा, मध्य प्रदेश से सुधीर जोशी, शोभा भाभी और हैदराबाद से मैं। रेड फ्लैग हॉल में सब एक-एक कमरे के घर में रहते थे। सबका बावरचीख़ाना बाल्कनी में होता था। वहाँ सिर्फ़ एक बाथरूम था और एक ही लेट्रीन, लेकिन नौ साल के अर्से में मैंने कभी किसी को बाथरूम और लेट्रीन के लिए लड़ते नहीं देखा। होली, दीवाली और ईद सब मिलकर मनाते। सबके एक-एक दो-दो बच्चे थे। खेल-खेल में शायद बच्चों की लड़ाई हो जाती होगी, लेकिन किसी बच्चे की माँ आकर किसी दूसरे बच्चे की माँ से नहीं लड़ती थी और न ही शिकायत करती थी। सुल्ताना आपा सब बच्चों की अम्माँ कहलाती थीं और सरदार जाफ़री सबके दोदा। मैं सबकी मम्मी और कैफ़ी सबके अब्बा। शोभा भाभी सब बच्चों की भाभी थीं।

मेरे बच्चे बड़े हो रहे थे। स्कूल जाने लगे थे इसलिए मैं उन्हें पृथ्वी थियेटर के टूर पर नहीं ले जा सकती थी। ऐलिस और कैफ़ी के सहारे उन्हें घर पर छोड़कर जाना पड़ता था। लेकिन मुझे कभी इस बात की परेशानी नहीं हुई कि मेरे बच्चे मेरी ग़ैरहाज़िरी[2] को शिद्दत से महसूस करेंगे या किसी कॉम्प्लेक्स में मुब्तला होंगे। वो वैसे ही .खुशोखुर्रम रहते। रेड फ़्लैग हॉल के सारे बच्चे मिल-जुलकर खेलते। दुख-बीमारी में माएँ हर बच्चे का ख़याल रखतीं। सब मर्द पार्टी मेम्बर थे। औरतों में सिवाय सुल्ताना आपा के कोई औरत पार्टी मेम्बर नहीं थी। सब के मज़ाहिब[3] मुख़्तलिफ़ थे लेकिन सबका नज़रीया-ए-हयात[4] एक था यानी इनसानियत।

---

1. विशेषता, 2. अनुपस्थिति, 3. मज़्हब का बहु., धर्म, 4. जीवन सिद्धान्त।

कैफ़ी की फ़िल्में

फिर एक दिन ऐसा भी आया कि कैफ़ी को गुरुदत्त की फ़िल्म 'कागज़ के फूल' के गाने लिखने के लिए बुलाया गया। अब क्या था, बड़े-बड़े डायरेक्टर कैफ़ी से अपनी फ़िल्मों के गाने लिखवाने लगे जैसे कि मोहन सहगल की 'अपना हाथ जगन्नाथ,' रमेश सहगल की 'शोला और शबनम' और लेखराज भाकरी की 'एक के बाद एक'। बदक़िस्मती से तमाम फ़िल्में फ़्लॉप हो गईं लेकिन उनके गाने बहुत मशहूर हुए। इन फ़िल्मों के फ़्लॉप होने की वजह से कैफ़ी को 'अनलकी' समझा जाने लगा जिसकी वजह से उन्हें फ़िल्में मिलनी बन्द हो गईं।

इसके कई बरसों बाद जब हम रेड फ़्लैग हॉल से जुहू जानकी कुटीर आ चुके थे, एक शाम आठ बजे चेतन आनन्द हमारे घर आ गए। उस वक़्त तक कैफ़ी की कई फ़िल्में रिलीज़ होकर फ़्लॉप हो चुकी थीं। कैफ़ी थोड़े मायूस थे, लेकिन चेतन साहिब ने कहा : ''कैफ़ी साहिब, मैं भी फ़्लॉप फ़िल्में बनाते-बनाते तंग आ गया हूँ। दो माइनस (minus) मिलकर एक प्लस (plus) हो जाते हैं, मेरी फ़िल्म के गाने आप लिखेंगे। पिक्चर का नाम 'हक़ीक़त' है।'' कैफ़ी ख़ुश हो गए। यह पिक्चर ज़बर्दस्त हिट हुई। इस फ़िल्म के गाने आज तक हिट हैं खासतौर से :

'कर चले हम फ़िदा जानो-तन साथियो
अब तुम्हारे हवाले वतन साथियो'

फिर तो चेतन आनन्द, मदन मोहन और कैफ़ी आज़मी का ग्रुप बन गया। चेतन आनन्द की हर फ़िल्म कैफ़ी ही लिखते थे। उनक साथ 'हीर रांझा' कैफ़ी ने पूरी फ़िल्म शायरी में लिखी। आइडिया चेतन आनन्द का ही था। यह फ़िल्म भी हिट हुई और कैफ़ी साहिब का बहुत नाम हुआ।

मद्रास की एक फ़िल्म मिल गई (मुझे नाम याद नहीं)। कैफ़ी ने क़िस्तों पर एम्बैसूडर गाड़ी ख़रीद ली। एक दिन गाड़ी में कैफ़ी आगे बैठे हुए थे और मैं अपनी दोस्त रज़िया के साथ पीछे। कैफ़ी मेरी तरफ़ मुड़कर ख़ुशी से कहने लगे :

"अब तो तुम गाड़ी वाली हो गईं।" मैं भी कुछ इतराने लगी।

कैफ़ी की कामयाबतरीन फ़िल्मों में 'गर्म हवा,' क़ाबिले-ज़िक्र[1] है। इस फ़िल्म की बेहद तारीफ़ हुई। कैफ़ी को नेशनल एवार्ड मिला और फ़िल्मफ़ेयर के तीन एवार्ड कहानी, डायलॉग राइटिंग और स्क्रीनप्ले के लिए।

1. उल्लेखनीय।

मेरे ड्रामे

पृथ्वी थियेटर

मैंने पृथ्वी थियेटर 1951 में ज्वाइन किया था। एक दिन ज़ुहरा सहगल, जो इपटा में भी काम करती थीं, ने मुझे पृथ्वी थियेटर का ड्रामा 'पठान' दिखाया। 'पठान' देखने के बाद मैंने फ़ैसला कर लिया कि मैं भी पृथ्वी थियेटर में काम करूँगी। मैंने ज़ुहरा जी से कहा : ''मैं पृथ्वीराज जी से मिलना चाहती हूँ और उनके साथ काम करना चाहती हूँ।'' ज़ुहरा जी ने पापा जी (पृथ्वीराज को सब पापा जी कहते थे) से कहा। मुझे बुलाया गया। मैं पृथ्वी थियेटर पहुँची। जैसे ही पापाजी ने मुझे देखा, सीधे मेरी तरफ़ चले आए। उनकी शख़्सीयत से मैं इस क़दर मऊब हुई कि जल्दी से खड़ी हो गई और आदाब किया। वो मुस्कुराते हुए कहने लगे : "आप पर एक आना जुर्माना होगा।" मैने पूछा : "क्यों ?" बोले : "मेरे आने पर जो भी खड़ा होता है, उसकी यही सज़ा होती है।" मैं हँस पड़ी और जल्दी से बैठ गई। मुझे उनसे मिलकर एक तरह की अपनाइयत का एहसास हुआ। वो मेरे आने से खुश हुए थे, लेकिन कहने लगे, "मेरा वर्कर फ़ंड, जिससे मेरे थियेटर में काम करनेवालों को बवक़्ते-ज़रूरत क़र्ज़ दिया जाता है, मेरे थियेटर से ज़्यादा अमीर है। मैं आपको कोई ज़्यादा तनख़्वाह नहीं दे सकूँगा, लेकिन आप मेरे साथ काम कर सकती हैं।"

दूसरे दिन से मैंने सुबह नौ बजे ऑपेरा हाउस थियेटर जाना शुरू कर दिया। स्टेज पर कभी नाट्यशास्त्र पढ़ा जाता, जिसे हिन्दी के स्कॉलर श्री राम शास्त्री पढ़ते थे। वो एक अच्छे एक्टर भी थे। कभी आवाज़ की तैयारी होती, मसलन हारमोनियम पर पापा जी सुरों की मदद से आवाज़ को ट्रेन करते। नीचे की आवाज़ के लिए वो गाते 'अल्लाह हू-अल्लाह हू' और ऊपर के सुरों के लिए 'राम-राम' का आलाप करते। उन दिनों मैं चार महीने की शबाना को कमर पर लादकर साथ ले जाती थी। रिहर्सल के दौरान स्टेज के एक कोने में छोटा-सा गद्दा बिछाकर उसे लिटा देती। जहाँ वह हाथ-पाँव मारती और ग़ूँ-ग़ाँ करती रहती थी। रानी आज़ाद (जो थियेटर में काम करती थी) उससे चुपके-चुपके खेलती रहती। मैं

शबाना के कपड़े मेकअप रूम में सुखाने के लिए लटका देती, लेकिन पापा जी कभी एतिराज़ नहीं करते थे जिसकी वजह से मुझे घर का-सा माहौल महसूस होता था। कुछ ही दिनों बाद .खुश-क़िस्मती से मुझे ऐलिस जैसी ज़िम्मेदार आया मिल गई तो मैं अक्सर शबाना को घर पर उसके साथ ही छोड़ देती थी।

शो हमेशा इतवार की सुबह होते थे। शो शुरू होने से पहले स्टेज के पीछे कुछ और ही तरह का समाँ[1] होता था। एक पुरअसूरार[2]-सा अँधेरा, शहनाई की मधुर आवाज़, अगरबत्ती की .खुशबू वग़ैरह से मन्दिर का-सा मुक़द्दस[4] माहौल पैदा हो जाता था। अँधेरे में शहनाई बजाते लोग देवमालाई किर्दार लगते। मेकअप रूम से आती हुई हलकी-सी रौशनी में लड़कियों की सरगोशियाँ, धीमी-धीमी हँसी की आवाज़ें, उस अँधेरे को और पुरअसूरार बना देती थीं। शो शुरू होने से पहले सारे आर्टिस्ट स्टेज पर जमा हो जाते और एक साथ एक आवाज़ में संस्कृत का श्लोक पढ़ते जो थियेटर की तारीफ़ में होता जिससे थियेटर की अज़ूमत[4] का एहसास दिल पर शिद्दत से तारी हो जाता था। पर्दा उठते ही ड्रामे का जादू भरा माहौल आर्टिस्ट को अपनी लपेट में इस तरह ले लेता जैसे वह उसी माहौल का हिस्सा हो। जैसे अगर ड्रामा 'पठान' पेश किया जा रहा हो तो ऐसा लगता कि हम पिशावर की किसी गढ़ी में पहुँच गए हैं।

> आहिस्ता-आहिस्ता पौ[5] फट रही है। अज़ान की आवाज़, जुगनुओं का इधर-उधर चमक जाना। चौदह-पन्द्रह बरस की एक लड़की घड़ा बग़ल में दबाए, पश्तो में धीमे सुरों में गुनगुनाती हुई, हँसती-मुस्कुराती गुज़र रही है। दूसरी तरफ़ से एक नौउम्र लड़का सिर पर गोल टोपी पहने, लड़की को मुस्कुराते हुए देखता हुआ गढ़ी पर चढ़ने लगता है। जिरगे का सरदार (पृथ्वीराज कपूर) बड़े से फाटक को खोलते हुए, पैर से उसे ठोकता हुआ हिदायत करता है कि कल बढ़ई को बुलाकर इसे ठीक कराओ।

मैंने जब भी ऑडिएंस में बैठकर पृथ्वीराज कपूर का ड्रामा देखा तो हमेशा मुझे लगा कि मैं सचमुच उस माहौल में पहुँच गई हूँ जो सामने स्टेज पर पेश किया जा रहा है; चाहे वह 'ग़द्दार' का मुस्लिम माहौल हो या 'आहुति' का पंजाबी माहौल या 'कलाकार' का पहाड़ी माहौल। पृथ्वीराज कपूर उसे इस तरह पेश करते थे, गोया आप वहीं कहीं बैठे हों। यह सारा समाँ एक अजीबो-ग़रीब कशिश से आपको अपने माहौल में खेंच लेता और आप उस वक़्त तक महूव होकर उसे देखते रहते जब तक

1. दृश्य, 2. रहस्यमय, 3. पवित्र, 4. महानता, 5. सुबह की रौशनी।

कि शो ख़त्म नहीं हो जाता और आप अपनी दुनिया में वापस नहीं आ जाते।

तीन घंटों के शो के बाद पृथ्वीराजजी दरवाज़े पर एक झोली लेकर, गर्दन नीचे किए खड़े हो जाते थे ताकि लोग बाहर निकलते वक़्त झोली में जितने पैसे डालना चाहें डाल दें। जो कुछ मिलता वो मैनेजरों के हवाले करके मेकअप रूम में चले जाते। यह पैसा थियेटर के वर्कर फ़ंड में जमा होता और ज़रूरतमन्द आर्टिस्टों को उधार दिया जाता था। फिर उनकी तनख़्वाह से उनकी मर्ज़ी के मुताबिक़ काटा जाता था। इस फ़ंड से मैंने कई बार फ़ायदा उठाया। जब मेरा बेटा बाबा आज़मी आठ महीने की उम्र में बीमार हुआ तो मैंने इसी फ़ंड से क़र्ज़ लेकर उसका इलाज करवाया था। उस वक़्त मेरी तन्ख़्वाह सौ रुपये थी और मैं अपने दोनों बच्चों को उनकी आया ऐलिस के साथ टूर पर ले जाया करती थी। थियेटर सिर्फ़ टूर पर ही पैसे कमाता था वर्ना बम्बई में तो वह नुक़्सान में ही चलता था। इतवार की सुबह नौ बजे लोग ड्रामा देखने कम ही आते थे।

पृथ्वीराज जी का गेट-अप सिर से पैर तक वही होता था जो किर्दार वो पेश कर रहे होते थे; बोलने का अन्दाज़, चाल-ढाल वग़ैरह। वो स्तांस्लाविस्की के मैथड पर अमल करते थे। वो कहते थे : "जब तुम कोई किर्दार पेश करो तो उसमें इस तरह समा जाओ कि कोई तुम्हारा दिल चीर कर भी देखे तो उसको उसी तरह धड़कता हुआ पाए, जिस तरह उस किर्दार का दिल धड़कता हो।" थियेटर की अज़्मत, उसकी इज़्ज़त, शानोशौकत अगर मेरे दिल में पैदा हुई है तो वह पृथ्वीराज कपूर के थियेटर ने पैदा की।

पापा जी अपने बचपन के क़िस्से सुनाया करते थे। एक बार कहने लगे : "मैं अपने थियेटर को पारसी थियेटर के असर से बचाकर लाया हूँ। मैं शायद छह साल का था। अपने पिताजी के साथ पिशावर में थियेटर देखने गया। 'नल-दमयन्ती' ड्रामा चल रहा था। एक सीन में माँ ने मरे हुए छोटे से बच्चे को ज़मीन से उठाकर गोद में लिया और दर्द भरी आवाज़ में गाना गाने लगी। गाना ख़त्म होते ही ऑडिएंस की आवाज़ें गूँजीं, वंस मोर, वंस मोर। औरत ने फिर बच्चे को नीचे रखा, फिर गोद में लिया और फिर वही गाना गा दिया। मेरे नन्हे-से दिल ने कहा, यह ग़लत है। उसे दोबारा नहीं गाना चाहिए।"

शायद उसी बात का असर होगा जिसके सबब पृथ्वी थियेटर वुजूद में आया।

पृथ्वी थियेटर के ड्रामे

पापा जी के ड्रामे हमेशा सोशल थीम पर होते थे। ड्रामे के कास्ट्यूम अज़रा जी तैयार करती थीं। (अज़रा जी ज़ुहरा जी की छोटी बहन हैं। वो पृथ्वी थियेटर के

ड्रामों में हीरोइन का रोल करती थीं)। उनका मज़ाक़ (taste) बहुत अच्छा है। पारसी थियेटर का एक तजर्बाकार सेट डिज़ाइनर और उसका बेटा सेट बनाते थे, लेकिन सजावट और फ़र्नीचर सब अज़रा जी के मज़ाक़ के मुताबिक़ होता था। डांस की तालीम ज़ुहरा जी देती थीं। डांस कम्पोज़ भी वही करती थीं। ज़ुहरा जी ने उदय शंकर के साथ काम किया था। वहाँ डांस भी सिखाती थीं। वो बहुत अच्छी कैरेक्टर आर्टिस्ट थीं, बल्कि हैं। मुझे थियेटर की जो थोड़ी-बहुत सूझ-बूझ है, वह पृथ्वीराज कपूर के बाद ज़ुहरा सहगल ही की देन है।

पन्द्रह-बीस साल के अर्से में पृथ्वीराज जी ने आठ ड्रामे 'शकुन्तला', 'दीवार,' 'पठान,' 'ग़द्दार,' 'आहुति,' 'कलाकार,' 'पैसा' और 'किसान' पेश किए। ये तमाम ड्रामे समाज में होनेवाली बुराइयों के ख़िलाफ़ थे।

'शकुन्तला' तो क्लासिक होने की वजह से लिया गया। 'दीवार' हिन्दुस्तान के बटवारे के ख़िलाफ़ था। 'पठान' हिन्दू-मुस्लिम इत्तिहाद[1] का एक बेमिसाल[2] नमूना था। इत्तिहाद के मौज़ू पर हिन्दू-मुस्लिम दोस्ती की इससे बढ़िया मिसाल शायद ही कहीं मिले।

'आहुति' भी बहुत पुरअसर[3] ड्रामा था। उसमें बटवारे के दर्दनाक[4] नताइज[5] की कहानी थी। नफ़रत के उस दौर में, आम हिन्दू और मुसलमान दोनों कैसे-कैसे हौलनाक[6] हालात से गुज़रे, यह 'आहुति' में दिखाया गया था।

'ग़द्दार' भी हिन्दुस्तान और पाकिस्तान के मौज़ू पर था। जब हम साउथ इंडिया के टूर पर कोचीन पहुँचे तो कुछ मुस्लिम लीगियों ने 'ग़द्दार' की मुख़ालिफ़त[7] की और कहा : ''अगर यह ड्रामा खेला गया तो हम थियेटर को आग लगा देंगे। पृथ्वीराज जी ने उन्हें बुलाया और कहा : ''आप आइए और ड्रामा देखिए। अगर ड्रामा आपको ग़लत लगे, तो बेशक आपका जो जी चाहे वह कीजिए।'' चुनाँचे वो लोग ड्रामा देखने आए और ड्रामा देखने के बाद उन्हीं लोगों ने, जो थियेटर जलाने की धमकियाँ दे रहे थे, स्टेज पर आकर पृथ्वीराज जी को गले लगाया और मुबारकबाद दी। 'ग़द्दार' में यह दिखाया गया था कि हिन्दुस्तान में एक आम आदमी की हालत जो हिन्दुस्तान में है, वही पाकिस्तान में भी है।

आज हिन्दुस्तान और पाकिस्तान की दोस्ती के लिए कोशिश की जा रही है जो बड़ी हद तक कामयाब भी हो रही है। शायद पृथ्वीराज जी इस दोस्ती की अहमियत को बरसों पहले ही समझ गए थे।

'कलाकार' में इस बात का उजागर किया गया था कि देहात की मासूमियत और भोलपन शहर में आकर किस तरह तबाह होते हैं। यह वाक़िई दिल को छू

---

1. एकता, 2. अनुपम, 3. प्रभावी, 4. कष्टदायक, 5. नतीजा, 6. भीषण, 7. विरोध।

लेनेवाला ड्रामा था।

'किसान' का थीम था कि इतनी मेहनतो-मशक़्क़त करने के बावुजूद किसान कितनी तक्लीफ़ें झेलता है।

'पैसा' यह बताता था कि दौलत का लालच इनसान में कैसी तब्दीलियाँ पैदा करता है।

ग़रज़ यह कि कोई भी ड्रामा ऐसा नहीं था जिसमें सिर्फ़ तफ़रीह के अलावा कुछ न हो। हर ड्रामे में तफ़रीह के साथ-साथ कोई न कोई सबक़ भी था। अफ़्सोस कि उस वक़्त किसी को यह ख़याल नहीं आया कि उन ड्रामों को रिकार्ड कर लिया जाए, ताकि ये ड्रामे आनेवाली नस्लों तक भी पहुँच सकें। वैसे भी उस वक़्त वीडियो का वुजूद ही नहीं था और न ही किसी को इन ड्रामों की अहमियत का इतना एहसास था कि उन्हें फ़िल्म की तरह शूट कर लिया जाता।

हम लोगों में यह कमज़ोरी है कि अपने आर्ट को डॉक्यूमेंट करना नहीं जानते। शायद इसीलिए ये क़ाबिले-फ़ख़्र[1] ड्रामे हमेशा के लिए महफ़ूज़ नहीं हो सके...अफ़्सोस !!!

पापा जी

पृथ्वीराज जी अपने आर्टिस्टों के साथ एक बाप या बड़े भाई का-सा बर्ताव करते थे। बहुत ही हस्सास, .ख़ुद्दार और मोहब्बत वाले इनसान थे। जब वो चार साल के थे तो उनकी वालिदा का इन्तिक़ाल हो गया था। उनके दादा ने उनको पाला था लेकिन वो माँ की मोहब्बत के लिए तरसते थे। कहते थे : "जब मैं छोटा-सा था, तो अपनी उम्र के एक लड़के के साथ जो मेरा दोस्त भी था, स्कूल छूटने के बाद बजाय अपने घर जाने के, उसके घर जाता था और दरवाज़े में खड़ा यह देखा करता था कि उसकी माँ किस तरह अपने बच्चे का स्वागत करती है, कैसे प्यार से उसका बस्ता लेती है, लिपटाकर प्यार करती है, खाने को देती है।"

मैं अब भी पृथ्वीराज जी की बात सोचती हूँ तो मेरी आँखों में आँसू आ जाते हैं। शायद यही कमी थी, जिसने उस बच्चे को इतना बड़ा आदमी बनाया, एक ऐसा हस्सास इनसान बनाया जिसके दिल में सारे हिन्दुस्तान के लिए मोहब्बत थी। पृथ्वीराज जी की ख़्वाहिश थी कि वो अपने ड्रामे हिन्दुस्तान के छोटे-से-छोटे गाँव में जाकर दिखाएँ।

मैंने सारा हिन्दुस्तान पृथ्वी थियेटर की बदौलत ही देखा। कभी-कभी एक शहर से दूसरे शहर को हम बस से जाते थे। रास्ते में रुककर कभी चाय के लिए

---

1. गर्व के योग्य।

बस रुकती तो पृथ्वीराज जी अपने आर्टिस्टों से मुख़ातिब[1] होकर कहते : ''देखो बच्चो, यह वक़्त है मुख़्तलिफ़ लोगों के कैरेक्टर की स्टडी करने का। वह देखो, वह बूढ़ी औरत किस तरह बैठी है। उसके कपड़े कैसे हैं। उसके चेहरे पर झुर्रियाँ कहाँ-कहाँ हैं। यह किस तब्क़े[2] की औरत है। ग़ौर से देखो। जब किसी ड्रामे में तुमको यह कैरेक्टर करने का मौक़ा मिलेगा तो तुम्हारा यह ऑब्जर्वेशन काम आएगा।

उन्हें आसारे-क़दीमा[3] देखने का बहुत शौक़ था। जब भी हम ऐसे किसी शहर में जाते जहाँ ऐसे पुराने खंडरात होते तो वो अपने आर्टिस्टों को लेकर वहाँ ज़रूर जाते और एक-एक पत्थर तक को बड़े ग़ौर से देखते। पटना के तमाम आसारे-क़दीमा मैंने उनके साथ देखे और बहुत कुछ सीखने को मिला।

वो बेइंतिहा रहमदिल थे। एक मर्तबा कलकत्ते में एक वर्कर को, जिसका नाम ढोंडू था, हैज़ा हो गया। पृथ्वीराज जी किसी मीटिंग में बाहर गए हुए थे। दिन के डेढ़ बजे थे। उसकी उलटियों और फ़ुज़्ले[4] से कमरा बेहद गन्दा हो गया था। हम लड़कियाँ तो मारे डर के उसके कमरे के आसपास भी नहीं जा रही थीं। जब पृथ्वीराज जी बाहर से आए तो किसी ने कह दिया कि ढोंडू को कॉलरा हो गया है। बस पापा जी बग़ैर जूते उतारे उसके कमरे की तरफ़ भागे और जाकर उसे अपने सीने से लगा लिया। ढोंडू का जिस्म ठंडा होता जा रहा था, मगर पापा जी उसे डॉक्टर के आने तक इस तरह लिपटाए रहे कि उसको उनके जिस्म की हरारत मिलती रहे। जब डॉक्टर आया तो उसने कहा : "पृथ्वीराज जी, इस शख़्स की जान सिर्फ़ आपने अपने जिस्म की गर्मी देकर बचाई है, वर्ना यह बिल्कुल ठण्डा हो गया था।"

मैं कितने ही दिन हैरत और तअज्जुब से सोचती रही कि उन्होंने वहाँ की गन्दगी का भी ख़याल नहीं किया और न ही यह सोचा कि यह बीमारी उन्हें लग जाएगी। मेरे दिल में उनके लिए इज़्ज़त और बढ़ गई।

कभी उनका खाना अलग नहीं पकता था। शो ख़त्म होने के बाद दो बजे रात को नहा-धोकर वो और अज़रा जी ज़मीन पर, जहाँ हम सब आर्टिस्ट खाना खाते थे, आकर बैठ जाते और वही खाना खाते। खाने का मंज़र भी दिलचस्पी से ख़ाली नहीं होता था। एक बड़ी-सी दरी ज़मीन पर बिछी होती। बड़ी-बड़ी देगों में खाना पकता था, पत्थर के चूल्हे होते या बड़ी-बड़ी अँगीठियाँ। एक तरफ़ मेज़ पर स्टील के बर्तन जिनमें थालियाँ, कटोरियाँ, चमचे वग़ैरह होते थे। हर आर्टिस्ट मेज़ पर से एक थाली, दो कटोरियाँ और दो-एक चमचे लेकर बावरची के पास जाता।

---

1. सम्बोधित, 2. वर्ग, 3. पुरानी इमारतों का अवशेष, 4. मल।

खाना देनेवाला दूसरा आदमी पतीलियों के पास बैठा होता। आपको जितना खाना चाहिए, थाली और कटोरियों में परोस दिया जाता। रोटी गर्म-गर्म खाई जाती। रोटी के लिए आर्टिस्टों की अजीब-अजीब आवाज़ें आतीं : ''अरे राम सिंह (रोटी पकानेवाला) मेरी रोटी ज़रा कड़क सेंकना, मेरी रोटी ज़रा फूली हुई हो।'' जो लड़का भाग- भागकर रोटी लाता, उसे डाँट भी पड़ती : "बेवक़ूफ़ ! यह रोटी है या तवा...ले जाओ, दूसरी लाओ।"

पापा जी मुस्कुराते हुए सुनते और कुछ भी न कहते।

कई बार तो यूँ भी होता कि हमारे आर्टिस्ट रिक्शा में शॉपिंग के लिए जाते और रिक्शा वाले को पैसे देने की बजाय अपने साथ बिठाकर दोपहर का खाना खिला देते। कोई नहीं पूछता था कि ये कौन हैं और इन्हें खाना क्यों दिया जा रहा है। पृथ्वी थियेटर के दस्तरख़्वान पर सबके लिए जगह निकल आती थी।

एक मर्तबा अजीब वाक़िआ हुआ। शबाना तीन साल की थी। हम लोग बनारस में बुद्ध का मन्दिर देखने गए थे। शबाना मेरे साथ थी और बाबा को जो दो महीने का था, ऐलिस लिये हुए थी। जब हम सारे आसारे-क़दीमा देख चुके तो बसों में बैठकर चल पड़े। हम कोई दस मील गए होंगे तो पृथ्वीराज जी ने पूछा कि शबाना कहाँ है ? मैंने इधर-उधर देखा तो दिखाई नहीं दी। मैं भागकर ऐलिस के पास गई जो आगे की सीट पर बैठी थी, पूछा तो वह बोली : ''मुन्नी बेबी तो आपके साथ थी।'' मेरे पैरों तले तो जैसे ज़मीन निकल गई। मैं रोने लगी। पृथ्वीराज जी ने फ़ौरन आर्डर दिया कि बस वापस ले चलो। दस मील पलटकर मन्दिर पहुँचे तो देखा, मेरी बच्ची एक बड़े से दरख़्त के नीचे अकेली खड़ी रो रही थी। मुझे उसका सहमा हुआ चेहरा आज भी याद है।

पृथ्वीराज जी की इनसान दोस्ती और रहमदिली का एक और वाक़िआ मुझे याद आता है। एक बार पूरा थियेटर तीन बसों में कश्मीर जा रहा था। पहाड़ों के पुरपेच रास्ते थे। एक जगह बस रुक गई। पता चला कि जो मज़दूर रास्ता बनाने का काम कर रहे थे उनमें से एक मज़दूर अपना बैलेन्स खो बैठा और चट्टानों पर गिरकर ज़ख़्मी हो गया है। पापा जी तड़पकर बस से नीचे उतरे। हम लड़कियों को आर्डर हुआ कि एक सीट फ़ौरन ख़ाली करो। देखा कि पृथ्वीराज जी उस ज़ख़्मी मज़दूर को जिसके सिर से ख़ून बह रहा था, दो लड़कों की मदद से उठाकर ला रहे हैं। उस मज़दूर को सीट पर लिटा दिया। हमारे साथ एक होमियोपैथ डॉक्टर भी रहता था। उसने फ़ौरन उस मज़दूर के सिर की मरहम-पट्टी कर दी और कोई दवा उसके मुँह में डाली, फिर भी मज़दूर को होश नहीं आया। पापा जी ने आर्डर दिया कि बस को वापस ले चलो, जहाँ कोई हॉस्पिटल हो वहीं

रोक देना। पृथ्वीराज जी उस मज़दूर को एक हॉस्पिटल में दाख़िल करवाके और उसके एक साथी को उसके लिए कुछ पैसे देकर ही वापस लौटे।

जब भी हम किसी शहर में जाते तो हमेशा हमारे मैनेजर ऐसी जगह ढूँढते जहाँ कम से कम सौ आदमी ठहर सकें क्योंकि हम सब आर्टिस्ट सौ से कुछ ज़्यादा ही होते थे। हमारे बिस्तर जो हम अपने साथ लेकर चलते थे, ज़मीन पर बिछाए जाते थे। पापा जी को एक कमरा मिलता जहाँ उनका बिस्तर ज़मीन पर ही लगाया जाता था। आर्गेनाइज़र घबराए हुए आते और कहते : पापा जी, आप ज़मीन पर ! हुक्म कीजिए, हम अभी आपके लिए तख़्त या पलंग का इंतिज़ाम करते हैं।'' वो मुस्कुराकर कहते : "अगर आप 99 पलंगों का इंतिज़ाम कर सकते हों तो सौवाँ पलंग मेरे लिए भी ले आएँ।"

पृथ्वी थियेटर के ड्रामों में मेरा ओरिजनल रोल कोई नहीं था। अंडरस्टडी तो मैंने सारे रोल कर लिए थे। (थियेटर में अंडरस्टडी उस अदाकार को कहते हैं जो एक ऐसा रोल तैयार करके रखे जिसे स्टेज पर कोई दूसरा अदाकार कर रहा है और ज़रूरत पड़ने पर उसकी जगह यह रोल कर सके।) लेकिन मेरा कोई अपना रोल न होने की वजह से मेरी दिलचस्पी कम होती गई। 1957 में पापा जी ने फ़ैसला किया कि 'पैसा' ड्रामे की फ़िल्म बनाएँगे, ताकि आर्टिस्टों को ज़्यादा दिन टूर पर न रहना पड़े, क्योंकि फ़ैमिली वाले आर्टिस्ट मुसलसल टूर पर रहने की वजह से घबरा गए थे। फ़िल्म शुरू हो गई। मैंने पृथ्वी थियेटर को अलविदा कह दिया लेकिन पृथ्वी थियेटर का माहौल, पृथ्वी थियेटर की यादें मेरे दिल के एक कोने में अभी तक महफ़ूज़ हैं।

ऐलीक पदमसी के ड्रामे

मैंने जब पृथ्वी थियेटर छोड़ा, उसी ज़माने में थियेटर ग्रुप, जिसके डॉयरेक्टर ऐलीक पदमसी थे (दरअस्ल उनका नाम तो अलीक़ है लेकिन दुनिया उन्हें एलीक पदमसी के नाम से जानती है और मैं भी उन्हें यही कहती हूँ), इंग्लिश ड्रामे खेला करता था। इस ग्रुप का बड़ा नाम था। एक दिन मेरी दोस्त निम्मो मेरे पास आईं और कहा : ''थियेटर ग्रुप वाले एक वन एक्ट ड्रामा खेलना चाहते हैं, डायरेक्टर अमीन सयानी हैं और ड्रामे का नाम है 'नौकरानी की तलाश'। दिलचस्प ड्रामा है। वो तुमको मर्कज़ी रोल देना चाहते हैं।'' मैं तैयार हो गई। ड्रामे में मेरा रोल ऐलीक पदमसी को बहुत पसन्द आया और उन्होंने ख़्वाहिश ज़ाहिर की कि वो हिन्दी के एक फ़ुल-लेंथ ड्रामे में मुझे लेना चाहते हैं। टैनेसी विलियम के इंग्लिश ड्रामे Glass Menagerie का हिन्दी (रूपांतर) रिफ़अत शमीम ने 'शीशों के खिलौने'

के नाम से किया था, वो ऐलीक के दोस्त भी थे। मैं तैयार हो गई। मुझे ऐलीक के डायरेक्शन में काम करके बहुत .ख़ुशी हुई। चूँकि वो .ख़ुद एक बहुत अच्छे एक्टर भी हैं, इसलिए मुझे अपने कैरेक्टर को करने में ज़्यादा मेहनत नहीं करनी पड़ी। ड्रामा कामयाब हुआ। ऐलीक ने फ़ौरन दूसरा ड्रामा तैयार करना शुरू किया। अंग्रेज़ी ड्रामे All My Sons का तर्जुमा[1] 'सारा संसार अपना परिवार' के नाम से रिफ़अत शमीम ने ही किया था। उसमें भी मुझे रोल ऑफ़र किया गया था लेकिन मुझे नौकरी की फ़िक्र थी। पहले पृथ्वी थियेटर से मुझे ढाई सौ रुपये मिलते थे लेकिन यहाँ से कोई मुआवज़ा[2] नहीं मिलता था। इतने में अख़्बार में इश्तिहार आया कि ऑल इंडिया रेडियो को चार-पाँच अनाउंसरों की ज़रूरत है। सरदार भाई से दरख़्वास्त लिखवाकर भेज दी। फ़ौरन जवाब आ गया कि इंटरव्यू के लिए आ जाइए। उस वक़्त नरेन्द्र शर्मा विविध भारती शुरू कर रहे थे। उन्होंने थियेटर ग्रुप का ड्रामा देखा था। वो मेरी सलाहियत से वाक़िफ़ थे। मैं इन्टरव्यू में कामयाब हो गई और मुझे आल इंडिया रेडियो में अनाउंसर की नौकरी मिल गई। मेरी तन्ख़्वाह 175 रुपये मुक़र्रर हुई, क्योंकि मैं ड्रामे में भी काम करती थी। वर्ना उस ज़माने में अनाउंसर की तनख्वाह सिर्फ़ डेढ़ सौ रुपये थी। मेरे साथ सुष्मा आनन्द और दो लड़के लिए गए थे। विविध भारती का पहला प्रोग्राम 'मन चाहे गीत' मेरी आवाज़ में ब्रॉडकास्ट हुआ था। शुरू-शुरू में गीतकार और म्यूज़िक डायरेक्टर के नाम अनाउन्स् नहीं किए जाते थे। मैंने एक मीटिंग में नरेन्द्र शर्मा और स्टेशन डायरेक्टर मलिक साहिब से दरख़्वास्त की कि जब हम गाने पेश करें तो राइटर और म्यूज़िक डायरेक्टर का नाम भी अनाउन्स् करें। वो मान गए। तब से रेडियो पर गीतकार और म्यूज़िक डायरेक्टर के नाम बताए जाने लगे। जिससे साहिर लुधियानवी बहुत .ख़ुश हुए, क्योंकि उन दिनों साहिर फ़िल्मों में ज़्यादा गाने लिख रहे थे।

त्रिवेणी रंगमंच

एक दिन सज्जन मेरे घर आए और कहने लगे : "मैंने एक थियेटर ग्रुप शुरू किया है जिसका नाम है 'त्रिवेणी रंगमंच'। उसका पहला ड्रामा मैंने लिखा है 'पगली'। उसमें छह कैरेक्टर हैं, जिसमें एक लड़की का है और यही इसका मर्कज़ी किर्दार है। इसको सिवाय आपके और कोई नहीं निभा सकता। इस ड्रामे को महाराष्ट्र स्टेट ड्रामा कॉम्पिटीशन के लिए तैयार करना है।" मैंने पूछा, "वक़्त कितना है ? कहने लगे, "बहुत कम, स्क्रिप्ट तो आपको एक महीने पहले मिल जाएगी

1. अनुवाद, 2. पारिश्रमिक।

लेकिन रिहर्सल सिर्फ़ सात दिनों की होगी क्योंकि इसमें सब फ़िल्म के लोग काम कर रहे हैं और उनके पास रिहर्सल के लिए ज़्यादा वक़्त नहीं है।'' इस ड्रामे में एक किर्दार फ़िल्म के मशहूर एक्टर आग़ा ने भी किया था।

'पगली' में मेरा किर्दार इन्तिहाई मुश्किल था। उसको निभाने में कैफ़ी ने भी मेरी बहुत मदद की। सुबह चाय पीते वक़्त वो मुझे ड्रामे के मुकालमे याद करवाते थे। रोल बहुत बड़ा था और मुझे 'पगली' बनना था। मैंने सारे घर को परेशान करके रख दिया था। एक दिन मैं तख़्त पर चढ़ गई और ज़ोर-ज़ोर से डायलॉग बोलने लगी : ''उठो गिरे वो बम के गोले...लो अपने हथियार हथौड़े...।'' मेरा बावरची जो खाना पका रहा था, समझा कि मैं सचमुच पागल हो गई हूँ और सिर पर पैर रखकर घर से भागा। मैं हँस पड़ी। उसे जाकर बुला लाई, समझाया, ''भाई, यह सब ड्रामे की तैयारी है। मैं पागल नहीं हूँ।'' उस वक़्त शबाना दस साल की थी। एक दिन वह समझी कि मेरी माँ सचमुच पागल हो गई है। वह दौड़कर कैफ़ी के कमरे में गई और रोते हुए कहने लगी, ''अब्बा, मम्मी पागल हो गई हैं।'' कैफ़ी लिखने में मसरूफ़ थे। उन्होंने अपना क़लम बन्द किया और शबाना का हाथ पकड़कर उसे जूहू बीच पर ले गए। बहुत प्यार से समझाया : ''बेटे मम्मी पागल नहीं हुई हैं, वो अपने ड्रामे की तैयारी कर रही हैं। डरने या शर्मिंदा होने की बजाय तुम्हें तो फ़ख़्र करना चाहिए, कि तुम्हारी मम्मी अपने काम को इतना सीरियसली लेती हैं। हम सबको तो उनकी मदद करनी चाहिए ताकि उन्हें बेस्ट एक्ट्रेस का इन्आम मिले।'' ड्रामा हुआ...और बहुत कामयाब हुआ। महाराष्ट्र स्टेट ड्रामा कॉम्पिटीशन में ड्रामे को फ़र्स्ट प्राइज़ और मुझे बेस्ट एक्ट्रेस का एवार्ड मिला।

अब मैं सज्जन के ड्रामों में बाक़ाइदा काम करने लगी। वहाँ हर शो के पचास रुपये मिलते थे। एक दिन मैं सज्जन के साथ टूर पर जा रही थी। मेरे पास एक पैसा भी नहीं था। मैंने कैफ़ी से माँगे। उन बेचारे के पास भी पैसे नहीं थे। मैं चिड़ गई, ''जब भी मैं बाहर जाती हूँ, मुझे ख़ाली हाथ ही जाना पड़ता है। तुम्हारे पास कभी पैसे नहीं रहते। मेरी चप्पल भी टूटी हुई है।'' ग़रज़ यह कि मैं चिड़-चिड़ करती ट्रेन में बैठ गई। स्टेशन पर कैफ़ी मुझे छोड़ने के लिए आए थे। मुझसे कहने लगे : "अपनी चप्पल दो, अभी टकवाकर ले आता हूँ।" मैंने दे दी। मेरी चप्पल अपनी सफ़ेद ढीली आस्तीन में छुपाकर ले गए और थोड़ी देर में उसी तरह अपनी आस्तीन में छुपाकर ले आए। मुझे उन पर प्यार आ गया। मैंने कहा : "सॉरी, जो मैंने चिड़चिड़ की।" उन्होंने चुपके से पचास रुपये भी निकालकर दिए। मैं ख़ुशी से हँस पड़ी, ''अरे वाह, यह तो और भी अच्छी बात हुई। कहाँ से

लाए ?" कैफ़ी ने कहा, "अब यह न पूछो, गाड़ी चलनेवाली है।" चप्पल पहनकर मैंने उनके हाथ को प्यार कर लिया और गाड़ी चल पड़ी।

शो के बाद सज्जन से मैंने अपने पचास रुपए माँगे तो उन्होंने कहा : "आपके पैसे तो कैफ़ी साहब ले गए।" मैं हँस पड़ी, थोड़ा गुस्सा भी आया फिर सोचा, बेचारे कैफ़ी को अपने प्रोड्यूसर से पैसे नहीं मिले होंगे। आख़िर क्या करते। ज़िन्दगी इसी तरह चलती रही।

इपटा को चूँकि मैंने फिर से ज्वाइन कर लिया था इसलिए त्रिवेणी रंगमंच को ज़्यादा वक़्त नहीं दे पा रही थी। और फिर कुछ वुजूह[1] की बिना पर सज्जन ने त्रिवेणी रंगमंच बन्द कर दिया।

इपटा में संजीव कुमार

जैसे-जैसे कम्यूनिस्ट पार्टी के जनरल सेक्रेटरी बदलते गए, पार्टी की पॉलिसी भी बदलती गई। 1950 में हंगल साहिब पाकिस्तान से हिन्दुस्तान आ गए थे। हंगल साहिब और आर.एम. सिंह साहिब दोनों ही पार्टी मेम्बर थे, उन्होंने मिलकर इपटा को सँभाल लिया। एक ड्रामा खेला, 'इनआमदार'। ये ड्रामा हिट हुआ। 1957 में हंगल साहिब ने 'डमरू' नाम का एक ड्रामा डायरेक्ट किया। उन दिनों एक नौजवान लड़का जिसका नाम हरिहर जरीवाला था, बहुत पाबंदी से इपटा आया करता था। बाईस-तेईस साल की उम्र रही होगी। ड्रामों से बेहद दिलचस्पी थी। उसका पाबंदी से आना हंगल साहिब को भा गया। उन्होंने 'डमरू' में हरिहर जरीवाला को मेन रोल के लिए चुन लिया। उस कैरेक्टर की उम्र साठ साल की थी जो बैंक में मुलाज़िम था। उसकी बीवी का रोल मुझे दिया गया। उस वक़्त तक मैं एक मशहूर एक्ट्रेस हो चुकी थी। मैं ऐलीक पदमसी के ड्रामों में भी काम किया करती थी और इपटा में भी। मैंने उस लड़के को देखा और हंगल साहिब से कहा : "आपने इतने अहम रोल के लिए इतने यंग और नातजर्बेकार लड़के को ले लिया ? क्या वह यह रोल निभा सकेगा ?" हंगल साहिब ने कहा : "शौकत जी, यह लड़का बहुत ही पाबंदी से आया करता है। हम कोशिश तो कर सकते हैं।" मेरे कैरेक्टर की उम्र पचास साल थी। एक औरत जो ज़्यादा बच्चों की वजह से सठिया गई थी। जब रिहर्सल शुरू हुई तो मैं हैरान रह गई कि इतनी बड़ी उम्र के आदमी का रोल वह लड़का किस ख़ूबी से अदा कर रहा था। जब ड्रामा स्टेज हुआ तो लोग मुझे भूल गए, सब हरिहर जरीवाला के मुकालमे[2] दोहराते रहते... उसका एक मुकालमा था, "मेहनत करो भाई मेहनत, तभी आगे बढ़ोगे, तभी

1. वजह का बहु., 2. संवाद।

तरक़्क़ी होगी, आदमी बन जाओगे आदमी।" उसका मेकअप और मेनरइज़्म (mannerism) इस क़दर सही था कि मैं हैरान रह गई। वह कहीं से भी तेईस साल का नौजवान नहीं लगता था। फिर तो सभी राइटर, डायरेक्टर उस लड़के के दीवाने हो गए। हर ड्रामे में उसी को कास्ट किया जाता। विश्वामित्र आदिल उसकी इस सलाहियत से इस क़दर मुतअस्सिर हुए कि उसे फ़िल्मों में ले गए। हर डायरेक्टर से उसे मुतआरिफ़[1] करवाया। बी क्लास की फ़िल्मों से उसने अपने फ़िल्मी कैरियर का आग़ाज़[2] किया और बड़े बैनर की फ़िल्मों तक पहुँच गया। दुनिया उस हरिहर जरीवाला को संजीव कुमार के नाम से जानती है और उसे सफ़े-अव्वल[3] का अदाकार तस्लीम[4] किया जाता है। अफ़्सोस कि बहुत कमउम्री में ही उसका इन्तिक़ाल हो गया।

इपटा में मेरे रोल

विश्वामित्र आदिल, हमारे बहुत अच्छे दोस्त थे। मेरी छोटी आपा जान की ननद ज़किया के शौहर थे। इपटा के प्रेज़ीडेंट भी थे और फ़िल्मों में स्क्रिप्ट लिखते थे। उन्होंने ज़ुलवेलानी के अंग्रेज़ी ड्रामे 'No other way' का इंतिहाई ख़ूबसूरत तर्जुमा 'अफ़्रीक़ा जवान परेशान' के नाम से किया था। ड्रामा अफ़्रीक़ा के बैकग्राउंड में अंग्रेज़ों के ख़िलाफ़ था। आदिल ने मुझसे कहा : "वह ड्रामा तुम्हारा इन्तिज़ार कर रहा है। माँ का रोल बहुत ज़बरदस्त है। आर.एम. सिंह साहिब डायरेक्ट कर रहे हैं।" यह नाम सुनकर मैं ख़ुश हो गई। वो बहुत अच्छे डायरेक्टर थे।

बड़े ज़ोर-शोर से रिहर्सल शुरू हो गई। मुझे अपना रोल बेहद पसन्द आया और मैंने जी-जान से मेहनत शुरू कर दी। मैं के.ए. अब्बास से माँग के अपनी रिसर्च के लिए अफ़्रीक़ा पे किताबें ले आई। एक तस्वीर में कुँए के पास बैठी हुई एक औरत मुझे नज़र आई। चेहरा बारोब लेकिन दर्दमन्द। मैं अपने मुँह पे काला मेकअप लगाकर, आईने के सामने जाकर बैठ गई। पूरा कैरेक्टर मेरे सामने ज़िन्दा हो गया। जब मैं उठी, तो चाल मेरी नहीं, उस कैरेक्टर की थी, जब मैंने अपने डायलॉग बोले, तो आवाज़ मेरी नहीं उस कैरेक्टर की भारी भरकम आवाज़ थी। मैंने पूरी तरह अपने आपको उस कैरेक्टर में ढाल लिया। एक रोल को ज़िन्दा करने में उतनी ही मेहनत लगती है, जितनी एक बच्चे को जन्म देने में।

पहले शो के बाद कुछ लोग मेरे मेकअप रूम में घुस आए और कहने लगे, "क्या आप अफ़्रीक़ा से आई हैं ? आपकी चाल-ढाल, आवाज़ बिल्कुल अफ़्रीक़ी लगती है। ब्लिट्ज़ में अनवर अज़ीम ने पूरा एक सफ़्हा[5] मेरी तारीफ़ में लिखा।

1. परिचित, 2. प्रारम्भ, 3. प्रथम पंक्ति, 4. स्वीकार, 5. पृष्ठ।

'अफ़्रीक़ा जवान परेशान' से मुझे बेहद शुहरत मिली। इस ड्रामे में हंगल साहिब मेरे ससुर का रोल अदा कर रहे थे। इसके बाद इपटा के तमाम मर्कज़ी रोल मुझे और हंगल साहिब को ही मिलते।

'तन्हाई' सागर सरहदी का लिखा हुआ ड्रामा था। मुझे उसमें रिटायर्ड ऐक्ट्रेस का रोल मिला जो मर्कज़ी किर्दार था। ड्रामे को रमेश तलवार ने डायरेक्ट किया और वह बहुत कामयाब रहा।

'आख़िरी सवाल' में मैंने डॉक्टर मुक्ता का रोल किया, जिसकी जवान बेटी को कैंसर हो जाता है और वह उसे अपनी आँखों के सामने मरता हुआ देखती है। मेरे लिए यह ड्रामा करना इंतिहाई तकलीफ़देह था क्योंकि यह रोल करते हुए मुझे हमेशा अपनी बेटी शबाना का ख़याल आता था। मैं बीमार पड़ गई। पृथ्वीराज जी ने सिखाया था कि जब कोई रोल करो तो उसमें इस तरह समा जाओ कि कोई तुम्हारा दिल भी चीरकर देखे तो उसी तरह धड़कता मिले जैसे उस किर्दार के दिल को धड़कना चाहिए। शायद ये सबक़ मुझे बहुत भारी पड़ा। मेरी हालत देखके कैफ़ी ने रमेश तलवार को बुलाकर कहा, "मेरी बीवी को बख़्श दो।" तो रमेश ने ड्रामा बंद कर दिया। कई बरसों तक मैं नया प्ले करने की हिम्मत नहीं कर सकी। इससे पहले मैं 'इलैक्शन का टिकट,' 'आज़र का ख़्वाब,' में काम कर चुकी थी। 1983 में मैंने Enter A Freeman किया जिसका तर्जुमा और डायरेक्शन दोनों रंजीत कपूर ने किया था। सतीश कौशिक ने (जो मुझसे उम्र में बहुत छोटा है) मेरे शौहर का रोल बख़ूबी निभाया था। यह मेरा आख़िरी ड्रामा था।

मेरी फ़िल्में

1970-71 के आसपास इपटा के साथियों ने सोचा कि एक फ़िल्म बनाई जाए और बैनर का नाम रखा गया थ्री एम.एम.। इस्मत आपा की एक कहानी ली गई। सब साथियों ने सुनी जिनमें मैं, एम.एस. सथ्यू, शमा ज़ैदी, कैफ़ी और ईशान आर्य शामिल थे। उसे फ़ाइनांस के लिए फ़िल्म फ़ाइनांस कार्पोरेशन को भेजा गया। एफ़.एफ़.सी. को कहानी पसन्द नहीं आई और उन्होंने फ़ाइनांस करने से इन्कार कर दिया। फिर कैफ़ी से दरख़्वास्त की गई कि स्क्रिप्ट लिखें। कैफ़ी तीन-चार दिन में ही नई स्क्रिप्ट लिखकर ले आए। सबको बेहद पसन्द आई और एफ़.एफ़. सी. फ़ाइनांस करने पर राज़ी हो गई। सथ्यू डायरेक्टर बने, ईशान कैमरा मैन और अबू शीवानी प्रोड्यूसर। कास्टिंग शुरू हुई। मर्कज़ी रोल के लिए बलराज साहनी के पास मैं और कैफ़ी गए। उन्होंने ग़ौर से कहानी सुनी। कहने लगे : "क्या आप सबको उम्मीद है कि यह मुस्लिम कैरेक्टर मैं कर सकूँगा ?" मैंने उनकी ख़ूब तारीफ़ की और कहा : "जब आप 'दो बीघा ज़मीन' में एक मजबूर किसान का और 'काबुलीवाला' में पठान का रोल इतना अच्छा कर सकते हैं तो यह रोल उनके मुक़ाबले में बहुत आसान है।" बड़ी मुश्किल से वो राज़ी हुए। अपने कैरेक्टर की तह तक पहुँचने के लिए वो भिवंडी में एक मुस्लिम कॉमरेड के घर में कई दिन तक रहे। उस कॉमरेड के वालिद का बग़ौर मशाहदा करते रहे कि वो किस तरह वुज़ू करते हैं और किस तरह नमाज़ पढ़ते हैं वग़ैरह-वग़ैरह। शूटिंग शुरू होने से कई दिन पहले वो अपने कैरेक्टर में आ गए थे।

आगरे में शूटिंग एक घर में शुरू हुई। शूटिंग का माहौल बहुत दिलचस्प था। इपटा के सब लोग बलराज साहनी समेत एक जगह जमा हो गए थे। सेट पर बिल्कुल घर जैसा माहौल था। सथ्यू चाहते थे कि बिल्कुल रियलिस्टिक फिल्म बने, मेलोड्रामा के बग़ैर। कैफ़ी ने इतने नेचुरल सीन लिखे थे कि पता ही नहीं चलता था कि मैं डायलॉग बोल रही हूँ। कैफ़ी ने अपने और शबाना के रिश्ते को सामने रखकर बलराज साहनी और फ़िल्म में उनकी बेटी गीता हट्टनगड़ी के सीन लिखे थे। फ़िल्म में गीता और फ़ारूक़ शैख़ भाई-बहन बने थे। उनके सीन को देखकर

मुझे महसूस होता था कि वो बिल्कुल बाबा और शबाना के बीच हो रहे हैं। मुझे अपने कैरेक्टर पर कुछ ख़ास मेहनत नहीं करनी पड़ी क्योंकि मैंने अपनी माँ के किर्दार को कॉपी किया था। सिर्फ़ बेटी की मौत पर कफ़न फाड़ने का जो सीन था, उसने मुझे झंझोड़कर रख दिया था।

मैंने कैफ़ी को अपनी माँ का क़िस्सा कभी सुनाया था। अब्बाजान पेंशन के बाद अपने आबाई वतन लोहारी आ गए थे। लोहारी में उनका तीन मंज़िला घर था। बरसों पहले अम्माँ जान उसी घर में दुल्हन बनके आई थीं लेकिन अब वहाँ अब्बाजान की बहन रहती थीं। अब्बाजान ने साफ़ कह दिया था कि वो अपनी बहन से घर छोड़ने को नहीं कहेंगे। चुनाँचे अम्माँ जान को क़रीब के एक कच्चे घर में रहना पड़ा। अपने आख़िरी वक़्त में उन्होंने अब्बाजान से कहा था : "जब तक मैं अपने घर में नहीं जाऊँगी, चैन से नहीं मर सकूँगी। एक बार मुझे वहाँ ले चलो।" भाईजान उन्हें अपनी गोद में उठाकर उस कमरे में ले गए जहाँ बरसों पहले उनकी डोली आई थी और वहीं अम्माँ जान ने दम तोड़ दिया। यह क़िस्सा कैफ़ी ने 'गर्म हवा' में तक़रीबन ज्यों का त्यों डाल दिया था।

'गर्म हवा' को बहुत सारे एवार्ड मिले। कैफ़ी को नेशनल एवार्ड मिला और तीन फ़िल्मफ़ेयर एवार्ड भी। सब लोग मानते हैं कि हिन्दुस्तान के बटवारे पर इससे बेहतर फ़िल्म आज तक नहीं बनी।

ईशान आर्य बहुत दिलचस्प लड़का था। ईशान दरअसल मेरी बड़ी आपाजान लियाक़त ख़ानम का बेटा है। शूटिंग के दौरान ख़ूब लतीफ़े सुनाता और सबको हँसाता रहता था। वो अपने काम में जीनिअस था। उसी ने सबसे पहले आउटडोर शूटिंग करने के लिए रिफ़्लेक्टर का इस्तेमाल करने की बजाय एक सफ़ेद चादर का इस्तेमाल किया जिसकी रौशनी से आर्टिस्टों की आँखें चुंधियाती नहीं थीं बल्कि आर्टिस्ट बहुत इत्मीनान से अपना काम कर सकते थे। इस टेकनीक का इस्तेमाल ईशान से पहले किसी ने नहीं किया था। आज सब इसी टेकनीक का इस्तेमाल करते हैं। फ़िल्म का बजट बहुत कम था। बेचारे कैमरामैन के पास सिर्फ़ पाँच लाइटें थीं। सबसे ज़्यादा तक्लीफ़देह बात यह थी कि डबिंग के डायलॉग रिकार्ड करने के लिए ज़रूरी आलात नहीं थे। जब डबिंग का वक़्त आया तो साउंडट्रैक न होने की वजह से बहुत तक्लीफ़ हुई, यानी फ़िल्म तो थी आवाज़ नहीं थी। फिर हम सब अदाकारों को अपने होंटों की जुंबिश के मुताबिक डबिंग करनी पड़ी। ख़ुशक़िस्मती से डबिंग इतनी सही और अच्छी हुई कि किसी देखनेवाले को अन्दाज़ा भी नहीं हो सकता कि यह काम किस मुसीबत से हुआ है। बदक़िस्मती से बलराज साहनी जो इस फ़िल्म से बहुत ख़ुश और मुतअस्सिर थे, इसे न देख सके। डबिंग मुकम्मल होते ही दूसरे

दिन उन्हें दिल का दौरा पड़ा और वो ख़त्म हो गए। बलराज साहनी ने शूटिंग के दौरान एक दिन की भी छुट्टी नहीं ली और न दूसरी शूटिंग के लिए कहीं गए। चार महीनों तक वो इन्तिहाई लगन और मेहनत से काम करते रहे। अक्सर वो हँसकर डायरेक्टर सथ्यू के बारे में कहा करते थे कि इस फ़िल्म के रिलीज़ होने के बाद सत्यजीत रे को भी डाढ़ी रखनी पड़ेगी (क्योंकि सथ्यू की डाढ़ी थी)।

इसके बाद मुज़फ़्फ़र अली ने मुझे 'उमराव जान' में ख़ानम का रोल ऑफ़र किया। मैं उमराव की माँ का रोल करना चाहती थी लेकिन सुभाषिणी ने (जो उस वक़्त मुज़फ़्फ़र की बीवी थी) मुझे क़ाइल किया कि ख़ानम का रोल ही मेरे लिए सही है क्योंकि उमराव की माँ एक कमज़ोर और मज़्लूम[1] किर्दार है जबकि ख़ानम एक मज़्बूत और बावक़ार[2] औरत, यह रोल मुझ पर ज़्यादा सजेगा। शुक्र है कि मैंने सुभाषिणी की बात मान ली। ख़ानम के रोल में मेरे काम की तारीफ़ लोग आज भी करते हैं। कैफ़ी ने फ़िल्म देखकर सुभाषिणी से कहा : ''शौकत ने ख़ानम के रोल में जिस तरह हक़ीक़त का रंग भरा है, अगर शादी से पहले मैंने इनकी अदाकारी का यह अन्दाज़ देखा होता तो इनका शजरा[3] मँगवाकर देखता कि आख़िर सिलसिला क्या है !''

एक दिन सुबह-सुबह, मीरा नायर फ़ोन करके मेरे घर 'जानकी कुटीर' आई। कहने लगी : "शौकत आपा, मैं एक फ़िल्म बना रही हूँ जिसका नाम है 'सलाम बाम्बे'। मैं चाहती हूँ कि आप उस फ़िल्म में काम करें।'' मैंने कोई दिलचस्पी नहीं दिखाई। बेदिली से पूछा, ''क्या फ़िल्म है ?'' उसने तफ़्सील से फ़िल्म की कहानी सुनाई और बताया : ''यह फ़िल्म कमाटीपुरा की तवाइफ़ों के माहौल पर बन रही है। आपका रोल घर वाली का है।'' मैंने पूछा, ''घर वाली कौन ?'' तो उसने बताया : ''जो औरत लड़कियों से पेशा करवाती है उसे घर वाली कहते हैं।'' मैं चौंक गई, "घर वाली का रोल...! इस कैरेक्टर को तो मैंने आज तक देखा भी नहीं।" अन्दर से शबाना की आवाज़ आई : "मम्मी इनकी पिक्चर ज़रूर कीजिए। यह अच्छी डायरेक्टर हैं।" मैंने मीरा से पूछा : ''इससे पहले आपने कोई फ़िल्म बनाई है ?'' उसने तफ़्सील से बताया : ''कैबरे डांसरों पर एक डॉक्यूमेंट्री बनाई है। उसके कैसेट मैं आपको दूँगी, ज़रूर देखिएगा। मैंने उनके घरों में जाकर शूटिंग की है। शूटिंग में बड़ी दिक़्क़तें पेश आईं। पुलिस ने भी काफ़ी परेशान किया लेकिन हम पिक्चर बना ले गए।'' मुझे कुछ-कुछ दिलचस्पी होने लगी। मैंने पूछा, ''आपने यह कैसे सोच लिया कि यह रोल मैं कर सकती हूँ। उसने कहा : "मैंने आपकी 'गर्म हवा' देखी है।'' मैंने हैरत से पूछा : "गर्म हवा...! मैंने तो उसमें

1. पीड़ित, 2. प्रतिष्ठित, 3. वंशावली।

ऐसा कोई रोल नहीं किया...'' वह हँस दी और कहा : "मैंने महसूस किया कि आप कैरेक्टर को ज़्यादा अहमियत देती हैं, अपने आपको नहीं।'' मैंने पूछा : ''मगर यह तो बताइए कि मैंने जिस कैरेक्टर को देखा तक नहीं, मैं वह कैरेक्टर कैसे कर सकती हूँ ?'' मीरा ने जवाब दिया : "मैं आपको उस माहौल में ले जाऊँगी और सबसे मिलाऊँगी। मैं डेढ़ साल से वहाँ काम कर रही हूँ। बीस-पच्चीस बच्चों का वर्कशॉप भी चलाया है। वो लोग बहुत अच्छे हैं।"

''अच्छा तो कल चार बजे आप आइए तो मैं आपके साथ चलूँगी।'' मैंने कहा।

दूसरे दिन मैं उसके साथ कमाटीपुरा गई, जो बम्बई का मशहूर रेडलाइट एरिया है। मेरी नज़रें अपने कैरेक्टर को ढूँढ रही थीं। एक दरख़्त के नीचे वह कैरेक्टर मुझे मिल गया। एक अधेड़ उम्र की औरत अपने किसी मर्द दोस्त के साथ रमी खेल रही थी। मैं ग़ौर से उसे देखती रही। फिर क़रीब बैठकर उससे बात भी की। उसका हाथ जला हुआ था जिसे वह छुपाने की कोशिश कर रही थी। मैंने चारों तरफ़ देखा, सारी फ़िज़ा कुछ घिनावनी-सी थी। माहौल इस क़दर गन्दा था कि मुझे मतली-सी होने लगी। मैं उठ गई और घर आ गई। यह रोल मेरे लिए चैलेंजिंग था इसलिए मैं उसे करने के लिए तैयार हो गई। चार-पाँच दिन मुसलसल मैं मीरा के साथ वहाँ जाती रही। तब कहीं मैं अपने आपको पूरी तरह उस कैरेक्टर में ढाल सकी। मीरा नायर ने शूटिंग के दौरान मेकअप के लिए क़रीब के एक छोटे-से होटल में दो कमरे मेकअप रूम्ज़ के लिए किराए पर ले लिए थे। पहले दिन जब मैं मेकअप करके आई तो लोग मुझे पहचान नहीं सके। मेरे पहले शॉट से ही मीरा ख़ुश हो गई।

जल्द ही मैंने कमाटीपुरा के उस माहौल को पूरी तरह समझ लिया और फिर मुझे उस घरवाली का कैरेक्टर बहुत दिलचस्प लगने लगा। मुझे अपनी कामयाबी का एहसास उस दिन हुआ जिस दिन वहाँ की लड़कियों ने हँसते हुए कहा : ''बाप रे...कौन कहता है कि यह शबाना की माँ है। यह तो सचमुच घरवाली है। कैसे बड़ी-बड़ी आँख करके हमें देखती है।''

यह फ़िल्म कामयाब हुई और न्यूयार्क में पच्चीस हफ़्ते चली।

इसके अलावा मैंने कई और फ़िल्मों में भी काम किया जैसे 'बाज़ार,' 'अंजुमन' वग़ैरह। आर्ट फ़िल्मों के तमाम प्रोड्यूसर, डायरेक्टर तो अच्छी तरह जानते थे कि मैं स्टेज की बड़ी ऐक्ट्रेस हूँ और मुझे पूरी इज़्ज़त देते थे। अलबत्ता कुछ कमर्शल फ़िल्मों की शूटिंग के दौरान, जो मैंने सिर्फ़ पैसों की ख़ातिर की थीं, मुझे अजीब तजर्बे हुए। लेख टंडन एक फ़िल्म 'रोमियो' बना रहे थे जिसमें शम्मी कपूर हीरो

था। उसमें मेरा भी एक छोटा-सा रोल था। शूटिंग के लिए जब मैं स्टूडियो पहुँची तो पता चला कि मुझे मेकअप मर्दों के मेकअप रूम में करना पड़ेगा। मैंने कोई एतिराज़ नहीं किया। मेकअप करके चुपचाप सेट पर चली गई। जब पहला शॉट दिया तो सेट पर सब चौंक गए। लंच ब्रेक के दौरान रणधीर कपूर, जो राजकपूर का बड़ा बेटा है, उन दिनों लेख टंडन का असिस्टेंट था, उसको पता चला कि मेरा मेकअप रूम मर्दों के कमरे में है तो वह बहुत नाराज़ हुआ और उसने फ़ौरन मेरे लिए एक अलग मेकअप रूम का इंतिज़ाम कर दिया। मुझे अपने काम पर हमेशा एतिमाद रहा है और मैंने हमेशा यही चाहा कि लोग मुझे इज़्ज़त दें तो मेरे काम की वजह से।

अपनी कमर्शल फ़िल्मों में मेरी पसन्दीदा फ़िल्म 'हीर रांझा' है।

रेड फ़्लैग हॉल से जुहू तक

1959 में हमको रेड फ़्लैग हॉल छोड़ना पड़ा। रेड फ़्लैग हॉल हरकिशन दास हॉस्पिटल का हिस्सा था और हॉस्पिटल को उस जगह की ज़रूरत थी। कैफ़ी बेचारे घर की तलाश में मारे-मारे फिरे। चूँकि मक़्बूल शायर थे, इसलिए तरह-तरह के लोगों से मुलाक़ात होती रहती थी। .खुशक़िस्मती से उनके जानने वालों में एक साहिब बिरला के दामाद थे। उनके ज़रीए कैफ़ी को जानकी कुटीर में एक कॉटेजनुमा घर मिल गया। किराया दो सौ पच्चीस रुपए था। विश्वामित्र आदिल हमारे घर के बिल्कुल क़रीब एक दूसरे कॉटेज में रहते थे।

रेड फ़्लैग हॉल से जानकी कुटीर तक

शादी के बारह साल बाद पहली बार मुझे सचमुच का घर मिला था, जिसमें दो कमरे थे और पहली बार अलग किचन भी। मैं .खुशी से खिल उठी। सामने लॉन भी था, जिससे कैफ़ी भी बहुत .खुश थे। हम दोनों .खुश तो बहुत थे, लेकिन सच यह है कि उस घर में न तो कोई प्राइवेसी (privacy) थी और न ही मेहमानों के लिए बैठने की जगह। हम दोनों ही घर को आरामदेह बनाना चाहते थे लेकिन यह काम कैसे हो, इस बात पर हमेशा बहस होती थी। मैं कुछ कहती थी और वो कुछ। कैफ़ी के मश्वरों को मैं बेतुका समझती थी और वो मेरे मश्वरों को। आख़िर हमने समझौता कर लिया। चूँकि कैफ़ी को बाग़बानी का बहुत शौक़ था तो फूल-पौधे वो अपनी मर्ज़ी से लगाएँगे, घर का डेकोरेशन मैं करूँगी और हम दोनों एक-दूसरे के मुआमलों में क़तई दख़्ल नहीं देंगे।

मैंने एक बरामदा बनाया जिस पर खपरैल की छत डलवाई। तीन फ़ुट ऊँची

दीवार बनवाई। उस पर प्लास्टर लगाने के पैसे नहीं थे तो मैंने उसकी ईंटें वैसी ही छोड़ दीं लेकिन प्लास्टर के बग़ैर दीवार अच्छी नहीं लग रही थी। मैं कैफ़ी को साथ लेकर, जुहू बीच से बहुत सारी सीपियाँ और छोटे-छोटे पत्थर चुनकर ले आई। अपने हाथों से मैंने उन्हें ईंटों के बीच जड़ दिया। वह दीवार इतनी ख़ूबसूरत लगने लगी कि आज तक मैंने उस पर प्लास्टर नहीं लगवाया है।

जैसे-जैसे पैसे आते गए, मैं घर को और सजाती गई। लेकिन सहीह मा'नों में 25, जानकी कुटीर इसलिए ख़ूबसूरत है कि वह हमेशा Open House रहा। इपटा के तमाम लोग, कैफ़ी के साथ काम करनेवाले मदनपुरा के वर्कर, छोटे-बड़े शुअ'रा, शबाना के फ़िल्म इंस्टीट्यूट के स्ट्रगलर्स, सबके लिए जानकी कुटीर एक अड्डा था। कभी-कभी कैफ़ी मुझे शाम के चार बजे, सिर खुजाते हुए, बताते कि उन्होंने कुछ लोगों को रात के खाने पर बुला लिया है। मैं पूछती, कितने लोग ? तो धीमी आवाज़ में कहते, "यही कोई दस-पंद्रह।" मैं कहती, "हाय कैफ़ी तुमने मुझे सुबह क्यों नहीं बताया ? कम-अज़-कम मैं ठीक से इंतिज़ाम कर लेती।" जवाब मिलता, "मैं डर रहा था कि कहीं तुम नाराज़ न हो जाओ।" मैं सिर पीट लेती लेकिन फिर जैसे-तैसे इंतिज़ाम कर देती। कभी खाना कम नहीं पड़ा।

हमारे घर में सब तेहवार मसूलन ईद, दीवाली, होली, क्रिसमस बड़ी धूमधाम से मनाए जाते थे। मुझे तेहवार बहुत अच्छे लगते हैं। मैं समझती हूँ कि हिन्दुस्तान मग़रिबी मुल्कों से ज़्यादा ख़ूबसूरत इसलिए भी है कि मग़रिब में इतने सारे और इतने हसीन तेहवार नहीं हैं।

हम 15 सितम्बर, 1959 को जानकी कुटीर जुहू मुंतक़िल हुए थे तो उसके तीन दिन बाद यानी 18 सितम्बर को शबाना की नवीं सालगिरह मनाई गई थी। मेरा बेटा बाबा छह साल का था। जुहू आके बच्चों का स्कूल जाना एक मसअला बन गया। शबाना का स्कूल जुहू से 14 किलोमीटर दूर था। अब नौ साल की बच्ची जुहू से बस में सांताक्रुज़ स्टेशन, वहाँ से लोकल ट्रेन में ग्रांट रोड स्टेशन और स्टेशन से पंद्रह मिनट पैदल चलकर Queen Mary's High School कैसे पहुँचती ? स्कूल तो जुहू के आसपास भी थे लेकिन शबाना अपना स्कूल छोड़ने के लिए तैयार नहीं थी। शबाना और ऐलिस के लिए मैंने लोकल ट्रेन के पास बनवा दिए। ऐलिस तीन महीने तक शबाना को स्कूल लाती-ले जाती रही। तीन महीनों में ही नौ बरस की शबाना इतनी independent हो गई कि वह अकेले ही स्कूल जाने लगी। जब मेरी बहन क़मर को, जो उस वक़्त नाइजीरिया में रहती थी, इस बात का पता चला तो उसने मुझे ख़त लिखा : "आप बड़ी ज़ालिम माँ हैं जो इतनी छोटी बच्ची को इतनी दूर अकेले स्कूल भेजती हैं।" शबाना के स्कूल

से लौटने का वक़्त शाम छह बजे था। मैं ठीक छह बजे लॉन में बैठकर उसका इंतिज़ार करती थी। अगर किसी दिन उसे पाँच-दस मिनट की देर हो जाती तो मेरे पैर काँपने लगते थे। मैं हज़ारों दुआएँ और मन्नतें माँगने लगती थी कि ख़ुदा मेरी बच्ची को बख़ैरो-आफ़ियत घर तक पहुँचा दे। शुक्र है मेरी दुआ हमेशा क़बूल हुई।

बाबा बहुत छोटा था। उसका स्कूल Hill Grange पेडर रोड के इलाक़े में था। उसकी स्कूल बस जुहू तक नहीं आती थी, इसलिए उसे पेडर रोड के स्कूल से निकालकर पास के एक स्कूल में दाख़िल करवाया गया।

मुझे भी जुहू से रेडियो स्टेशन जाने में परेशानी होती थी इसलिए मैंने भी रेडियो स्टेशन को ख़ैरबाद कह दिया।

उन्हीं दिनों ऐलिक पदमसी ने 'शीशों के खिलौने,' 'सारा संसार अपना परिवार' और 'शायद आप भी हँसें' नाम के तीन ड्रामे चंडीगढ़ में खेलने का इरादा किया। मैं ये तीनों ड्रामे थियेटर ग्रुप में कर चुकी थी, लेकिन मेरे लिए चंडीगढ़ जाना दुशवार था क्योंकि उस ज़माने में मैं पाकिस्तान जाना चाह रही थी। मेरे बड़े भाई कराची से आए हुए थे और मुझे अपने साथ ले जाना चाहते थे। वो उस वक़्त कस्टम्ज़ में एक बड़े अफ़्सर थे। मेरे ज़्यादातर भाई-बहन पाकिस्तान चले गए थे लेकिन अब्बा, अम्माँ, मेरी दो बड़ी बहनें और मैं हिन्दुस्तान छोड़ने को तैयार नहीं थे। मैं चूँकि बहुत अर्से से अपने बहन-भाइयों से नहीं मिली थी इसलिए मैंने चंडीगढ़ जाने से मना कर दिया। 'शायद आप भी हँसें' के मुसन्निफ़ रिफ़अत शमीम ने ऐलीक को बहुत समझाया कि अभी तो तीन महीने बाक़ी हैं। शौकत के रोल में किसी और को ले लेते हैं लेकिन ऐलीक नहीं माने और उन्होंने उर्दू-हिन्दी ड्रामे खेलने ही बन्द कर दिए।

सफ़रे-पाकिस्तान

मैं ख़ुशी-ख़ुशी बड़े भाई जान के साथ पाकिस्तान के लिए रवाना हो गई। 1960 का ज़माना था और उस वक़्त बम्बई और कराची के दरमियान पानी का जहाज़ चलता था। पाकिस्तान में मेरे बहन-भाइयों ने मेरी बहुत ख़ातिरदारी की, हर जगह घुमाया। हैदराबाद सिंध में मेरा छोटा भाई नसरुल्ला ख़ाँ बैंक का मैनेजर था। उसके पास गाड़ी थी। उसने छुट्टी लेकर हमको हैदराबाद की काफ़ी पुरानी-पुरानी चीज़ें दिखाईं। वहाँ के पुराने बाज़ार भी ले गया। सिंध में बने शीशों के काम वाले कपड़े बहुत मशहूर हैं। वो मेरे लिए ख़रीदे गए। मेरे पास पैसे कहाँ थे। सब तुह्फ़े मेरे बहन-भाइयों ने दिए।

एक दिन मेरा वह चचाज़ाद भाई जो बरसों पहले औरंगाबाद में मुझे कैफ़ी के ख़त चुपके-चुपके लाकर दिया करता था, मुझसे मिलने आया। उसका ख़ानदान भी कराची मुंतक़िल हो गया था और ग़ालिबन वह किसी कॉलेज में पढ़ रहा था। वह अपनी बीवी अख़्तर के साथ मुझे सिंध के एक छोटे-से गाँव ठट्ठा ले गया। वहाँ मैं उन औरतों को देखकर हैरान रह गई, जो बग़ैर किसी नमूने के अपने दिल से कपड़ों पर इंतिहाई ख़ूबसूरत रंगों से बेल-बूटे बना रही थीं। ऐसा लगता था कि क़ुदरत ने बड़ी फ़राख़दिली से उन्हें यह सलाहियत दी है। मुझे ये कपड़े बेहद अच्छे लगे। इत्तिफ़ाक़ और ख़ुशक़िस्मती से एक दुकान पर उसी तरह के कपड़े मुझे मिल गए। वो ब्लाउज़ के टुकड़े थे। ये कपड़े बाद में मेरे बड़े काम आए। कुछ अर्से बाद जब फ़िल्म 'हीर रांझा' शुरू हुई, मैं उसके कॉस्ट्यूम डिज़ाइन कर रही थी। ठट्ठा की औरतों के बनाए हुए कपड़े हीर के कॉस्ट्यूम में काम आ गए। पाकिस्तान के शहर पिशावर और मुल्तान में जो सलीमशाही जूते बनते हैं, वो वाक़िई बेमिसाल होते हैं। उनकी ज़री इतनी सच्ची और ख़ूबसूरत होती है कि बरसों में भी काली नहीं पड़ती। मुझे ये जूते बहुत पसन्द थे। मेरे छोटे भाई नवाब को जब पता चला तो मुझे एक दुकान पर ले गया और ज़बरदस्ती बारह जोड़ी सलीमशाही दिलवा दिए।

मैं कई बार पाकिस्तान गई हूँ। जब कैफ़ी के साथ गई थी तो वहाँ के अदीबों और शायरों से भी मुलाक़ात हुई। लाहौर में अनारकली बाज़ार और जहाँगीर का क़िला भी देखा। वहाँ मुझे वह जगह बहुत पसन्द आई, जहाँ चारों तरफ़ पानी के फ़व्वारे थे और बीच में जहाँगीर और नूरजहाँ के बैठने के लिए पत्थर के तख़्त बने हुए थे।

मैं जब भी पाकिस्तान गई हूँ, मुझे वहाँ के लोगों में और अपने वतन हिन्दुस्तान के लोगों में कोई फ़र्क़ नज़र नहीं आया। हाँ, मुझे यह एहसास ज़रूर हुआ कि वहाँ के लोग बहुत ज़्यादा मेहमाननवाज़ हैं।

पाकिस्तान में तीन महीने रहने के बाद मैं बम्बई आ रही थी। मेरी छोटी बहन क़मर भी मेरे साथ थी। उसकी शादी पाकिस्तान ही में एक डॉक्टर से होनेवाली थी जिनका नाम शहरयार हुसैन था। क़मर को बम्बई में जहेज़ का सामान ख़रीदना था।

मैंने जहाज़ के डैक से देखा कि दूर मेरे ग़रीब शौहर अपने दोनों बच्चों की उंगलियाँ थामे हुए मेरे इन्तिज़ार में खड़े थे। मैं ज़ेवरों से लदी-फँदी, तुह्फ़े-तहाइफ़ से भरे तीन सूटकेस लेकर उतरी। मेरा बेटा बाबा अपने दिल में सोचने लगा, 'इतने सोने के ज़ेवर पहने हुई औरत मेरी माँ कैसे हो सकती है।'

कैफ़ी बेचारे के पास कपड़े बहुत कम थे और उन्हें किसी फ़िल्म के सिलसिले में कलकत्ता जाना था। मेरे पास भाइयों के दिए हुए एक हज़ार रुपए थे। मैंने जल्दी-जल्दी कैफ़ी के चार जोड़े कुर्ते-पाजामे बना दिए और वो कलकत्ता चले गए।

शबाना और बाबा

एक दिन मुझे कैफ़ी के पुराने काग़ज़ात में अपना एक बरसों पहले लिखा हुआ ख़त मिला। यह उस ज़माने का ख़त था जब मैं पृथ्वी थियेटर में काम करती थी और टूर पर थी। उस वक़्त शबाना की उम्र दो साल की थी। हम उसे प्यार से कभी मुन्नी कहते थे और कभी नोनो। यह ख़त मैंने बज़ाहिर दो बरस की शबाना को लिखा है लेकिन दरअस्ल मुख़ातिब कैफ़ी से हूँ। उन दिनों मैं उनसे ख़फ़ा थी। यह ख़त 1952 का है।

22 जनवरी, 1952
विजयवाड़ा

मेरे प्यारे नोनो बेटे!

अभी-अभी मैं अटैची साफ़ कर रही थी कि उसमें से तुम्हारी दो तस्वीरें निकल पड़ीं जो तुम्हारे अब्बा ने मुझे कश्मीर में भेजी थीं। मैं एक दम .ख़ुशी से उछल पड़ी। अरे बाप रे, तुम्हारा रिबन तो भोत बड़ा है। और तुम्हारा छोटा-छोटा आँखी भोत प्यारा है और उस पर बालों की लट पड़ी हुई। ओहो ! तुम्हारा हाथ में घड़ी भी बंदेला है। भई यह घड़ी तो भोत महँगी है ! हम तो ख़रीद भी नईं सकता ! और तुमको स्वेटर कौन पिनाया ? उसमें का छोटा-छोटा फूल भोत ख़ूबसूरत है। तुम्हारा सूरत हमको भोत अच्छा दिखता। तुम हमको भोत याद आता। तुमको हम प्यार करने को माँगता। तुम हमको इतना याद आता कि हमारी आँखी में पानी आ जाता। और नोनो, तुम्हारा दरिया का पानी सूख गया। और रानी बाग़ में बंदर कैसा काटा था ? ऐसा ! बाप रे बाप, हमको डर लगता। बुड्डा क्या बोलता ? अल्लाह एक बच्चा दो। बुड्डे को बोलो, नईं-नईं, जाओ-जाओ-जाओ, हमारा एकिच बच्चा अच्छा है। और बेटे तुम हमको क्या बोलता था, मम्मी तुम काम को नईं जाना। अब्बा को चाय नईं बनाने का। बेटे यह हमारा सेठ है ना, भोत ख़राब है। हमको ज़बर्दस्ती काम को ले जाता। हम जल्दी आएगा और अपने लप्पू-मप्पू को प्यार करेगा। अच्छा पहले यह बताओ तुम किसका बेटा है ? मम्मी

का। ओहो ! मेरा बेटा। तुम कजीला किसका है ? मम्मी का। ओहो ! मेरा कजीला। तुम किसका चाँद है ? मम्मी का। ओहो ! मेरा चन्दू बेटा। तुम कच्चू-मच्चू किसका है ? मम्मी का। ओहो ! मेरा कच्चू-मच्चू। अच्छा सुनो नोनो, अब तुम्हारा तबीअत कैसा है ? तुम्हारे दाने में अभी खुजली होता कि नईं ? तुम्हारी दवा बराबर आती कि नईं ? तुम्हारा अब्बा कैसा है ? तुम्हारा देखभाल बराबर करता या आवारागर्दी करता रहता ? तुमको खाने को सब चीज़ मिलता या नईं ? सब लिखना। हम तुम्हारे वास्ते छोटा-सा चकला-बेलन ख़रीदा। अब तुमको यूसुफ़ से लेने की ज़रूरत नईं पड़ेगी। तुम अलग रोटी पकाना। और हाँ देखो अपने अब्बा से बोलो कि तुम्हारी आंटी आमिना सत्ताईस या अट्ठाईस जनवरी को तुमको देखने, प्यार करने को आ रही है। इसलिए तुम्हारे लिए फ़ौरन बाटा का जूता ले आएँ और मोज़े सफ़ेद। अपनी आया से कहना कि वह हलके आस्मानी रंग की झालर वाली स्कर्ट और सफ़ेद आर्गंडी का ब्लाउज़ नहायत उम्दा इस्तरी किया हुआ, पहनाए और बालों में दोनों तरफ़ सफ़ेद रिबन बाँधे और बेटे तुम अपनी आंटी को सलाम करना और बहुत ख़ातिर करना। अब्बा से कहकर सारी चीज़े मँगवा लेना। घर बेहद साफ़ रखना। हलके हरे रंग के दो पर्दे हैं, उनमें से एक को पलंग पर बैड कवर के तौर पर बिछा देना और दूसरे को पढ़ने की मेज़ पर। तांबे के गुलदान को राख से साफ़ मँझवाकर रखना और वैसे भी पौदों में हर पन्द्रह दिन में पानी बदलवाते रहना वर्ना इतने क़ीमती पौदे मर जाएँगे। अच्छा बेटे अब इजाज़त दो, हमको काम करने का है। तुमको दिल से भींचकर एक करोड़ प्यार।

टाटा
फ़क़त
तुम्हारी पाली मम्मी

तुम्हारे अब्बा को हमारा सलाम बोलना, बशर्तेकि वो तुम्हारे लिए दूसरी माँ का इंतिज़ाम न कर रहे हों।

शबाना एक बेहद हस्सास बच्ची है। उसका ख़याल था कि मैं अपने बेटे बाबा को ज़्यादा चाहती हूँ, जो उससे तीन साल छोटा है। शायद यह थोड़ा-बहुत सच भी हो क्योंकि मेरा पहला बेटा जो शबाना से दो साल बड़ा था, एक साल का होकर गुज़र गया था। बाबा ने आकर उसकी याद कम कर दी थी।

जब शबाना नौ बरस की थी और बाबा छह बरस का, एक बार ऐसा हुआ

कि मैं मेज़ पर दोनों बच्चों को नाश्ता देने में मसरूफ़ थी। दोनों के स्कूल जाने का वक़्त हो रहा था। अचानक डबल रोटी ख़त्म हो गई। शबाना की प्लेट में एक टोस्ट था। मैंने जल्दी में यह कहकर टोस्ट उठा लिया, ''बेटे, बाबा की बस आनेवाली है। मैंने नौकर को डबल रोटी लाने के लिए भेज दिया है, वह आता होगा। यह टोस्ट बाबा को दे दो। तुमको तो अभी जाने में टाइम है।'' मैंने मक्खन लगाकर बाबा को टोस्ट दे दिया। शबाना मुँह से तो कुछ नहीं बोली लेकिन मेज़ पर से उठ गई और बाथरूम में जाकर हिचकियों से रोने लगी। तब तक डबल रोटी भी आ गई थी। मैंने पुकारा : ''शबाना ! शबाना !! लो बेटे आपका टोस्ट आ गया।'' मैंने रोने की आवाज़ सुनी। मैं भागी हुई बाथरूम में गई। शबाना ने जल्दी-जल्दी अपने आँसू पोंछे, अपना किताबों का बैग उठाया और स्कूल जाने के लिए घर से निकल गई। बाद में उसकी सहेलियों ने मुझे बताया कि लेबोरेटरी में जाकर उसने नीले थोथे का ज़हर खा लिया था। ख़ुदा ने मुझ पर रहम किया कि वह नीला थोथा पुराना होने की वजह से ज़हरीला नहीं रह गया था। शबाना ने अपनी दोस्त परना को सिर्फ़ इतना बताया : ''मम्मी बाबा को ज़्यादा चाहती हैं।'' मैंने अपना सिर पीट लिया।

इसी तरह का एक और वाक़िआ याद आया। एक बार शबाना ने मुझसे बदतमीज़ी से बात की, मैंने डाँट दिया। बाद में पता चला कि वह ग्रांट रोड स्टेशन पर ट्रेन की पटरी पर चलने लगी थी। ट्रेन आने का वक़्त हो गया था। इत्तिफ़ाक़ से स्कूल का चपरासी शबाना के पीछे खड़ा था। उसने उसे पकड़कर घसीट लिया और चिल्लाया : ''बेबी, बेबी ! क्या करता है।''

इस तरह यह दोबारा बच गई। जब मुझे मालूम हुआ तो मैं सिर से पैर तक काँप गई। इसके बाद उसे डाँटते हुए भी डरने लगी थी।

नौ-दस बरस की छोटी-सी उम्र में भी शबाना ने अपनी किसी ज़रूरत, किसी ख़्वाहिश का इज़हार मुझसे नहीं किया। उसके स्कूल में सफ़ेद कैनवस शूज़ उसकी यूनीफ़ॉर्म का हिस्सा थे। ये कैनवस के जूते हर दो-चार महीने में फट जाया करते थे। एक दफ़ा मैंने झल्लाकर कह दिया : ''इतने बड़े खबोड़े जैसे पैर हैं कि हर तीन महीने में जूता फट जाता है। मैं हर तीसरे महीने नया जूता कहाँ से लाऊँ ?''

कुछ दिनों बाद मैंने देखा कि उसका जूता कनउंगली के पास से फट गया है। मगर उसने मुझे नहीं बताया बल्कि उसमें गत्ते का एक गोल टुकड़ा काटकर चिपका दिया। मैंने जब यह देखा तो मेरा कलेजा कटकर रह गया और मैंने किसी तरह जोड़-तोड़ करके नया जूता उसे दिला दिया।

शबाना को जुहू से सान्ताक्रुज़ स्टेशन आने-जाने के लिए 30 पैसे मिलते थे।

जब कभी चना या सींगदाना (मूँगफली) खाने को उसका जी चाहता तो वह जानकी कुटीर से दो स्टॉप पहले जुहू चौपाटी पर उतर जाती और पैदल चलकर घर आती। इस तरह बस के टिकट के जो पाँच पैसे बचते, उनसे चना या मूँगफली ख़रीदती लेकिन मुझसे कभी वह पाँच पैसे नहीं माँगे। यह बात भी मुझे एक ज़माने बाद उसकी दोस्त परना ने बताई। जब मैट्रिक फ़र्स्ट डिवीज़न में पास कर लिया, तो उसे कॉलेज जाने के लिए तीन महीने का वक़्त मिला। पता नहीं उसने यह कैसे मालूम कर लिया कि पेट्रोल पम्प पर अगर ब्रू कॉफी बेची जाए (जो उस वक़्त नया प्रोडक्ट था) तो हर रोज़ पन्द्रह रुपये मिलते हैं और अगर दो जगह काम करें तो तीस रुपये। उसने चुपके से यह काम कर लिया और मुझे बताया तक नहीं। मैं अपने ड्रामे और रिहर्सल में इतनी मसरूफ़ रहती थी कि मैंने पूछा भी नहीं। महीने के ख़त्म पर उसने मुझे नौ सौ रुपये लाकर दिए। मैंने हैरत से पूछा : "बेटे, ये पैसे कहाँ से मिले ?" तब उसने बताया : "तीन महीनों की छुट्टियाँ थीं। मैंने सोचा कि बेकार वक़्त गँवाने से क्या फ़ायदा, कुछ काम क्यों न करूँ।" फिर सारी बात बताई। मेरी आँखों में आँसू भर आए। यह नन्हा-सा दिल घर की ग़रीबी से कितना मुतअस्सिर है और क्या-क्या सोचता है ?

सेंट ज़ेवियर्स कॉलेज से बी.ए. करने के बाद शबाना ने अब्बा से कहा : "मैं आगे पढ़ना नहीं चाहती बल्कि पूना इंस्टीट्यूट में दाख़िल होकर एक्टिंग कोर्स करना चाहती हूँ। शायद मैं फ़िल्मों में काम न करूँ लेकिन टीचर बनकर एक्टिंग सिखाऊँगी।" कॉलेज में भी शबाना ने स्टेज पर काफ़ी काम किया था। कैफ़ी अपनी बेटी को इतना चाहते थे कि फ़ौरन राज़ी हो गए। उसे ख़ुद अपने साथ पूना ले गए। मैं भी साथ थी। इंटरव्यू के दौरान टीचर उसकी सलाहियत से हैरत में पड़ गए और उसे फ़ौरन मुंतख़ब कर लिया गया। कुछ ही दिनों बाद उसे ढाई सौ रुपये की स्कॉलरशिप भी मिल गई। उसकी फ़ीस दो सौ रुपये महीना जो हमें देनी पड़ती थी, अब स्कॉलरशिप से दी जाने लगी। शबाना की रिपोर्ट इतनी अच्छी थी कि पहले ही साल में उसे फ़िल्म का ऑफ़र भी आ गया लेकिन उसने यह कहकर साफ़ इनकार कर दिया : "मैं पहले अपना दो साल का कोर्स ख़त्म करने के बाद ही सोचूँगी।" दो साल बाद उसने फ़र्स्ट क्लास में कोर्स मुकम्मल किया और उसे इंस्टीट्यूट ने गोल्ड मेडल से नवाज़ा।

श्याम बेनेगल ने उसे अपनी फ़िल्म 'अंकुर' के लिए ऑफ़र दिया। यह शबाना की पहली फ़िल्म थी और पहली ही फ़िल्म में उसे नेशनल एवार्ड मिल गया। फिर फ़िल्मों की क़तार लग गई। लेकिन शबाना ने हमेशा बहुत सोच-समझकर फ़िल्में साइन कीं। उसने कुछ कमर्शल फ़िल्मों में काम करना इसलिए मंज़ूर किया

ताकि जब वह किसी आर्ट फ़िल्म में काम करे तो लोग उसके नाम पर ऐसी फ़िल्में भी देखने आएँ। जिन दिनों फ़िल्मों में वह बेपनाह मसरूफ़ थी, उसके सारे कांट्रैक्ट और पैसे मैं ही सँभालती थी। उसने कभी भूलकर भी नहीं पूछा कि मैंने उसके पैसे कहाँ रखे, क्या किए। एक मर्तबा अहमदाबाद में शूटिंग के दौरान शबाना ने कुछ चाँदी के ज़ेवरात ख़रीद लिए। मुझसे कहने लगी : ''मम्मी, मुझसे काफ़ी फ़ुज़ूलख़र्ची हो गई है। ये चाँदी के ज़ेवर ख़रीद लिए।'' मैंने समझाया : ''बेटे, यह फ़ुज़ूलख़र्ची नहीं है। तुम्हारा शौक़ है। इतनी मेहनत करती हो। पैसे कमाती हो। जो चीज़ तुम्हें पसन्द आए, ख़रीद लिया करो।''

बचपन में शबाना को कैफ़ी कभी-कभी अपने साथ मज़दूरों की बस्ती या मीटिंगों में भी ले जाया करते थे। इसका असर भी उस पर था। कैफ़ी की वजह से बड़े-बड़े अदीब और शायर हमारे घर आया करते थे और हमारे साथ रहा भी करते थे मसलन सज्जाद ज़हीर, जोश मलीहाबादी, फ़िराक़ गोरखपुरी। एक बार मख़्दूम मुहीउद्‌दीन भी हमारे मेहमान हुए थे। शबाना ने अपने बचपन में इन लोगों की महफ़िलें देखी हैं, इनकी बातें सुनी हैं। मेरा यक़ीन है कि आगे चलके शबाना की जो शख़्सियत बनी, उसमें घर के ऐसे माहौल का भी बड़ा हिस्सा है।

1985 में शबाना बंगाल के मशहूर डायरेक्टर गौतम घोष की फ़िल्म 'पार' की शूटिंग के लिए कलकत्ते गई। 'पार' की कहानी बंगाल और बिहार के गाँव के उन बेरोज़गार और ग़रीब लोगों के बारे में थी, जो दो वक़्त की रोटी की तलाश में शहर आके गन्दी बस्तियों में और फ़ुटपाथों पर रहते हैं। शबाना जिस गेस्ट हाउस में ठहरी थी वहाँ झाड़ू देनेवाली लड़की भी ऐसी ही एक बस्ती की थी। क्योंकि फ़िल्म में शबाना का किर्दार इसी तब्क़े की औरत का था, इसलिए शबाना ने अपने किर्दार को समझने और बनाने के लिए उस लड़की से ज़रा दोस्ती-सी कर ली। एक दिन वह लड़की शबाना को अपने घर ले गई। उसकी ग़रीबी देखकर शबाना का सिर चकरा गया। वह लड़की और उसके घरवाले जिस हाल में ज़िन्दगी बसर कर रहे थे, उसे देखके शबाना का दिल कटके रह गया। वो लोग अपनी ग़रीबी के बावुजूद कितने मेहमाननवाज़ थे। जब शूटिंग ख़त्म हुई तो शबाना ने सोचा, 'कि मैंने इस लड़की से मिलकर यह सीखा है कि मुझे अपना रोल किस तरह करना चाहिए। कल यह फ़िल्म रिलीज़ होगी। मेरी तारीफ़ होगी। मुझे ऐवार्ड मिलेंगे लेकिन इस लड़की को क्या मिलेगा ? क्या यह सच नहीं है कि मैं इसे अपने काम, अपने कैरियर, अपनी शुहरत के लिए इस्तेमाल कर रही हूँ। कल मैं बम्बई वापस चली जाऊँगी और अपनी दुनिया में जाके भूल जाऊँगी कि वह लड़की जो मुझे अपना हमदर्द समझके अपने घर ले गई थी, आज भी उसी हालत

में है और शायद हमेशा यूँ ही रहेगी। क्या उसे भूल जाना मेरी ख़ुदग़र्ज़ी नहीं होगी। नहीं, मैं भूलना नहीं चाहती उसे। मुझे उस लड़की के लिए और उस तरह जीनेवाले लोगों के लिए ज़रूर कुछ-न-कुछ करना चाहिए।' उसने अपने दिल में फ़ैसला कर लिया।

बम्बई वापस आकर उसने आनन्द पटवर्धन की फ़िल्म 'हमारा शहर' देखी जो झोंपड़-पट्टी के बारे में थी। वह फ़ैसला जो उसने कलकत्ते की शूटिंग के दौरान किया था, उसके दिल में और मज़्बूत हो गया। वह निवारा हक़ सुरक्षा समिति से जुड़ गई। यह बम्बई में फ़ुटपाथों और झोंपड़पट्टी में रहनेवालों के लिए काम करनेवाली अंजुमन है। इत्तिफ़ाक़ की बात कि उसी ज़माने में क़ुलाबा में पच्चीस साल पुरानी एक झोंपड़पट्टी को, जिसका नाम संजय गांधी नगर था, म्यूनिसिपैलिटी के बेरहम लोगों ने रातोंरात बुलडोज़र चलाकर तहस-नहस कर दिया था। निवारा हक़ के लोग तड़प गए। उनका कहना था कि अगर आप उन्हें यहाँ से निकाल रहे हैं कि जहाँ वो पच्चीस साल से रह रहे हैं, तो इस ज़मीन के बदले झोंपड़पट्टीवालों को दूसरी जगह मिलनी चाहिए। लेकिन सरकार ने इसे नहीं माना। तब निवारा हक़ के लोगों ने फ़ैसला किया कि वो इसके ख़िलाफ़ बेमुद्दत भूख हड़ताल करेंगे। फ़ैसला यह हुआ कि यह भूख हड़ताल आनन्द पटवर्धन और झोंपड़पट्टी के तीन अफ़राद करेंगे। शबाना ने सोचा कि ऐसे वक़्त में उसे इनका साथ देना चाहिए। हालाँकि उसे दूसरे दिन मृणाल सेन की फ़िल्म 'जेनेसिसि' के लिए Cannes Film Festival फ़्रांस जाना था, मगर उसके दिल ने गवारा नहीं किया कि इन लोगों को इस हाल में छोड़कर चली जाए। उसने जावेद से ज़िक्र किया (उस वक़्त उन दोनों की शादी हो चुकी थी)। जावेद ने संजीदगी से सोचकर जवाब दिया : "तुम एक मशहूर ऐक्ट्रेस हो। जिस जगह वो लोग भूख हड़ताल कर रहे हैं वह बहुत ही तक्लीफ़देह जगह है। तुम्हें बहुत मुश्किल पेश आएगी, लेकिन अगर तुम यह मुश्किल बर्दाश्त कर सको तो इन लोगों को बेहद फ़ायदा होगा।" जब मैंने सुना तो मेरे पैरों तले ज़मीन सरक गई। मैं बेमुद्दत हड़ताल करने के हक़ में बिल्कुल नहीं थी लेकिन चुप रही। कैफ़ी पटना में थे। शबाना ने अब्बा को फ़ोन पर बताया तो उन्होंने कहा : "बेस्ट ऑफ़ लक कामरेड।" सुबह का वक़्त था। वह सबसे गले मिलकर भूख हड़ताल के लिए चली गई। यह वाक़िआ मई 1986 का है। शाम को जब मैं अपनी बच्ची से मिलने गई तो उस जगह को देखकर मेरी जान निकल गई। लबे-सड़क कुछ फटी चादरों से बराए नाम छत बनाई गई थी। धूप बहुत तेज़ थी। नीचे लकड़ी के तख़्तों पर मोटी-सी दरी बिछी हुई थी, न गद्दा न तकिया, बस ओढ़ने के लिए

कुछ पुरानी चादरें। उस छोटी-सी जगह पर पाँच आदमी लेटे हुए थे जिनमें एक मेरी शबाना भी थी। मेरा दिल धक से रह गया लेकिन मैंने ज़ाहिर नहीं किया। आँसू थे कि उमड़े चले आ रहे थे, लेकिन मैं पी गई और चेहरे पर झूठी मुस्कुराहट लिए ख़ूब नारे लगाए, ताकि मेरी बच्ची की हिम्मत न टूटे। चौथे दिन मेरी हिम्मत ने जवाब दे दिया। घर आते-आते मेरे आँसू पागलों की तरह बहने लगे। इन लोगों के लिए मैं कुछ और तो नहीं कर सकती थी सिवाय अपने ख़ुदा से दुआ माँगने के, 'ख़ुदा इन्हें इनके मक़्सद में कामयाब करे।'

भूख हड़ताल का पाँचवाँ दिन था। शशि कपूर शबाना से मिलने आए। उस वक़्त तक शबाना बहुत कमज़ोर हो गई थी। ब्लड प्रेशर बेहद गिर चुका था। वो फ़ौरन ही चीफ़ मिनिस्टर एस.बी. चौहान से मिले और उनसे कहा : ''आप हम लोगों से वक़्त पड़ने पर चैरिटी शो वग़ैरह करवाकर पैसे जमा करने के लिए कहते हैं लेकिन इस वक़्त हमारा एक साथी ज़िन्दगी और मौत की कशमकश में मुब्तला है तो आपको उसकी कोई फ़िक्र नहीं ?'' शशि कपूर ने उन्हें तमाम हालात से आगाह किया और शबाना की तबीअत के बारे में बताया। चीफ़ मिनिस्टर ने उसी वक़्त भूख हड़तालियों की माँग पूरी करने का हुक्म दिया। अब वही ज़ालिम अफ़्सरान, जो कल तक कह रहे थे कि इन लोगों के लिए कहीं कोई जगह नहीं है, सन्तरे का रस लाए और वादा किया कि संजय गांधी नगरवालों को दूसरी जगह ज़मीन दी जाएगी। इस तरह भूख हड़ताल ख़त्म हुई और मेरी बच्ची बच गई। मेरी जान में जान आई। कुछ अर्से बाद सरकार ने उन्हें दूसरी ज़मीन दे दी जहाँ उन्होंने अपने घर बिना लिए। यह भूख हड़ताल एक सोशल वर्कर की हैसियत से शबाना का पहला क़दम था।

शबाना की सियासी ज़िन्दगी में दूसरा टर्निंग प्वाइंट सफ़दर हाशमी का बहीमाना[1] क़त्ल था। सफ़दर हाशमी जो ख़ुद एक समाजी कारकुन और बहुत अच्छे राइटर थे, नुक्कड़ नाटक किया करते थे। देहली के क़रीब एक इन्क़िलाबी नुक्कड़ नाटक के दौरान उन्हें कुछ सियासी गुंडों ने दिन दिहाड़े सड़क पर बड़ी बेदर्दी से क़त्ल कर दिया। उस वक़्त देहली में इंटरनेशनल फ़ेस्टिवल हो रहा था जिसमें शबाना की पहली इंग्लिश फ़िल्म Madam Sousatzka का प्रीमिअर होनेवाला था। शबाना को स्टेज पर बुलाया गया। शबाना ने जब अपने हाथ में माइक लिया तो लोगों ने समझा कि अब वह अपनी फ़िल्म के मुतअल्लिक़ कुछ कहेगी। लेकिन उसे तो कुछ और ही कहना था। बहुत ही निडर होकर उसने कहा : ''एक तरफ़ तो गवर्नमेंट इंटरनेशनल फ़िल्म फ़ेस्टिवल करती है और दूसरी तरफ़ हमारे कल्चरल

1. पशुओं जैसा।

एक्टिविस्ट सफ़दर हाशमी को जब बर-सरे-इक़्तिदार[1] पार्टी के गुंडे जान से मार देते हैं तो उसके ख़िलाफ़ कोई ऐक्शन नहीं लेती।'' यह सुनते ही ऑडियेंस में बैठे हुए मिनिस्टर ऑफ़ इन्फ़र्मेशन एंड ब्रॉडकास्टिंग एच.के.एल. भगत ने फ़ौरन ही स्टेज पर पहुँचकर शबाना के हाथ से माइक ले लिया और कहा कि यह बात बिल्कुल ग़लत है और पता नहीं क्या-क्या। हम टी.वी. देख रहे थे। शबाना की यह जुर्अत देखकर जावेद और कैफ़ी तो बहुत ख़ुश हुए लेकिन मैं कुछ घबरा-सी गई। बाद में मुझे पता चला कि उस फ़िल्म फेस्टिवल में बम्बई फ़िल्म इंडस्ट्री के दूसरे डेलीगेट्स, बड़े-बड़े प्रोड्यूसर और एक्टर इस वाक़िए के बाद शबाना से ऐसे लातअल्लुक[2] हो गए जैसे पहचानते ही नहीं। बेचारे सोचते होंगे कि कहीं इसके साथ हम पर भी सरकारी बिजली न गिर पड़े। शबाना बिल्कुल तन्हा हो गई।

अख़्बार वालों ने शबाना की हिम्मत और जुर्अत की ख़ूब दाद दी लेकिन एच.के.एल. भगत ने सरकारी रेडियो और टीवी चैनल पर शबाना के प्रोग्राम बंद कर दिए। फिर कुछ दिन बाद राजीव गांधी ने, जो उस वक़्त वज़ीरे आज़म थे, कहा, ''यह बेवकूफ़ी है। शबाना पर से यह पाबन्दी हटा दी जाए।''

इसी अज़्म[3] और हौसले से क़दम-ब-क़दम चलते हुए शबाना राज्य सभा की एम.पी. के मुक़ाम तक पहुँची। अगस्त, 1997 में शबाना राज्य सभा की मेम्बर ऑफ़ पार्लियामेंट बनी। इन्द्रकुमार गुजराल साहिब जो उस वक़्त के प्राइम मिनिस्टर और वेंकटरमन साहिब जो उस वक़्त सद्रे-जम्हूरिया[4] थे, उन दोनों की मर्ज़ी से शबाना को एम.पी. नामज़द[5] किया गया था।

एम.पी. बनने के बाद शबाना ने बम्बई और यू.पी. में बहुत काम किए। सबसे पहले झुग्गी-झोंपड़ी वालों के लिए घरों का इंतिज़ाम किया, उनके लिए बिजली और पानी की सहूलत मुहैया करवाई। बान्द्रा में कार्टर रोड और बैंड स्टैंड पर लोगों की तफ़रीह और चहलक़दमी के लिए चार किलोमीटर लम्बा promenade बनवा दिया। जुहू बीच भी बहुत गन्दा था। मुझे सवेरे चहलक़दमी की आदत है। मैंने उससे एक दिन कहा : ''बेटे, सुबह जब मैं जुहू बीच चहलक़दमी के लिए जाती हूँ तो देखती हूँ कि वहाँ कितनी गन्दगी है। बम्बई के अमीर लोगों के लिए तो फ़ाइव स्टार होटल हैं लेकिन ग़रीबों के घूमने-फिरने के लिए यही जगहें हैं। इनका ख़याल रखा जाना चाहिए।'' उसने इस बात को ग़ौर से सुना और बीच को साफ़ करने की मुहिम चलाई, जिस पे हर शाम न जाने कितने ग़रीब और मुतवस्सित तब्क़े के लोग अपनी फ़ैमिली के साथ आते हैं। इसके लिए मुझे शबाना का शुक्रिया अदा करना चाहिए। शबाना ने अपने एम.पी. फ़ंड से एक

---

1. शासक, 2. असंबद्ध, 3. संकल्प, 4. राष्ट्रपति, 5. मनोनीत।

बड़ी रक़म जुहू में एक ऐसे पार्क को भी दी जहाँ बच्चों के खेलने और शाम को बड़े-बूढ़े के बैठने का इंतिज़ाम किया गया है। बम्बई म्यूनिसिपल कॉर्पोरेशन ने इस पार्क का नाम 'कैफ़ी आज़मी पार्क' रखा है। वैसे एक पार्क कैफ़ी के नाम पर फूलपुर, आज़मगढ़ में भी बना है, जिसमें मुख़्तलिफ़ क़िस्म के पौधे और बीज वग़ैरह मिलते हैं। फूलपुर के लोग जानते हैं कि कैफ़ी को बाग़बानी का कितना शौक़ था।

शबाना एक बहुत ही सिंसियर और ईमानदार वर्कर है। उसके शौहर, उसके हमसफ़र जावेद अख़्तर उसकी हिम्मत-अफ़ज़ाई[1] करते हैं और उसके हर काम में उसकी भरपूर मदद करते हैं।

मेरा बेटा बाबा, बचपन से ही बेइन्तिहा हस्सास और मोहब्बत करनेवाला है। उसे जानवरों से बेइन्तिहा प्यार है, ख़ास तौर से कुत्तों से। उसके बचपन का एक वाक़िआ मैं अभी तक नहीं भूली। वह सात साल का था। एक दिन उसके कमरे में एक तितली उड़ती हुई आई और गिरकर मर गई। वह तड़प गया। उसे स्कूल जाना था, जिसके लिए वह तैयार हो रहा था। मेरे पास आया और रोकर कहा : "मम्मी, इसे ज़िन्दा कीजिए वर्ना मैं स्कूल नहीं जाऊँगा।" मैं पहले तो ज़रा परेशान हुई लेकिन फिर मैंने उस मासूम से कहा : "बेटे, मैं अभी इसे फूल पर बिठाती हूँ। फूल का रस इसकी टाँगों से होता हुआ इसके जिस्म में पहुँच जाएगा और इसमें फिर ताक़त आ जाएगी और यह फुर्र से उड़ जाएगी।" उसका भोलापन देखिए कि मेरी इस बात पर यक़ीन करके ख़ुश-ख़ुश स्कूल चला गया। ऐसे बहुत सारे वाक़िआत हैं, जिनसे उसकी मासूमियत और रहमदिली का पता चलता है। जब मैं अपने बड़े भाईजान के साथ पानी के जहाज़ से कराची जा रही थी तो कैफ़ी और शबाना के साथ बाबा भी मुझे छोड़ने आया था। उस वक़्त उसकी उम्र कोई सात बरस थी। जहाज़ के चलने की आख़िरी सीटी बज चुकी थी। इतने में बाबा की नज़र मेरे सूटकेस पर पड़ी और उसने देखा कि मेरी साड़ी का एक हिस्सा सूटकेस में से बाहर लटक रहा है। वह फ़ौरन तड़प गया और बोला : "मम्मी-मम्मी, सूटकेस खोलो, साड़ी का दम घुट रहा है।" मैंने लाख समझाने की कोशिश की कि साड़ी में जान नहीं होती, अभी जहाज़ छूटनेवाला है, मैं बाद में ठीक कर दूँगी लेकिन वह नहीं माना। आख़िर मुझे सूटकेस खोलकर साड़ी ठीक से अन्दर रखनी ही पड़ी। शुक्र है कि साड़ी की जान बचाने में मेरा जहाज़ नहीं छूटा।

जाते वक़्त मैं शबाना और बाबा को कुछ पैसे दे गई थी। शबाना मैडम ने

1. प्रोत्साहन।

तो फ़ौरन उड़ा दिए लेकिन बाबा ने एक रुपया भी ख़र्च नहीं किया क्योंकि ''इनमें से मम्मी की .खुशबू आती है।'' उसकी आया ऐलिस ने मुझे बताया कि जितने दिन मैं पाकिस्तान में रही, वह रोज़ रात को मेरा ब्लाउज़ अपनी आँखों पर रखकर सोता था।

अब वह इतना बड़ा हो गया है, इतना कामयाब कैमरामैन है लेकिन बचपन में जैसा था बिल्कुल वैसा ही है, ग़रीब तब्क़े के लोगों से हमदर्दी, सही और ग़लत का शिद्दत से एहसास। जब वह सत्रह साल का था तो चेतन आनन्द की फ़िल्म 'हिन्दुस्तान की क़सम' में असिस्टेंट डायरेक्टर बना। एक दिन पता चला कि वह शूटिंग छोड़के वापस आ गया है। जब मैंने वजह पूछी तो उसने बताया, ''वहाँ वर्करों के साथ नाइंसाफ़ी होती है। सबसे ज़्यादा काम वही करते हैं लेकिन कोई वर्कर अगर एक कप से ज़्यादा चाय माँगे तो उसे नहीं मिलती। जबकि हम जैसे लोग कितना भी खाना ज़ाए कर दें, तो भी कोई एतिराज़ नहीं करता। वर्कर के बग़ैर फ़िल्म नहीं बन सकती और उसके खाने-पीने में फ़र्क़ करना बुरी बात है।'' बाबा में न ग़लत बात की बर्दाश्त है न झूठ बोलने की आदत।

जब वह नौ-दस बरस का था तो मैंने देखा कि उसमें बेपनाह सेंस ऑफ रिदम है लेकिन इंट्रोवर्ट और शर्मीला होने की वजह से सिर्फ़ मेरे सामने खुलकर शम्मी कपूर की नक़्लें करता और उसी की तरह डांस करके दिखाता था। मैं लाख मिन्नत करूँ कि किसी पार्टी में डांस कर दे तो कभी नहीं करता। सिर्फ़ जिस रोज़ शबाना की शादी हुई थी तो सारी रात .खुशी से नाचता रहा।

एक बार हैदराबाद में तमाम बच्चों ने मिलकर एक वेराइटी प्रोग्राम किया था। बाबा उस वक़्त चार या पाँच साल का था। अचानक खड़े होकर बोला : ''हम भी एक्टिंग कलेगा।'' फिर उसने एक बोतल हाथ में पकड़ी और शराबी की तरह लड़खड़ाता हुआ अपनी तोतली ज़बान में 'दिंददी थाब है थाब में झूट त्या' (ज़िन्दगी ख़्वाब है ख़्वाब में झूट क्या और भला सच है क्या...फ़िल्म 'जागते रहो' का मशहूर गाना) स्टेज पर किया। ख़ूब तालियाँ बजीं। मैंने गले से लगाकर उसे ख़ूब प्यार किया।

मेरा ख़याल है कि बाबा में ऐक्टिंग की बेपनाह समझ है और इसीलिए एक्टर उसके साथ काम करके बहुत .खुश होते हैं। कैमरामैन होने के बावुजूद उसे अपने कैमरा-ऐंगल से ज़्यादा एक्टर की सहूलत की फ़िक्र होती है। शायद इसीलिए आमिर ख़ाँ उसे इतना पसन्द करता है। कैफ़ी का एक म्यूज़िक एल्बम 'प्यार का जश्न' मशहूर सिंगर और मूसीक़ार रूप कुमार राठौर ने बनाया है। उसमें एक ग़ज़ल है 'जब भी चूम लेता हूँ इन हसीन आँखों को।' बाबा ने जब इस ग़ज़ल

का म्यूज़िक विडियो बनाया तो आमिर ख़ाँ ने उसमें ख़ुद अपनी ख़िदमात पेश कीं और मुफ़्त काम किया।

बाबा ने अपने कैरियर की शुरुआत साउथ के डायरेक्टर बापू के साथ की थी जो बहुत अच्छे पेंटर भी हैं। उसने बापू से फ्रेमिंग सीखी और मेरे भानजे ईशान आर्य से लाइटिंग। दोनों अपने काम में माहिर थे और बाबा उनसे बहुत मुतअस्सिर हुआ। बापू की फ़िल्में ज़्यादातर साउथ में बनती थी, कुछ तेलगू में कुछ हिन्दी में। बाबा का नाम तो अहमर है लेकिन साउथ में लोगों को शायद बाबा पुकारना ज़्यादा आसान लगा। लिहाज़ा धीरे-धीरे उसका प्रोफ़ेशनल नाम बाबा आज़मी बन गया। अब अहमर आज़मी सिर्फ़ उसके पासपोर्ट और चेकबुक के लिए रह गया है।

बाबा ने बतौर कैमरामैन ज़्यादातर कमर्शल फ़िल्मों में ही काम किया है, जैसे मिस्टर इंडिया, दिल, तेज़ाब, बेटा वग़ैरह। कभी कहता था कि बामक़्सद, आर्ट फ़िल्में ज़्यादातर स्लो और बोरिंग होती हैं और उसे उनमें कोई दिलचस्पी नहीं। लेकिन वक़्त के साथ-साथ उसमें तब्दीली आने लगी है। आख़िर है तो कैफ़ी का बेटा ! कितने दिन समाज के मसूअलों से बेनियाज़ रह सकता था। अब, जबकि एक फ़िल्म डायरेक्ट करने की कोशिश कर रहा है, तो उसने जो कहानी चुनी है, वह एक ऐसे फ़ोटोग्राफ़र के बारे में है जो गाँव वापस जाकर वहाँ के लोगों को ऑर्ग़नाइज़ करता है कि वो एक्सप्लॉइटेशन के ख़िलाफ़ आवाज़ उठाएँ। मुझे तो इस कहानी में कैफ़ी की ज़िन्दगी की झलक दिखाई देती है।

1983 में 'प्यारी बहना' के सैट पर बाबा की मुलाक़ात तनूवी खेर से हुई जो उस फ़िल्म में टाइटल रोल कर रही थी। तनूवी बेहद अच्छी ऐक्ट्रेस है और बहुत ज़हीन लड़की। बाबा और तनूवी एक-दूसरे को पसन्द करने लगे। तनूवी के वालिदैन (मशहूर अदाकारा उषा किरन और डॉक्टर मनोहर खेर) को रिश्ता मंज़ूर नहीं था और वो इनकी शादी में शरीक नहीं हुए। वक़्त के साथ-साथ बाबा ने अपने ससुरालवालों का दिल ऐसे जीत लिया कि अब तनूवी को शिकायत होने लगी है कि उसके घरवाले उसकी बनिस्बत बाबा को ज़्यादा पसन्द करते हैं। तनूवी ने भी हमारे दिलों में अपनी जगह ख़ूब बना ली है। कैफ़ी की तो बहुत ही लाडली थी। हमेशा उसे प्यार से 'दुल्हन पाशा' कहकर पुकारते थे। जनवरी 2002 में जब कैफ़ी बीमार हुए तो बाबा उन्हें गाँव से दिल्ली ले आया था। शबाना मराक़श गई हुई थी। तनूवी दिल्ली आ गई और एक महीने तक रोज़ सुबह-शाम अस्पताल जाके कैफ़ी की देखभाल करती रही।

हमारे घर के माहौल को तनूवी ने पूरी तरह अपना लिया है। वह बड़ी

.ख़ुशमिज़ाज है। उसमें बहुत सिफ़ात हैं। इंतिहाई सलीक़ामंद है। घर बहुत ख़ूबसूरत रखती है और उसके घर में खाना हमेशा बहुत उम्दा होता है, लेकिन उसकी सबसे बड़ी ख़ूबी है उसके मिज़ाज में दर्दमंदी और हमदर्दी। जब भी मेरी तबीअत ख़राब होती है, तनूवी चट्टान की तरह मज़्बूत होकर मुझे सहारा देती है।

कैफ़ी और बाबा का रिश्ता बहुत गहरा था। कभी-कभी दोनों एक साथ कमरे में घंटों ख़ामोश बैठे रहते थे, लेकिन उस ख़ामोशी में एक अजीब-सा इत्मीनान होता था। कैफ़ी ने प्यार से उसका नाम रसगुल्ला रखा था, क्योंकि उसके बात करने का अन्दाज़ बहुत नर्म है। बाबा हम सबसे बहुत मोहब्बत करता है (और माँ से कुछ ज़्यादा ही)।

आहिस्ता-आहिस्ता वह बिल्कुल कैफ़ी की तरह होता जा रहा है। कहता है : "मैं अब्बा की तरह गाँव जाके काम तो नहीं कर सकता, लेकिन अगर मैं अपने अतराफ़ के लोगों के साथ हमदर्दाना सुलूक कर सकूँ और सही-ग़लत में फ़र्क़ कर सकूँ, तो मैं समझूँगा कि अब्बा के दिखाए हुए रास्ते पर चल रहा हूँ।"

मैं बहुत .ख़ुशक़िस्मत हूँ कि मेरे बच्चे अपनी ज़िन्दगी में .ख़ुश हैं और कैफ़ी जिन उसूलों के लिए ज़िन्दा रहे, वो उसूल इन बच्चों में ज़िन्दा हैं।

1997 में मुझे दिल का दौरा-सा पड़ा। उस वक़्त मैं मुशायरे के सिलसिले में कैफ़ी के साथ कलकत्ता गई हुई थी। शबाना और जावेद भी उस मुशायरे में शरीक थे। सुबह ये दोनों मियाँ-बीवी मुझसे मिलने होटल के कमरे में आए। देखा कि मैं मुँह लपेटे लेटी हूँ। कैफ़ी ने इतना कहा कि शौकत के सीने में दर्द हो रहा है। शबाना तड़प गई, मुझे पुकारा, मेरी शक्ल देखकर काँप गई। दोनों मियाँ-बीवी भागते हुए रिसेप्शन पर गए और किसी तरह डॉक्टर को बुलाने का इंतिज़ाम किया, जो हार्ट स्पेशलिस्ट था। डॉक्टर ने मश्वरा दिया कि इन्हें यहीं हॉस्पिटल में दाख़िल कर दीजिए। शबाना नहीं मानी। डॉक्टर गोयल को फ़ोन किया। डॉक्टर गोयल बम्बई में अमराज़े-क़ल्ब के बेहतरीन डॉक्टर माने जाते हैं। उन्होंने कहा : "अगर शौकत इस हाल में हैं कि उन्हें बम्बई लाया जा सकता है तो फ़ौरन ले आओ।" दोनों मियाँ-बीवी मुझे बम्बई ले आए और बॉम्बे हॉस्पिटल में दाख़िल करवा दिया। मुआइने में पता चला कि पाँच आर्टरीज़ ब्लॉक हो गई हैं। उनमें से एक तो 90 फ़ीसदी ब्लॉक हो चुकी है। ऑपरेशन ज़रूरी है। मैंने फ़ैसला किया कि ऑपरेशन करवाऊँगी। रोज़-रोज़ हॉस्पिटल कौन आए। इससे पहले एक आर्टरी की एंजियो प्लास्टी हो चुकी थी। डॉक्टर ने कहा कि कल ही ऑपरेशन करना पड़ेगा। एक दिन में सारा इंतिज़ाम करना इन दोनों के लिए कितना मुश्किल था, इसका अन्दाज़ा मुझे अब होता है।

बारह बजे रात तक जावेद और शबाना, डॉक्टर भट्टाचार्य के पास बैठे रहे, सिर्फ़ यह पूछने के लिए कि इसमें कितना रिस्क है। डॉक्टर ने बताया कि रिस्क सिर्फ़ इतना है, जितना सड़क पर चलनेवाले आदमी को किसी गाड़ी से टक्कर लग जाने की सूरत में हो सकता है, वर्ना कोई रिस्क नहीं। फिर छह बोतल ख़ून इकट्ठा करना था। इसके लिए शबाना और जावेद ने कई नौजवान बच्चों को बुलाया जिसमें जावेद का बेटा फ़रहान अख़्तर भी था। ख़ुदा का शुक्र है कि ऑपरेशन कामयाब हुआ। जब मुझे होश आया तो मैंने अपने आपको इंटेंसिव केयर में पाया। देखा, सामने शबाना आँसू पोंछती हुई खड़ी है। एक नौजवान डॉक्टर मुझसे कहने लगे : ''आपने तो इतनी बहादुरी से अपना ऑपरेशन करवा लिया। यह शबाना इतना क्यों रो रही है।'' मैंने कहा : ''वह मेरी बेटी है और मुझे बहुत चाहती है।'' शबाना रात में ज़मीन पर चादर बिछाकर वहीं सो जाती थी। फिर जब मुझे कमरे में शिफ़्ट किया, तो बीस दिन तक शबाना मेरे साथ ही रही। कमरे से बाहर भी नहीं निकली। न उसे अपने घर की फ़िक्र थी, न शूटिंग का कोई ख़याल। उसने ठान लिया था कि वह मुझे अच्छा करके ही ले जाएगी। हॉस्पिटल का खाना ख़राब था। शबाना ने अपनी दोस्त भारती (जिसका घर नज़्दीक था) से कहकर खाने का इन्तिज़ाम करवा दिया।

भारती ने इतना अच्छा हलका खाना भेजा कि हॉस्पिटल के खाने से मेरी जान बच गई। चुनाँचे बीस दिनों के बाद डॉक्टर ने मुझे घर जाने की इजाज़त दे दी और शबाना मुझे लेकर अपने घर आ गई।

कैफ़ी की बीमारी

1973 के अख़ीर में जब मैं 'गर्म हवा' की शूटिंग ख़त्म करके आगरे से बम्बई वापस आई तो आदिल ने मुझे बताया कि कैफ़ी की तबीअत ठीक नहीं है। एक दिन वो हमारे घर में कुर्सी से उठे, तो उठ नहीं पाए और कुछ देर के लिए बेहोश हो गए। मेरी तो जान ही निकल गई। मैं सीधी डॉक्टर के पास ले गई। मैंने डॉक्टर से कहा : ''डॉक्टर साहिब, इनका ब्लड प्रेशर चैक कीजिए। यह कोई परहेज़ नहीं करते हैं। नमक ज़्यादा खाते हैं।''

डॉक्टर ने ब्लड प्रेशर लिया तो तब भी 160 ऊपर का और नीचे का 100 था। डॉक्टर कहने लगा, यह कोई ब्लड प्रेशर नहीं होता। कोई दवा की भी ज़रूरत नहीं। वहाँ से आने के चौथे दिन 9 फ़रवरी, 1973 का वह मनूहूस दिन भी आया जब कैफ़ी और मेरी ज़िन्दगी पर मुसीबत का पहाड़ टूट पड़ा।

रात के नौ बजे थे। मैं, कैफ़ी और दो-चार दोस्त विश्वामित्र आदिल, ज़किया, इरशाद (मेरा भानजा) सब बैठे गप्पें हाँक रहे थे कि इतने में टेलीफ़ोन की घंटी बजी। यूनुस परवेज़ का फ़ोन था। यूनूस ने कैफ़ी से कहा कि उनके दोस्त जो मिनिस्टर भी हैं, कैफ़ी से मिलना चाहते हैं। म्यूज़िक डायरेक्टर रौशन के घर पर पार्टी है, वहाँ आ जाएँ। कैफ़ी जाने के लिए उठे तो उन्हें जैसे चक्कर-सा आ गया। मैंने घबराके पूछा : ''क्यों ख़ैरियत...?'' हँसके कहने लगे, ''बीवी को देखकर ऐसे ही चक्कर आ जाता है।'' सब हँस पड़े, मैं चुप हो गई। कैफ़ी रौशन की पार्टी में चले गए।

रात के ग्यारह बजे गेट की घंटी बजी। मैंने देखा कि कैफ़ी को चार आदमी लाश की तरह उठाकर ला रहे हैं। मेरे पैरों तले ज़मीन निकल गई। पलंग पर लिटाया तो साँस उखड़ी हुई थी। बार-बार हाथ सिर पर जा रहा था, जिससे पता चलता था कि सिर में शदीद दर्द है। घबराहट में मुझे सारा घर घूमता नज़र आने लगा। मैंने गिड़गिड़ाकर ख़ुदा से दुआ माँगी कि ऐ ख़ुदा ! मुझे इतनी ताक़त दो कि मैं चेतन आनन्द को फ़ोन क़र सकूँ। बड़ी मुश्किल से मैंने चेतन साहिब को फ़ोन किया कि कैफ़ी की हालत बहुत ख़राब है, जल्दी से आ जाइए।

चेतन साहिब कैफ़ी के दोस्त थे और उनसे 'हीर-राँझा' लिखवा रहे थे। फ़ौरन अपने बहनोई, डॉक्टर मधोक को लेकर हमारे घर पहुँचे। डॉक्टर ने कैफ़ी को देखा। ब्लड प्रेशर ज़्यादा था और सिर में शदीद दर्द, साँस उखड़ी-उखड़ी चल रही थी। हँसकर कहने लगे : ''अरे कुछ नहीं, ज़्यादा पी ली है। सुबह तक ठीक हो जाएँगे।''

मेरा दिल नहीं माना। मैं चूँकि होमियोपैथी पढ़ती रहती थी, मैंने कहा : ''डॉक्टर साहिब, सिम्पटम्स तो ब्रेन हेमरेजू के लगते हैं।'' तो मधोक हँसकर कहने लगे : ''आप भी अजीब हैं, अपने शौहर के बारे में ऐसा कह रही हैं।''

वो कुछ दवाएँ लिखकर चले गए। चेतन साहिब बान्द्रा से दवाएँ ले आए। दवाएँ ज़ुकाम की थीं। दवाएँ देकर वो भी अपने घर चले गए। बारह बजे तक मेरा बेटा भी आ गया। उस वक़्त वह सत्रह साल का था। वह अब्बा की यह हालत देखकर घबरा गया। मैं रो रही थी। मुझे सीने से लगाकर कहने लगा, ''मम्मी आप घबराइए नहीं, अब्बा बिल्कुल ठीक हो जाएँगे। मैं उनके हर डायरेक्टर से उनके इलाज के लिए वो पैसे ले आऊँगा, जो वो हज़्म करके बैठे हैं।'' मुझे लगा कि मेरा बेटा अचानक सत्रह साल से सत्ताईस साल का हो गया है। शबाना दिल्ली गई हुई थी। सिर्फ़ मैं और मेरा बेटा थे। हम दोनों रात भर बैठे रहे।

तीन बजे रात को कैफ़ी का बायाँ हाथ लकड़ी की तरह गिरा। वह नीम-बेहोशी में चौंककर बोले : ''यह क्या हुआ ?'' मुझे उसी लम्हे लगा कि हो न हो यह फ़ालिज का असर है। मैं जल्दी से उनके पास बैठ गई और उनका हाथ अपने हाथों में लेकर कहा : ''कैफ़ी मैं तुम्हारा हाथ थामे हूँ।'' रात को चार बजे मेरा बेटा हमारे फ़ैमिली डॉक्टर जैन के घर गया। उनकी बीवी ने कहा : ''हम डॉक्टर को नहीं उठा सकते। उनकी तबीअत ठीक नहीं है।'' मेरा बेटा वहीं बैठा रहा। सुबह नौ बजे डॉक्टर जैन को लेकर आया। कैफ़ी के दूसरे दोस्त भी आ गए थे मसलन उमेश माथुर, सथ्यू वग़ैरह। डॉक्टर जैन ने चैकअप करके कहा : ''इन्हें फ़ालिज हुआ है। यह ठीक हो जाएँगे।'' कुछ दवा देकर चले गए। इतने में रबाब जाफ़री का फ़ोन आ गया। मेरी ख़ैरियत पूछने लगीं। मेरी आवाज़ भर्राई हुई थी, मैंने कहा : ''कैफ़ी को फ़ालिज हो गया है।'' उन्होंने सरदार भाई को बताया। बस फिर क्या था। दोनों मियाँ-बीवी का फ़ोन एक के बाद एक आया : ''शौकत ! तुम कैफ़ी को लेकर फ़ौरन ब्रीच कैंडी हॉस्पिटल पहुँचो। वहाँ हम कमरा बुक करा लेंगे।''

मेरे घर में उस वक़्त सिर्फ़ सौ रुपये थे जो मैंने ख़ैरात के लिए कैफ़ी के तकिये के नीचे रख दिए थे। सुल्ताना आपा का फिर फ़ोन आया : ''मोती, तुम

फ़ौरन कैफ़ी को ले आओ, वर्ना अगर मैं यहाँ से ऐम्बुलेंस लेकर आऊँगी तो उसमें और देर हो जाएगी।'' इतने में सथ्यू ऐम्बुलेंस लेकर आ गए। उस वक़्त दिन के बारह बज चुके थे और कैफ़ी पर बेहोशी तारी होती जा रही थी। एक बजे के क़रीब हम ब्रीच कैंडी हॉस्पिटल पहुँचे, वहाँ दोनों मियाँ-बीवी सरदार भाई और सुल्ताना आपा, दो ब्रेन स्पेशलिस्ट डॉक्टरों के साथ खड़े थे।

डॉक्टरों ने कहा कि इनकी हालत नाज़ुक है। अगले 75 घंटे इनके लिए बहुत ख़तरनाक हैं। अगर यह वक़्त इन्होंने निकाल लिया तो बच सकते हैं। रोते-रोते मेरी आँखें सूज गई थीं। कोई चार बजे कैफ़ी ने आँखें खोलीं। इपटा के सभी आर्टिस्ट वहाँ मौजूद थे। गीता सिद्धार्थ भागकर मेरे पास आई और कहा : ''भाभी, जल्दी से मुँह धो लो, कैफ़ी साहिब आपको बुला रहे हैं।'' मैं भागकर कैफ़ी के पास गई। उन्हें होश आ गया था। मुझसे कहने लगे : ''तुम्हारे पास इलायची है।''

मैंने बटुए में से इलायची निकालकर दी। मेरे पास सुल्ताना आपा खड़ी थीं। मैंने कहा : ''तुम इन्हें पहचानते हो ?''

बोले : ''हाँ क्यों नहीं, यह सुल्ताना हैं।''

फिर उन पर बेहोशी तारी होने लगी। डॉक्टर ने हमको बाहर जाने के लिए कहा। कैफ़ी की बीमारी की ख़बर अख़्बारों में आ गई। फिर तो मिलनेवालों का ताँता-सा बँध गया, मगर डॉक्टरों का आर्डर था कि किसी को मिलने न दिया जाए। मेरे दोनों बच्चे दरवाज़े पर पहरेदार की तरह खड़े रहते और किसी को अन्दर जाने नहीं देते थे (शबाना दूसरे ही दिन दिल्ली से आ गई थी। सुखदेव ने उसे हवाई जहाज़ से भेज दिया था)। इपटा का कोई इनसान ऐसा नहीं था, जिसने कैफ़ी के लिए मन्दिरों, दरगाहों पर जाकर दुआएँ न माँगी हों।

उन्हीं दुआओं का असर था कि इतने बड़े अटैक के बाद वो आहिस्ता-आहिस्ता होश में आने लगे। ब्रीच कैंडी हॉस्पिटल में किसी को मरीज़ के साथ रहने की इजाज़त नहीं दी जाती थी। मेरा घर दूर था जबकि सरदार भाई का घर हॉस्पिटल से ज़रा-से ही फ़ासिले पर था। मुझे सुल्ताना आपा और सरदार भाई ने अपने घर बुला लिया।

उनके घर में जब टेलीफ़ोन की घंटी बजती तो मैं पागलों की तरह दौड़कर फ़ोन पर पहुँच जाती। सरदार भाई ने मुझे टेलीफ़ोन उठाने से मना कर दिया था, हत्ताकि दोपहर में जब उनके सोने का वक़्त होता था, फ़ोन बजता तो वो ख़ुद रिसीव करते। मैं रोती रहती तो सुल्ताना आपा मुझे समझातीं : ''मोती, अगर तुम्हारे रोने से कैफ़ी अच्छे हो जाएँ तो मैं कहूँगी कि ज़रूर रोओ, लेकिन वो तो

इलाज से अच्छे होंगे, रोने से नहीं। अलबत्ता तुम्हारी तबीअत ज़रूर ख़राब हो जाएगी, जबकि तुमको ज़्यादा तन्दुरुस्त रहना है कैफ़ी की तीमारदारी के लिए।''

हॉस्पिटल में शाम के चार बजे से लेकर सात बजे तक मरीज़ों से मिलने का वक़्त था। सुल्ताना आपा, सरदार भाई रोज़ मेरे साथ हॉस्पिटल जाते और हर ज़रूरत पूरी करते। कैफ़ी I.C.U. में थे। उनसे कोई मिल तो नहीं सकता था, फिर भी उनकी अयादत के लिए मिनिस्टर से लेकर जानकी कुटीर के माली तक आते थे। इन मालियों से कैफ़ी की बड़ी दोस्ती हुआ करती थी। बेचारे I.C.U. के बाहर खड़े यही दुआएँ माँगते थे कि भगवान ! हमारे भगवान जैसे साहिब को अच्छा कर दे। एक महीने के बाद कैफ़ी हॉस्पिटल से घर आ गए।

फ़ालिज ने उनके बाएँ हाथ और पैर पर असर किया था। पैरों से तो वो फिर भी लँगड़ा के चल सकते थे मगर बायाँ हाथ पूरी तरह मफ़्लूज हो गया था। मैं दिन-रात उनकी तीमारदारी कर रही थी मगर वो बहुत डिप्रेस्ड थे। कभी कहते थे : ''तुम मुझे चाय में ज़हर दे दो।'' कभी कहते थे : ''देखो, वह सामनेवाली छत से अगर कोई मुझे गोली मारे तो गोली सीधी मेरी पेशानी पर लगेगी और मैं इस कम्बख़्त बीमार ज़िन्दगी से निजात पा जाऊँगा।'' मैं उनकी हिम्मत बँधाने की कोशिश करती थी।

फिर कुछ अर्से बाद, एक दोस्त के मश्वरे पर, उन्हें केरेला ले गई। जहाँ कुट्टाकल में एक आयुर्वेदिक अस्पताल है। वहाँ इलाज के तरीक़े अलग ही हैं। कैफ़ी के सिर को शेव कर दिया गया, रोज़ उन्हें तेल के एक टब में बिठाया जाता था, फिर मालिश होती थी और दिन में कई बार नाक में आयुर्वेदिक दवा के क़तरे डाले जाते थे। ताकीद थी कि कैफ़ी खुले आस्मान के नीचे नहीं बैठेंगे। हम वहाँ एक महीने रहे। कैफ़ी के हाथ पर फ़ालिज का असर तो वैसे का वैसा रहा, लेकिन कुट्टाकल में इतना ज़रूर हुआ कि कैफ़ी अपने depression से निकल आए।

मेहँदी जो कैफ़ी के बहुत ही पुराने दोस्त और हम सबके लिए घर के एक फ़र्द की ही तरह हैं, उन्होंने दिल्ली में कैफ़ी के लिए एक प्रोग्राम मुनअक़िद किया जिसमें मशहूर गुलूकारा बेगम अख़्तर और कम्यूनिस्ट पार्टी के लीडर पी.सी. जोशी ने भी शिरकत की। पी.सी. जोशी ने अपनी तक़रीर में कहा कि रूस की राइटर्ज़ एसोसिएशन को चाहिए कि वो कैफ़ी को इलाज के लिए रूस बुलाए। सरोजिनी नायडू की बहन, जो इस जलसे में मौजूद थीं, ने ग़ालिबन इस बात को वहाँ तक पहुँचाया और कैफ़ी को रूस भिजवा दिया। कैफ़ी रूस में दो महीने रहे और बड़ी हद तक सेहतयाब होकर लौटे, लेकिन उनके बाएँ हाथ पर फ़ालिज का असर कम

नहीं हुआ, वह हमेशा के लिए मफ़्लूज हो गया था। मैं हमेशा कैफ़ी क़ी आँखों को देखती रहती थी कि वो क्या चाहते हैं, कहाँ जाना चाहते हैं। बीमारी के बाद उनका घूमने-फिरने का शौक़ ज़्यादा बढ़ गया था। शायद वो अपने-आपको और दूसरों को यक़ीन दिलाना चाहते थे कि वो इस बीमारी के हाथों मजबूर नहीं हुए हैं।

1976 में पटना एंटी फ़ासिस्ट पीस कान्फ्रेंस हुई। कैफ़ी ने ख़्वाहिश ज़ाहिर कि वो इस पीस कान्फ्रेंस में शिरकत करना चाहते हैं। मैं बग़ैर किसी उज़्र[1] के तैयार हो गई। हम पटना पहुँच गए। कैफ़ी के चाहनेवाले हर जगह मौजूद होते थे। एक कामरेड के घर मेहमान रहे। कान्फ्रेंस में पटना के मुख़्तलिफ़ गाँवों से आए हुए एक लाख किसान लाल झंडा लिए इस कान्फ्रेंस में शरीक हुए। कान्फ्रेंस बहुत कामयाब हुई।

कान्फ्रेंस के बाद वापसी के लिए जब हम स्टेशन पहुँचे तो एक अजीब ही मंज़र था। स्टेशन पर एक लाख किसान लाल झंडे लिए हुए अपने-अपने गाँव वापस जाने के लिए चले आ रहे थे। पूरा स्टेशन लाल झंडों से भर गया था। प्लेटफ़ार्म पर तिल धरने की जगह नहीं थी। हमारे साथ हमारी मेज़बान लड़की भी थी जो कैफ़ी साहिब के साथ चल रही थी। चार क़ुलियों ने एक कुर्सी पर कैफ़ी को उठा रखा था। एक किसान जो कम्यूनिस्ट पार्टी का लाल बैज लगाए हुए था, बग़ल में डंडा दबाए हमारे साथ-साथ चल रहा था, जैसे वह हमारा मुहाफ़िज़ हो। मैं अपने हाथ में पर्स और नाश्तेदान पकड़े हुए थी कि अचानक मुझे ठोकर लगी और मैं मुँह के बल गिर पड़ी, मेरा पर्स कहीं और नाश्तेदान कहीं। क़रीब था कि मज्मा मुझे कुचल डालता, मैंने यह हैरतअंगेज़ मंज़र देखा कि हमारे साथ चलनेवाले किसान ने बग़ल से एक डंडा निकाला और उसे बनौट की तरह घुमाने लगा। आने-जानेवाले लोग अपनी-अपनी जगह रुक गए। अगर ज़रा देर हो जाती और वह किसान डंडा न घुमाता तो मैं लोगों के पैरों तले दबकर ख़त्म हो जाती। क़ुलियों ने कैफ़ी की कुर्सी नीचे रख दी और वह लड़की कैफ़ी को बचाने के लिए कैफ़ी पर झुक गई। इस तरह हम दोनों की जान बच गई। देर तक मेरा दिल पत्ते की तरह काँपता रहा। यूँ तो सफ़र के दौरान कई हादसे पेश आए लेकिन यह हादसा अपनी नौईयत[2] का अजीबो-ग़रीब हादसा था जो आन की आन में हमारी जान ले सकता था। लोग हमें कुचलते चले जाते लेकिन उस कॉमरेड की हाज़िरदिमाग़ी[3] ने हमें बाल-बाल बचा लिया।

उसी ज़माने में हम 'जश्ने कैफ़ी' के सिलसिले में दुबई गए। वहाँ मुशायरा

---

1. आपत्ति, 2. प्रकार, 3. चैतन्यता।

था। वहाँ के मुंतज़िमीन[1] कैफ़ी को साठ-सत्तर हज़ार रुपए की थैली पेश करना चाहते थे, लेकिन कैफ़ी ने उसकी बजाय बम्बई इपटा के लिए कुछ काम की चीज़ें माँग लीं, मसलन कंप्यूटर, वीडियो कैमरा वग़ैरह। सच कहूँ तो मुझे बहुत कोफ़्त हुई। पैसे मिलते तो मैं दुबई में शॉपिंग करती। मगर कैफ़ी की ख़ुशी की ख़ातिर ख़ामोश रही।

इसी तरह कुछ दिनों बाद अमेरिका गए। अमेरिका के बहुत से शहरों में घूमे। यूँ तो हम एक बार पहले भी आ चुके थे लेकिन यह सफ़र बहुत थका देनेवाला था। मैंने तौबा कर ली कि अब अमेरिका नहीं जाऊँगी। एक तो हर शहर में दो या तीन दिन का क़याम; फिर कैफ़ी का काम, अपना काम, कपड़ों को इस्तिरी करना। कैफ़ी के कपड़े तो मशीन में धुल जाते लेकिन कैफ़ी को नहलाना, कपड़े बदलना, तैयार करके मुशायरों में ले जाना, मैं बहुत थक जाती थी। कुछ दिनों से कुछ बीमार भी थी।

पार्टी ने मुझे और कैफ़ी दोनों ही को इलाज के लिए रूस भेज दिया। वहाँ हस्पताल में हम दोनों को अलग-अलग कमरों में ठहराया गया, जो मुझे अच्छा नहीं लगा। लेकिन सच यह है कि मुझे उस हस्पताल में एक नई ज़िन्दगी मिली। मेरी बायीं छाती में एक cyst हो गया था जो अगर यूँ ही रहता तो कैंसर में तब्दील हो जाता। उन लोगों ने उसे ऑपरेशन करके निकाल दिया और मेरी जान बच गई। वहाँ के लोग बहुत प्यार करनेवाले थे। बहुत मोहब्बत से पेश आते, लेकिन मैं हॉस्पिटल के माहौल से तंग आ गई थी। मुझे मुस्तक़िल हाई ब्लड प्रेशर रहने लगा था। डॉक्टर फ़िक्रमंद[2] थे। मैंने एक दिन तंग आकर कहा : "देखिए आप मुझे हमेशा एक तौलिये के हाउस कोट में रखते हैं, जिससे मेरा ब्लड प्रेशर बढ़ जाता है। आप मुझे छुट्टी दे दीजिए और मुझको मेरे ख़ूबसूरत कपड़े पहनने की इजाज़त दे दीजिए, फिर देखिए मेरा ब्लड प्रेशर किस तरह नार्मल होता है। उनकी समझ में आ गया। मैं एक शाम कैफ़ी से मिलने उनके कमरे की तरफ़ जा रही थी कि एक रूसी नौजवान मेरे पास आया और बिल्कुल साफ़ हिन्दुस्तानी में मुझसे कहने लगा, "आप मिसेज़ शौकत कैफ़ी हैं ?"

मैंने कहा : "जी हाँ।"

बोला, "मैं आपका तर्जुमान (interpreter) हूँ। मैं आप दोनों को यहाँ से होटल ले जाने के लिए आया हूँ। आपको हॉस्पिटल से छुट्टी मिल गई है।"

मैं ख़ुशी से चीख़ पड़ी : "क्या वाक़िई ?"

भागी हुई गई, अस्पतालवालों से अपने ख़ूबसूरत कपड़े वापस लिए और उनका

---

1. प्रबन्धकों, 2. चिन्तित।

तौलिये का हाउस कोट उनके हवाले किया। फिर हम कैफ़ी को लेकर होटल में आ गए, जहाँ कैफ़ी के बहुत-से दोस्त जमा थे, मुनीष, मिर्ज़ा अश्फ़ाक़ बेग और कई दूसरे कामरेड। फिर एक दोस्त ने कहा, फ़ैज़ अहमद फैज़ भी यहीं इसी होटल में हैं, उन्होंने आप दोनों को बुलाया है। मैं तो ख़ुशी से नाचने लगी। अपने बेहतरीन कपड़े पहने, कैफ़ी को तैयार किया और फ़ैज़ से मिलने उनके कमरे में गए। फ़ैज़ उस वक़्त तक शराब छोड़ चुके थे। हमने वाइन पी और देर तक फ़ैज़ साहिब से उनकी ग़ज़लें और नज़्में सुनते रहे। फिर अपने कमरे में आ गए। वहाँ दो टिकट हमारे लिए रखे हुए थे। जॉर्जिया के शहर 'सूची' के एक हॉलिडे रिज़ॉर्ट में हमारे ठहरने का इंतिज़ाम किया गया था। मैंने सुन रखा था कि जॉर्जिया बेहद ख़ूबसूरत मुल्क है। वहाँ के लोग बहुत ख़ूबसूरत होते हैं। वहाँ की लड़कियाँ कोहे-क़ाफ़[1] की परियाँ कहलाती हैं। मैं तो बहुत ख़ुश हो गई। चुनाँचे दूसरे दिन हम वहाँ के लिए अपने तर्जुमान के साथ रवाना हो गए। वह जगह किसी जन्नत से कम नहीं थी। एक तरफ़ पहाड़ और दूसरी जानिब समन्दर। समन्दर के किनारे सफ़ेद पत्थर या तो मुर्ग़ी के अंडे के बराबर या क़ाज़ के अंडे जितने, बिल्कुल सफ़ेद और ख़ूबसूरत। समन्दर के किनारे हर तरह के खेल के सामान मुहैया थे, शतरंज, थियेटर, फ़िल्म, हर चीज़ का इन्तिज़ाम। खाना-नाश्ता इन्तिहाई लज़ीज़। नाश्ते में वो इतनी चीज़ें देते कि एक इनसान इतना खा ही नहीं सकता था। एक ख़ूबसूरत-सी लड़की कैफ़ी की तर्जुमान थी और एक हैंडसम-सा लड़का मेरा तर्जुमान।

इनसानी फ़ित्रत् भी अजीब होती है। बावुजूद इसके कि वह इतनी ख़ूबसूरत जगह थी, कुछ ही दिनों में मुझे वहाँ वहशत-सी होने लगी, क्योंकि वहाँ अपनी ज़बान जाननेवाला कोई नहीं था। अफ़ग़ानिस्तान के एक कॉमरेड वहाँ तब्दीलिए-आबो-हवा[2] के लिए आए हुए थे। कैफ़ी से उनकी दोस्ती हो गई। मैंने उनसे कहा कि अगर आपके पास ग़ज़ल वग़ैरह का कैसेट हो तो वक़्त गुज़ारने के लिए मुझे दे दीजिए। यहाँ तो अपनी ज़बान सुनने को कान तरस गए हैं। उन्होंने अपना छोटा-सा टेप रिकार्डर और एक कैसेट दिया और कहा कि इसमें अफ़ग़ानिस्तान के एक मशहूर गुलूकार की गाई हुई दो उर्दू ग़ज़लें हैं। क्या बताऊँ कैसी ख़ुशी हुई मुझको। तमाम दिन वो दो ग़ज़लें सुनती रहती थी। फिर हमारे जाने के दिन क़रीब आ गए। बल्कि मैंने ज़िद करके क़रीब करवाए। चलते वक़्त हमारे अफ़ग़ान कॉमरेड ने वह कैसेट मुझे प्रेज़ेंट कर दिया। हम बम्बई आ गए। रूस और जॉर्जिया में यह लम्बी छुट्टी मुझे बहुत रास आई थी। जो भी मुझे देखता,

1. काकेशिया का पहाड़ जहाँ का सौन्दर्य प्रसिद्ध है, 2. जलवायु का बदलना।

कहता कि आपकी उम्र तो कोई दस साल कम लगने लगी है। बम्बई आके जब मैंने अपना चैकअप करवाया तो इस बात की तस्दीक़ हुई कि रूस में मेरा ऑपरेशन पूरी तरह कामयाब हुआ था। कैफ़ी भी इंतिहाई सेहतमंद लग रहे थे। एक ज़माने के बाद उनके चेहरे पर इतनी रौनक़ थी। यह 1983 की बात है।

कैफ़ी की ज़िन्दगी का दूसरा दौर

शबाना जिस ज़माने में राज्य सभा की एम.पी. थी, उसे देहली में हुकूमत की तरफ़ से एक बड़ा शानदार मकान दिया गया था। उसमें एक बड़ा-सा कमरा उसने मेरे और कैफ़ी के लिए रखा था। हम जब भी जाते वहीं ठहरते थे। एक दिन मैं अपने उस कमरे में लेटी कोई किताब पढ़ रही थी। पास ही कैफ़ी भी दराज़ थे। उन दिनों उनकी तबीअत कुछ ख़ास अच्छी नहीं थी। अचानक दो आदमी एक बड़ा-सा बक्सा उठाए हुए आए और पूछा, "इसे कहाँ रखें ?" कैफ़ी के मुलाज़िम गोपाल ने कहा, कि अन्दर रख दीजिए। मैंने गोपाल से पूछा : "यह क्या है।" वह बोला : "एयरकंडीशनर है, जेट एयरवेज़ के मालिक नरेश गोयल साहिब ने अब्बा को मिजवाँ के कंप्यूटर क्लास के लिए भेजा है।" यह सुनकर मैं हैरत से कैफ़ी को देखने लगी। बीस बरस पहले का मिजवाँ जैसे मेरी आँखों के सामने घूमने लगा।

बीस बरस पहले

हम सफ़दर भाई के घर में हैं, क्योंकि कैफ़ी के घर पर रिश्तेदारों का क़ब्ज़ा है। सफ़दर भाई से मैं कह रही हूँ :
"मुझे नहाना है। कहाँ नहाऊँ? यहाँ तो कोई इन्तिज़ाम ही नहीं है।"
सफ़दर भाई बोले : "दुल्हन, तुम फ़िक्र न करो। मैं, जहाँ ट्यूबवेल में पानी गिरता है, वहाँ दो चादरें बाँध दूँगा। वहीं नहा लेना। अभी तो बिजली है, ट्यूबवेल बन्द नहीं होगा।"
मैं जल्दी-जल्दी नहाने की तैयारी करती हूँ। अभी साबुन लगा ही रही हूँ कि हवा चलने लगती है और चादरें उड़ने लगती हैं। मैं चीख़ती हूँ : "हाय-हाय, इधर कोई न आए, प्लीज़, कोई न आए।" और जल्दी-जल्दी जैसे-तैसे नहाकर कपड़े बदलकर भाग आती हूँ।

मेहमान आए हुए हैं। लकड़ी नहीं है। झाड़ू से आँगन के पत्ते इकट्ठा

करके आग लगाकर उस पर चाय की केतली रख देती हूँ। चाय बनाकर मेहमानों को पिलाती हूँ।

रात का वक़्त है। बारिश हो रही है। घर में बाथरूम नहीं है। कैफ़ी को बाथरूम जाना है। मेरी समझ में नहीं आ रहा है कि कैफ़ी की चौकी कहाँ रखूँ। सब लोग सो रहे हैं, उठ जाएँगे। चौकी आँगन में रखती हूँ। लालटेन हाथ में लेकर कैफ़ी को एक हाथ का सहारा देकर आँगन में लाती हूँ। बारिश परेशान कर रही है। जल्दी से छतरी लाके, कैफ़ी के लिए छतरी पकड़कर खड़ी हो जाती हूँ, .खुद भीग रही हूँ। चारों तरफ़ बारिश है और अँधेरा, बस एक मद्धम-सी लालटेन जल रही है।

मिजवाँ में तब तक न आने-जाने के लिए सड़क थी, न बच्चों के लिए स्कूल, न कोई अस्पताल न डाकख़ाना, न टेलीफ़ोन न टी.वी.। ऐसा लगता था कि बरसों से इस गाँव में कोई तरक़्क़ी नहीं हुई है। कैफ़ी आहिस्ता-आहिस्ता इस फ़ैसले तक पहुँचे कि अब वो अपने इसी गाँव में रहेंगे और इसकी तरक़्क़ी के लिए जो हो सकेगा करेंगे, चाहे रास्ते में कितनी ही दिक़्क़तें क्यों न आएँ। और फिर वो अपनी ज़िन्दगी के आख़िरी लम्हों तक उस छोटे-से गाँव को एक मॉडल गाँव बनाने की कोशिश में लगे रहे और बड़ी हद तक कामयाब रहे।

फूलपुर से मिजवाँ तक कोई सड़क नहीं थी। उन्होंने महसूस किया कि गाँव में सबसे पहले सड़क बननी चाहिए। सड़क न होने की वजह से हम लोगों को भी डोली में बैठकर आना पड़ता था। पता नहीं उस सड़क को बनाने में उन्हें कितनी दिक़्क़तें पेश आई होंगी। मैं तो एक नौकर को कैफ़ी के पास छोड़कर बम्बई चली गई। मुझे पता चला कि सड़क के लिए लोग अपनी ज़मीन देने को तैयार नहीं हैं। उस वक़्त वी.पी. सिंह यू.पी. के चीफ़ मिनिस्टर थे। उन्होंने भी पूरी मदद की लेकिन मुश्किलें भी पेश आती रहीं। एक दफ़ा तो सड़क के लिए ज़मीन खोदते हुए शंकर भगवान की मूर्ति निकल आई। वी.पी. सिंह ने कहा : "कैफ़ी साहिब ! इस वक़्त तो आप बम्बई चले जाएँ। यह भगवान जिस तरह आए हैं वैसे ही वापस चले जाएँगे। वर्ना हिन्दू-मुस्लिम फ़साद का ख़दशा है।" इस तरह सड़क बनने में कई बरस लग गए। बहरहाल सड़क बन गई।

अब कैफ़ी को स्कूल बनाने की फ़िक्र हुई। स्कूल के लिए ज़मीन ज़रूरी थी। सरकारी ज़मीन पर तो गाँववालों ने क़ब्ज़ा कर रखा था। गोबर के उपलों के ढेर

लगा रखे थे। उनके पास से ज़मीन लेना कोई आसान काम नहीं था। कैफ़ी उस वक़्त किसी सरकारी अफ़सर से मिले और उन्हें आमादा किया कि वो ज़मीन की फिर से पैमाइश करें जो बीस साल में एक बार होती है। अभी सिर्फ़ सत्रह बरस हुए थे लेकिन कैफ़ी के कहने से गाँव की ज़मीन की पैमाइश शुरू हो गई। इस तरह बहुत सारी ज़मीन नाजाइज़ क़ब्ज़ों से निकल आई। कुछ कुम्हार अपने उपले जिन्हें उनकी ज़बान में कंडे कहा जाता है, सरकारी ज़मीन से उठाने के लिए तैयार नहीं थे। कैफ़ी ने उनमें से एक को बुलाया और कहा : ''हरिलाल, कल दस बजे तक वहाँ से कंडे हट जाने चाहिएं।'' उनकी आवाज़ में इतनी ताक़त थी कि वह बड़बड़ाता हुआ चला गया, मगर कंडे हट गए। स्कूल की बुनियाद पड़ने लगी। गाँव के कई लोग कहने लगे कि कैफ़ी साहिब हमसे ज़मीन छीनकर .खुद अपने बच्चों के लिए स्कूल बनवा रहे हैं। हमारे यहाँ काम करनेवाला किसान सीताराम उन्हें समझाता, ''कैफ़ी साहिब के बच्चे तो इतने बड़े हो गए हैं। कब की अपनी पढ़ाई-लिखाई ख़त्म कर चुके हैं। वो यहाँ पढ़ने के लिए क्यों आएँगे? यह इंतिज़ाम तो अपने गाँव के बच्चों के लिए हो रहा है।'' शुरू-शुरू में स्कूल सिर्फ़ चौथी जमाअत तक खुला। टीचर भी मिल गए। बच्चे .खुशी-.खुशी स्कूल जाने लगे। पढ़ाई शुरू हो गई। वही हरिलाल जो स्कूल के नाम का दुश्मन था, कुछ शर्मिंदा-सा, मुस्कराता हुआ आया और कहने लगा : ''भैया जौन इस्कूल बनाइन हैं, हुआँ अब हमरी पोतीयो जात है। आज सबेरे-सबेरे बाल झाड़त रही, कपड़वा बदलके तैयार होत रही, कहत रही, 'दादा हम्मे पढ़ेका है'।'' आज वही स्कूल मेट्रिक तक का है और वहाँ मिजवाँ ही नहीं दूसरे गाँव के बच्चे भी आते हैं।

एक दिन कैफ़ी ने बड़े प्यार से और बड़े सुलझे हुए लहजे में मुझसे कहा : ''अब हमें अपना घर मिजवाँ में बना लेना चाहिए। कब तक किसी और के घर में रहेंगे। मैंने एक कांट्रेक्टर हसनैन भाई से बात भी कर ली है। वो यहीं क़रीब माहुल के रहनेवाले हैं। बम्बई में कंस्ट्रक्शन का काम करते हैं। वो तुम्हारी पसन्द का घर बना देंगे।'' यह कहकर बीस-पच्चीस हज़ार रुपये जो उनके पास थे, मुझे दिए। उन दिनों शबाना का काम फ़िल्मों में पूरे ज़ोरो-शोर से चल रहा था और मैं बम्बई में बेहद आराम की ज़िन्दगी गुज़ार रही थी। वैसे भी मैं हमेशा से शहर की रहनेवाली थी। गाँव में रहने के तसव्वुर से जैसे मेरा दम निकल गया। लेकिन मैं जान गई थी कि कैफ़ी अपना इरादा बदलनेवाले नहीं हैं। क्या करती, मजबूरन राज़ी हो गई। हसनैन भाई से मिलकर घर का नक़्शा तैयार किया और मकान बनना शुरू हो गया। शबाना ने मुझसे कहा : ''मम्मी, मेरे अब्बा जैसा घर चाहें, बनवा दीजिए। पैसों की फ़िक्र न कीजिए। अगर उन्हें इसी में ख़ुशी मिलती है, तो यही सही।''

तक़रीबन एक साल में घर मुकम्मल हुआ। मैंने हर कमरे के साथ बाथरूम बनवाए थे। मिजवाँ के लोग ठट के ठट देखने आते और कहते : "अरे बप्पा रे बप्पा, कैफ़ी चच्चा के घर में तो संडास ही संडास।" और हँसते हुए बाहर निकल जाते।

कैफ़ी ने मुझसे कहा था कि घर में एक बड़ा हॉल होना ज़रूरी है ताकि मेरे गाँव के लोग टी.वी. देखने के लिए आ सकें। मैंने घर के नक़्शे में ख़ास तौर से एक बड़ा हॉल रखवाया था। ज़ब बिजली आती तो गाँव के लोग जूक़-दर-जूक़[1] भागे-भागे आते और हैरत से टी.वी. देखते। कोई चिल्लाकर कहता : "वह देखो एक मंनई (आदमी) जात है।" फिर कैफ़ी ने जेनेरेटर भी ख़रीद लिया। बिजली चली जाती तो जेनेरेटर चलने लगता और टी.वी. बन्द नहीं होता। हॉल में रश का यह आलम होता कि पैर रखने की जगह न रहती। गाँव के बच्चे बेहद मैले-कुचैले होते थे। उनके कपड़ों से बू आती थी। लगता था न जाने कब से नहाए नहीं हैं। मैंने उन्हें साफ़-सुथरा रहने की आदत डालने के लिए एक तरकीब सोची। उनसे कहा कि जो बच्चा भी टी.वी. देखना चाहता है, उसे नहा-धोकर साफ़ कपड़े पहनकर आना होगा। टी.वी. देखने के शौक़ में बच्चों ने रोज़ नहाना शुरू कर दिया।

जब कैफ़ी ने घर के लिए गोबर गैस का इन्तिज़ाम किया तो गाँववाले अपने जानवरों का गोबर कुछ दिन तो हमें देते रहे। फिर आना-कानी करने लगे। उनको चूल्हा जलाने के लिए उपले भी तो चाहिए थे। कैफ़ी फ़ौरन समझ गए, आज़मगढ़ गए और वहाँ से गैस का चूल्हा और सिलेंडर ले आए। प्रेशर कुकर मैं दिल्ली से ले आई थी। प्रेशर कुकर की सीटी सुनकर औरतें भागी-भागी मेरे घर आ जातीं और कहतीं, "ए चच्ची, ई तो सीटी बजत ही—रेलगाड़ी आवत ही का ?" और मुँह में साड़ी का पल्लू ठूँसकर हँसती हुई चली जातीं। उन्होंने कभी प्रेशर कुकर नहीं देखा था। ग़रज़ यह कि उनके लिए ये मामूली चीज़ें भी एक नया तजर्बा थीं। मुझे याद है कि जब मैंने उन औरतों को प्रेशर कुकर दिखाके समझाया कि इसमें रेलगाड़ी की सीटी क्यों बजती है तो वो कैसे हैरत से मुँह खोले सुन रही थीं। इसी तरह मैं उन्हें हर चीज़ तफ़्सील से समझाने की कोशिश करती थी। बहुत ही पिछड़ा हुआ गाँव था। गाँव में ज़्यादातर घर तो कुम्हारों के थे। शीआ मुसलमानों के सिर्फ़ चार घर थे। उन घरों में बाक़ाइदगी से मजलिसें होती थीं और अब भी होती हैं। बहरहाल अब मिजवाँ में हमारा अपना घर था, जिसे मैंने जानकी कुटीर ही की तरह सजाया और हम बाक़ाइदा मिजवाँ में रहने लगे।

1. झुंड के झुंड।

गाँव के दिन-रात

सुबह के पाँच बजे हैं। मेरी आँख खुल गई। बैलों के गले में बँधी घंटियों की सुहानी आवाज़ कानों में रस घोल रही है, टन-टन-टन। किसान सर्दियों में मामूली फटे-पुराने गमछे, सिर और कनपटियों पर लपेटे अपने बैलों को खेतों की तरफ़ ले जा रहे हैं। जगह-जगह अलाव जल रहे हैं। कुछ लोग आग ताप रहे हैं। मैं कैफ़ी को उठाती हूँ। ख़ुद गर्म कपड़े पहनकर बाहर सीताराम को पुकारती हूँ : "सीताराम, आग जलाओ, हम बाहर चाय पिएँगे।"

मुझे घर सजाने का जितना शौक़ है, उससे ज़्यादा कैफ़ी को बाग़बानी का था। गाँव में दूसरे काम करने के साथ-साथ फूल-पौदे लगवाने का सिलसिला भी चलता रहता। हमारा माली सीताराम गाँव का किसान था। उसने अपने साहिब को ख़ुश करने के लिए तरह-तरह के फूलों और पौदों से बग़ीचे को जन्नतनिशान बना दिया था।

मेरा रोज़ का मामूल था कि सुबह-सवेरे खेतों में चहलक़दमी के लिए निकल जाती। वापस आकर एक रंगीन डलिया में मोतिया के फूल तोड़कर जमा करती, फिर आम के दरख़्त के नीचे सफ़ेद चबूतरे पर जहाँ गोपाल कुर्सियाँ और टेबल बिछा देता, मेज़ पर फूलों की ड़लिया रख देती। कैफ़ी पहले ही से वहाँ मेरे इंतिज़ार में होते थे। इतने में गोपाल ट्राली में चाय और बिस्किट ले आता। गाँव के बड़े-बूढ़े आहिस्ता-आहिस्ता चाय के शौक़ में जमा होने लगते। मैं सबको चाय देती। इस तरह हमारी सुबह होती थी।

एक दिन बिस्किट ख़त्म हो गए। मैंने एक बड़े मियाँ को सिर्फ़ चाय दी। वो बेचैनी से बोले : "और बिस्कुटवा ?" मुझे हँसी आ गई। मैंने समझानेवाले अन्दाज़ में कहा : "चाचा बिस्किट ख़त्म हो गए हैं। आज़मगढ़ जाएँगे तो ले आएँगे।"

रोज़ सुबह लॉन में चाय पीते हुए कैफ़ी जब सामने रास्ते पर लड़कियों को यूनीफ़ार्म पहने स्कूल जाते देखते तो ख़ुशी से उनके चेहरे का रंग बदल जाता था। वो कहते थे : "मुझे यह देखकर ख़ास तौर से ख़ुशी होती है कि शीआ घरानों की वो लड़कियाँ जिन्हें कल तक दरवाज़े से बाहर झाँकना भी नसीब नहीं था, आज यूनीफ़ार्म पहने स्कूल जा रही हैं।"

सुबह की चाय के बाद मैं बावर्चीख़ाने में मसरूफ़ हो जाती और कैफ़ी लिखने-पढ़ने में। कोई ग्यारह बजे शब्बर भैया, सफ़दर भैया और मेहँदी भैया, ये तीनों कैफ़ी के दूर के रिश्तेदार थे और उम्र में कैफ़ी से बड़े, तीनों लगभग अस्सी बरस या शायद इससे कुछ ज़्यादा ही के होंगे, मगर इस उम्र में भी ताश का शौक़

था, वरांडे में जमा होते, ताश के पत्ते निकाले जाते और 'सात हाथ' खेल शुरू हो जाता। कैफ़ी तो पहले ही से वहीं कुर्सी पर बैठे होते, वो भी शरीक हो जाते। अगर कभी कोई ग़ैरहाज़िर होता तो शब्बर भैया मुझे आवाज़ देते, "दुलहिन आए जाओ, एक ठो आदमी की कमी है।" मैं भी ख़ुशी-ख़ुशी शामिल हो जाती। मैं देखती थी कि ताश में बूढ़े ख़ूब चीटिंग करते हैं और कैफ़ी उनसे भी ज़्यादा। यह महफ़िल एक बजे तक चलती, फिर सब खाना खाने चले जाते। हम दोनों भी खाना खाकर सो जाते थे।

चार बजे से फिर मसरूफ़ियत शुरू हो जाती। कभी डी.एम. आनेवाले हैं, कभी एस.एस.पी.। कैफ़ी को गाँव के काम के सिलसिले में इन्हीं लोगों से साबिक़ा पड़ता था। इनकी ख़ातिरदारी के लिए खाने-पीने का इन्तिज़ाम करना पड़ता। हमारा बावर्ची जिसे कैफ़ी बाराबंकी से लेकर आए थे, बहुत तजर्बेकार था। उसे तक़रीबन सब तरह की चीज़ें पकानी आती थीं। शाम के लिए समोसे-पकौड़े वग़ैरह बनाता था। मिठाई फूलपुर से आ जाती। डी.एम. और उनके एक-दो साथी तो बहुत कम खाते लेकिन उनकी हिफ़ाज़त के लिए दो जीप भरकर जो सिपाही आते थे, वो ख़ूब डटकर खाते और कभी-कभी जेबों में भी भर लेते थे।

कैफ़ी उनसे अपने गाँव की ज़रूरतों का ज़िक्र करते या किसी न किसी की नौकरी के लिए कहते। अक्सर वो लोग यह काम कर दिया करते थे और कभी-कभी न करने के लिए कोई बहाना भी बना देते थे। मेहमानों के जाने के बाद रात को मेरे कमरे में गाँव की बुर्क़ापोश औरतों का ताँता बँध जाता। इधर-उधर की बातें चलतीं यहाँ तक कि खाने का वक़्त हो जाता। सामने टी.वी. भी चलता रहता। वहाँ बिजली तो बहुत कम आती थी लेकिन जेनेरेटर की वजह से घर में बिजली का मसअला नहीं था। बल्ब जलते रहते। घर में चारों तरफ़ रौशनी रहती।

जब सरसों फूलती तो सारा गाँव पीले रंग के फूलों से ज़ाफ़रानज़ार नज़र आता था। जिंधर नज़र दौड़ाओ पीले-पीले फूल। यूँ लगता जैसे किसी हसीना ने अपना दुपट्टा पीले रंग में रँगके फैला दिया हो।

हमारे गाँव मिजवाँ की रातें बड़ी ख़ूबसूरत होती हैं। चारों तरफ़ जुगनू उड़ते रहते हैं। जब चाँदनी रातें होतीं तो समाँ और भी ख़ूबसूरत हो जाता है। गाँव तो बहुत जल्द सो जाता है लेकिन उसकी ख़ामोशी माहौल को और ज़्यादा पुरकशिश बना देती है।

मुझे याद है, हमारे पलंग बाहर लॉन में बिछा दिए जाते थे। मैं कोई क्लासिकल गाना लगा देती। कैफ़ी अपना ग्लास लेकर गावतकिये के सहारे नीम-दराज़ हो जाते। कभी मेरी फ़र्माइश पर कोई नज़्म या ग़ज़ल सुनाते। उन ही

दिनों कैफ़ी ने एक ग़ज़ल कही थी जिसके हर शे'र में उनके गाँव की तस्वीर थी। मुझे मतला[1] याद है—

महक ख़ुलूस[2] की इस सन्दलीं[3] गुबार[4] में है
मोहब्बत आज भी ज़िन्दा मिरे दियार[5] में है

पता नहीं यह ग़ज़ल कहाँ खो गई।

गाँव की ज़्यादातर आबादी किसानों की थी। ये वो किसान थे जो पहले कुम्हार का काम भी किया करते थे लेकिन बाद में उन्होंने कुम्हार का काम छोड़ दिया था। स्कूल बन जाने की वजह से उनके बच्चे भी स्कूल जाया करते थे। रफ़्ता-रफ़्ता आसपास के गाँव के बच्चे भी स्कूल आने लगे और बच्चों की तादाद बढ़ने लगी। ज़्यादा टीचरों की ज़रूरत महसूस होने लगी। इसलिए मज़ीद[6] टीचरों का तक़र्रुर[7] किया गया। अब कैफ़ी को फ़िक्र हुई कि स्कूल मैट्रिक तक हो जाए। उस ज़माने में मुलायम सिंह यादव यू.पी. के चीफ़ मिनिस्टर थे। कुछ दिन पहले शबाना को फ्रांस के सद्र मितरां के हाथों मदर टेरेसा के साथ इंटरनेशनल ह्यूमन राइट्स एवार्ड मिला था। मुलायम सिंह यादव ने तय किया, "हम शबाना को अवध रत्न एवार्ड देंगे और यह तक़रीब शबाना के आबाई गाँव मिजवाँ में ही होगी।" चुनाँचे गाँव में मुलायम सिंह यादव के इस्तिक़्बाल[8] की तैयारियाँ शुरू हो गईं। मुक़र्ररा[9] दिन, मुलायम सिंह यादव, गवर्नर मोतीलाल वोहरा के साथ हेलीकॉप्टर में आए। मिजवाँ में पहली बार हेलीकॉप्टर उतरा था। तमाम गाँववाले हैरत और ख़ुशी से दीवाने हो रहे थे और बार-बार उसे देख रहे थे। मैं गाँव में भी डिनर सैट, काँच के गिलास, दरियाँ, चादरें वग़ैरह का इन्तिज़ाम रखती थी। मैंने घर को दुल्हन की तरह सजा दिया था। बावर्ची आज़मगढ़ से आए थे। वैज और नॉनवैज दोनों तरह का खाना तैयार किया गया। दोपहर को चीफ़ मिनिस्टर और गवर्नर साहिब हमारे घर आए। उन दोनों ने तो खाना नहीं खाया लेकिन सभी गाँववालों की दावत हो गई। उन दोनों ने सिर्फ़ चाय पी। वहीं से उस पंडाल में गए जहाँ स्टेज बनाया गया था। गाँव की लड़कियों ने उनके आने की ख़ुशी में पूर्बी ज़बान में इस्तिक़्बालिया गीत गाए। गाँव देखकर मुलायम सिंह यादव बहुत ख़ुश हुए। उन्होंने बहुत अच्छी तक़रीर भी की। फिर शबाना ने अपनी तक़रीर में कहा : "हमारी माँगें तो बहुत सारी हैं लेकिन हमारी सबसे बड़ी माँग यह है कि हम लड़कियों के लिए मैट्रिक तक स्कूल चाहते हैं और फिर उसके बाद एक डिग्री कॉलेज। इसके लिए हमें गवर्नमेंट की मदद

---

1. ग़ज़ल का पहला शेर, 2. स्नेह, 3. चन्दन का, 4. धूल, 5. स्थान, देश, 6. अधिक, 7. नियुक्ति, 8. स्वागत, 9. निर्धारित।

की ज़रूरत है।'' फ़ौरन ही मुलायम सिंह उठे और उन्होंने पच्चीस लाख रुपयों का वादा किया और कहा : ''हमसे यह ज़रूर पूछा जाएगा कि इतने छोटे-से गाँव में इतना रुपया क्यों दिया गया, लेकिन हम जवाब देने के लिए तैयार हैं।'' ख़ुशी से सारा गाँव तालियाँ बजाने लगा और पूरे गाँव में हंगामा हो गया। ग़रज़ कि वह दिन बहुत अच्छा गुज़रा और कैफ़ी की ख़ुशी की कोई इन्तिहा नहीं थी। अफ़सोस कि वो पच्चीस लाख रुपये कैफ़ी के गाँव को तो नहीं मिले। क़रीब के क़स्बे अम्बारी वाले अपने कॉलेज के लिए ले उड़े। वजह यह थी कि मैं बीमार हो गई थी। मुझे और कैफ़ी को बम्बई वापस आना पड़ा। कैफ़ी की ग़ैरमौजूदगी का उन लोगों ने फ़ायदा उठाया।

कैफ़ी ने हिम्मत नहीं हारी। हम बम्बई से मिजवाँ वापस आ गए थे। अब हमने अपनी गाड़ी और ड्राइवर को भी बम्बई से बुला लिया था ताकि कैफ़ी आसानी से आज़मगढ़, लखनऊ वग़ैरह जा सकें। यह हर ऑफ़िसर से मिलते और गाँव के लिए कुछ-न-कुछ करते रहते। हत्ता कि अपनी अनथक कोशिशों से उन्होंने लड़कियों के लिए मैट्रिक तक स्कूल बनाकर ही दम लिया। एक सोसाइटी भी क़ाइम की 'मिजवाँ वेलफ़ेयर सोसाइटी'। लड़कियों के लिए सिलाई-कढ़ाई सीखने का इन्तिज़ाम भी किया। अपनी ज़मीन पर उनके लिए एक ट्रेनिंग सेंटर बनवा दिया और फिर रूना बनर्जी के पास लखनऊ पहुँच गए। रूना ने लखनऊ में चिकन का काम सिखाने की एक तंज़ीम बनाई है SEWA। कैफ़ी ने रूना से कहा : ''एक टीचर को मेरे गाँव भेजो, ताकि वह मेरे गाँव की लड़कियों को लखनऊ का चिकनवर्क सिखाए और उनसे तुम भी काम लो और उनकी मज़दूरी दो।''

रूना ने मुझे बताया : ''शौकत आपा, कैफ़ी साहिब मेरा हाथ पकड़कर बैठ गए और जब तक मैंने हाँ नहीं की, मेरा हाथ नहीं छोड़ा।'' आख़िर रूना ने अपनी एक अच्छी टीचर को मिजवाँ भेजा। उसने लड़कियों को लखनऊ के चिकन का काम सिखाया। अब लड़कियाँ घर बैठे बारह-पन्द्रह सौ रुपये माहाना कमा लेती हैं। जब शबाना एम.पी. बनी (हर एम.पी. को सरकार से हर साल दो करोड़ रुपये अपने हल्क़े[1] में फ़लाहो-बहबूदी[2] के काम के लिए दिए जाते हैं)। शबाना को किसी हल्क़े से नहीं चुना गया था बल्कि सद्रे-जम्हूरिया ने नामज़द किया था। उसे अपने लिए सिर्फ़ एक हल्क़े का इंतिख़ाब ख़ुद करना था। मगर उसने मुस्तक़िल एक साल हुकूमत से झगड़कर यह क़ानून बनवाया कि सद्र के नामज़द किए हुए एम.पी. फ़लाहो-बहबूद के लिए यह रक़म हिन्दुस्तान में कहीं भी ख़र्च कर

---

1. क्षेत्र, 2. कल्याण।

सकते हैं। इस तरह उसने हर साल मिलनेवाली इस रक़म से बम्बई के अलावा आज़मगढ़, जौनपुर और लखनऊ में भी फ़लाहो-बहबूद के बहुत-से काम किए। मिजवाँ में कुँवर नदी पर एक पुल बनवाया। इस तरह कम से कम पच्चीस गाँव के लोग जो बरसात में हाईवे तक नहीं पहुँच सकते थे, अब आने-जाने लगे।

आज़मगढ़ में शिब्ली कॉलेज है। यह मौलाना शिब्ली नोमानी का बनवाया हुआ है। लड़कों के साथ यहाँ लड़कियाँ भी बड़ी तादाद में पढ़ती हैं। उनके हॉस्टल का मसूअला था। शबाना ने अपने एम.पी. फ़ंड से पैसा देकर यहाँ गर्ल्ज़ हॉस्टेल बनवाया, जिससे बहुत-सी बच्चियों को बड़ी सहूलत हो गई। कैफ़ी होते तो उन्हें कितनी खुशी होती क्योंकि लड़कियों की तालीम उनके नज़दीक मिशन का दर्ज़ा रखती थी। शिब्ली कॉलेज ने हॉस्टल का नाम 'कैफ़ी आज़मी गर्ल्स हॉस्टल' रखा है। आज़मगढ़वालों ने भी शबाना की ख़िदमात का एतिराफ़ यूँ किया कि एक सड़क का नाम शबाना आज़मी रोड रख दिया। अब एक ही ज़िला में एक सड़क बेटी के नाम पर है और एक सड़क बाप के नाम पर।

कैफ़ी की आदत थी कि एक काम ख़त्म होते ही दूसरे के बारे में सोचने लगते थे। एक दिन आहिस्ता से मुझसे कहा : ''मैं यहाँ कंप्यूटर क्लास भी खोलना चाहता हूँ ताकि मेरे बच्चों को नौकरी मिलने में सहूलत हो जाए।'' मैं हँस पड़ी : ''यहाँ जहाँ बिजली सिर्फ़ दो-तीन दिन में एक-दो घंटे के लिए आती है !''

वो एकदम ख़ामोश हो गए। वैसे भी कैफ़ी बहुत कमगो थे। कुछ दिनों के लिए मैं बम्बई आ गई थी। एक दिन पता चला कि कंप्यूटर क्लास के कमरे भी बन गए हैं, जिसके लिए समाजवादी पार्टी के लीडर अमर सिंह ने अपने फ़ंड से सात लाख रुपए दिए थे। शबाना ने भी अपने फ़ंड से दस कंप्यूटर दिलवा दिए थे। कैफ़ी ने बड़ी मुश्किलों से कंप्यूटर क्लास के लिए टीचर भी ढूँढ लिए जो जौनपुर से आकर गाँव में रहने के लिए तैयार हो गए। कंप्यूटर क्लास में दो सौ बच्चे शरीक भी हो गए हैं।

ये तमाम बातें मुझे कंप्यूटर क्लास के लिए नरेश गोयल के भेजे हुए एयर कंडीशनर को देखकर याद आ गई थीं। मैंने इज़्ज़त और एहतिराम से अपने बीमार कैफ़ी के माथे को प्यार कर लिया और अपनी तंज़िया मुस्कुराहट पर शर्मिन्दा हो गई। वो अपने गाँव मिजवाँ को कहाँ से कहाँ तक ले आए थे।

नरेश गोयल चूँकि शबाना और जावेद के दोस्त हैं और कैफ़ी को बहुत चाहते हैं, उनसे कैफ़ी ने एयर कंडीशनर माँग लिया और आज वह आ भी गया। जेनेरेटर का इंतिज़ाम कैफ़ी ने पहले ही कर दिया था कि जब बिजली चली जाए तो एयर कंडीशनर जेनेरेटर से चले। मैं कैफ़ी की हिम्मत और ताक़त की क़ाइल हो गई।

कैफ़ी कोई मामूली इनसान नहीं थे। उनका मक़्सदे-हयात बहुत बुलन्द था जिस पर वो मरते दम तक क़ाइम रहे। आम इनसानों का ख़याल, इनसानियत से प्यार, कम्यूनिज़्म पर अटल एतिमाद, जो बात दिल में वही ज़ुबान पर। आख़िरी वक़्त तक वो अपने मक़्सद से पीछे नहीं हटे। बेहद मुहज़्ज़ब और ग्रेसफुल इनसान थे। मेरी निगाहों से तो कैफ़ी जैसा शानदार इनसान नहीं गुज़रा। जावेद अख़्तर ने कैफ़ी पर जो नज़्म कही है वह सौ फ़ीसद दुरुस्त है।

अजीब आदमी था वो

अजीब आदमी था वो
मोहब्बतों का गीत था बग़ावतों[1] का राग था
कभी वो सिर्फ़ फूल था कभी वो सिर्फ़ आग था
अजीब आदमी था वो
वो मुफ़लिसों[2] से कहता था
कि दिन बदल भी सकते हैं
वो जाबिरों[3] से कहता था
तुम्हारे सर पे सोने के जो ताज हैं
कभी पिघल भी सकते हैं
वो बंदिशों[4] से कहता था
मैं तुमको तोड़ सकता हूँ
सहूलतों से कहता था
मैं तुमको छोड़ सकता हूँ
हवाओं से वो कहता था
मैं तुमको मोड़ सकता हूँ
वो ख़्वाब से यह कहता था
कि तुझको सच करूँगा मैं
वो आरज़ू से कहता था
मैं तेरा हमसफ़र हूँ
तेरे साथ ही चलूँगा मैं
तू चाहे जितनी दूर भी बना ले अपनी मंज़िलें
कभी नहीं थकूँगा मैं
वो ज़िन्दगी से कहता था

---
1. विद्रोह, 2. ग़रीबों, 3. अत्याचारी, शासक, 4. प्रतिबन्ध।

कि तुझको मैं सजाऊँगा
तू मुझसे चाँद माँग ले
मैं चाँद ले के आऊँगा
वो आदमी से कहता था
कि आदमी से प्यार कर
उजड़ रही है ये ज़मीं
कुछ इसका अब सिंगार कर
अजीब आदमी था वो

वो ज़िन्दगी के सारे ग़म, तमाम दुख, हर इक सितम से कहता था
मैं तुमसे जीत जाऊँगा
कि तुमको तो मिटा ही देगा एक रोज़ आदमी
भुला ही देगा ये जहाँ
मिरी अलग है दास्ताँ

वो आँखें जिनमें ख़्वाब हैं
वो दिल है जिनमें आरज़ू
वो बाज़ू जिनमें है सकत
वो होंट जिन पे लफ़्ज़ हैं
रहूँगा इनके दरमियाँ
कि जब मैं बीत जाऊँगा
अजीब आदमी था वो।

2 जुलाई 2002

किसी भी क़िस्म का इन्क़िलाब लाने के लिए इनसान में इरादे की मज़्बूती का होना किस क़दर ज़रूरी है। काश कैफ़ी कुछ दिन और जीते तो न जाने और कितने काम कर जाते। मिजवाँ में लड़कियों के लिए डिग्री कॉलेज बनाना चाहते थे। अगर उन्हें कुछ और मुहलत मिली होती तो मुझे यक़ीन है उनका यह ख़्वाब भी पूरा हो जाता। फ़ालिज के हमले के बाद इस तरह मुसलसल काम करते रहना न सिर्फ़ हैरतअंगेज़[1] बात थी, बल्कि किसी मोजिज़े[2] से कम नहीं था। सरदार भाई अक्सर कहा करते थे : "कैफ़ी ने फ़ालिज के साथ जो सुलूक किया है, इसके

1. आश्चर्यजनक, 2. चमत्कार।

बाद यह बीमारी किसी शायर पर तो नाज़िल होने की जुर्अत नहीं करेगी।''

मुशायरे के लिए दुनिया के किसी कोने से भी उन्हें बुलावा आ जाता तो वो फ़ौरन तैयार हो जाते। मैं उनके साथ रहती। बीमारी कभी उनके रास्ते में रुकावट न बन सकी। उनका मक़्सदे-हयात[1] इस दुनिया को बदल देना, ग़रीबी, भूक और जहालत को मिटा देना था, लेकिन जब यह देखा कि पूरी दुनिया को बदल देने में तो बहुत देर लगेगी तो वो अपने गाँव की तरफ़ मुड़ गए और वाक़िई वहाँ की काया पलटकर रख दी।

कैफ़ी अपनी बीमारी और सेहत की फ़िक्र किए बग़ैर अपने काम में यूँ ही लगे रहे, चुनाँचे सेहत कब तक साथ देती। तबीअत ख़राब रहने लगी थी, लेकिन वो कभी उसकी परवाह नहीं करते थे। मैं डॉक्टर को बुलाकर दिखाती। दवा मुँह में डालती, कुछ दिनों के लिए कुछ ठीक हो जाते लेकिन फिर वही हालत। खाँसी आती रहती। डॉक्टर ठंडी चीज़ों के लिए मना कर देते लेकिन हमेशा ठंडा पानी पीते थे। बेइन्तिहा मेहनत, हर जगह का खाना-पीना, चुनाँचे सेहत बहुत ख़राब रहने लगी।

14 जनवरी, 2002 को शबाना कैफ़ी की सालगिरह मनाने मिजवाँ आई (कैफ़ी की तारीख़े-पैदाइश[2] किसी को याद नहीं। एक दिन उनके दोस्त, डॉकुमेंट्री फ़िल्म मेकर सुखदेव ने यूँही तय कर दिया कि कैफ़ी चौदह जनवरी को पैदा हुए थे। तबसे चौदह जनवरी को कैफ़ी की सालगिरह का दिन मान लिया गया)। शबाना जब भी गाँव में आती थी तो हमारे घर पर जैसे मेला लग जाता था। आसपास के गाँव और क़स्बात के लोग भी अपने-अपने मसाइल[3] लेकर उससे मिलने आते थे। इस बार भी वही मंज़र था। सुबह से सैकड़ों लोग शबाना को घेरे हुए थे। किसी को नौकरी चाहिए थी, किसी को सिफ़ारिशनामा, कोई सड़क बनवाना चाहता था वग़ैरह-वग़ैरह। शबाना बग़ैर कुछ खाए सुबह से बरामदे में बैठी लोगों के मसाइल सुन रही थी। चार बज रहे थे। कैफ़ी ने किसी तरह अपने आपको बिस्तर से उठाया और मुझसे कहा : ''मुझे कुछ पैसे दे दो।'' मैंने पूछा : ''किसलिए?'' तो बोले : ''दे दो, बहस मत करो।'' मैंने सौ रुपए उनके हाथ में थमा दिए। कैफ़ी ने ड्राइवर को पुकारा और गोपाल के साथ गाड़ी में बैठकर निकल गए। किसी को नहीं मालूम था कि किधर गए हैं और किसी में पूछने की हिम्मत भी नहीं थी। एक घंटे के बाद वापस आए, शबाना को अपने कमरे में बुलाया और कहा : ''सुबह से मेरे गाँववाले मेरी चिड़िया का भेजा चाट रहे हैं। देखो मैं तुम्हारी पसन्द के समोसे बनवाके लाया हूँ। गर्म-गर्म हैं, इन्हें खालो।

1. जीवन का उद्देश्य, 2. जन्मदिन, 3. मस्अला का बहु. समस्याएँ।

फिर गाँववालों से निपटना।" ख़ुशी-ख़ुशी शबाना समोसे चटकर गई, शायद एक-आध कैफ़ी के मुँह में भी डाल दिया। यह आख़िरी बार था कि कैफ़ी अपने बिस्तर से ख़ुद उठके कहीं बाहर गए थे।

कैफ़ी बहुत ज़िन्दादिल थे और उनकी यह ख़ूबी मरते दम तक क़ाइम रही। एक मर्तबा बम्बई में उनके पेट का ऑपरेशन हुआ था और ऑपरेशन के बाद जब वो कमरे में लाए गए तो वो हाँपने के अंदाज़ में मुँह से साँस ले रहे थे। बार-बार डॉक्टर कह रहे थे : "कैफ़ी साहिब, नाक से साँस लीजिए। मुँह बन्द रखिए।" शबाना ने झुककर उनके कान में कहा : "अब्बा, अपना मुँह बन्द रखिए।" कैफ़ी आहिस्ता से बोले : "मुँह मेरा नहीं, बाल ठाकरे का बन्द करवाओ।"

एक बार मिजवाँ में कई लोग बैठे थे। किसी ने बताया कि पिशावर और कराची में ऐसे कई वाक़िआत हुए हैं कि तालिबान ने वहाँ शादियाँ कीं और कुछ दिन बाद अपनी बीवियों को छोड़कर भाग गए। इसी तरह इधर-उधर की बातें होती रहीं। हालाँकि उन दिनों कैफ़ी की तबीअत काफ़ी ख़राब थी, मगर उस रात हम लोग देर तक जागे। अगले दिन कैफ़ी पर ऐसा दौरा पड़ा कि मैं घबरा गई और मैंने चिल्लाकर कैफ़ी के भानजे को आवाज़ दी : "अख़्तर, अख़्तर, कैफ़ी मुझे छोड़कर जा रहे हैं।" डॉक्टर जब कैफ़ी को देख चुके और कैफ़ी होश में आए तो आहिस्तगी से मुझसे कहा : "मैं तालिबान थोड़े ही हूँ कि तुम्हें छोड़कर भाग जाऊँ।" मुझे हैरत हुई कि इतनी सख़्त बीमारी में भी उनकी हिस्से-मिज़ाह (sense of humour) अपनी जगह है।

बहरहाल कैफ़ी पर इस तरह दौरा पड़ने से मैं काफ़ी घबरा गई थी। मैंने बाबा और जावेद को फ़ोन किया। जावेद ने कहा : "शौकत आपा, आप घबराइए नहीं। आप अगर कैफ़ी साहिब को बनारस के अस्पताल में दाख़िल करना चाहती हैं तो मैं यहीं से इंतिज़ाम कर दूँगा और अगर दिल्ली ले जाना चाहें तो उसका भी इंतिज़ाम हो जाएगा।" शबाना उस वक़्त गोवा में थी।

बाबा दूसरे दिन ही परना को लेकर मिजवाँ पहुँच गया। परना शबाना की सबसे गहरी दोस्त है और बिलकुल मेरी बेटी की तरह है। हर सुख-दुख में वो हमेशा हमारे साथ रही। उसने बाबा को नहीं बताया कि उसका हाथ टूटा हुआ है और उस पर प्लास्टर चढ़ा हुआ है। अपने कुर्ते की आस्तीन में हाथ को छुपाकर फ़ौरन बाबा के साथ चल पड़ी।

कैफ़ी की हालत बहुत नाज़ुक थी। मिजवाँ से बनारस का सफ़र तीन घंटे का है। डी.एम. ने ऐम्बुलेंस आज़मगढ़ से फ़ौरन भिजवा दी थी, मगर उसकी हालत देखकर हम सब चकरा गए। ऐम्बुलेंस क्या थी, बस एक टेम्पो था जिसके

फ़र्श पर स्ट्रेचर रख दिया गया था। इंतिहाई गन्दी और बदबूदार ऐम्बुलेंस थी। परना, बाबा और गोपाल ने अपने हाथों से उसमें झाड़ू लगाई, बालटियों में पानी ला-लाकर उसमें फ़ीनाइल मिलाकर फ़र्श धोया। फिर कैफ़ी को स्ट्रेचर पर लिटाया। हम सब उनके अतराफ़ बैठे और ऐम्बुलेंस चल पड़ी। रास्ता बहुत ख़राब था। जब कभी धक्का लगता, मेरा कलेजा निकल जाता और मैं कैफ़ी की तरफ़ देखती। उनके मुँह से उफ़ भी नहीं निकली। ऐसी क़ुव्वते-बर्दाश्त मैंने किसी में नहीं देखी। आज भी बाबा उसी तरह मेरी मदद को आया था जैसे तीस बरस पहले, जब कैफ़ी पर फ़ालिज का अटैक हुआ था। हम बनारस के बाबतपुर एयरपोर्ट पहुँचे। बाबा ने कैफ़ी को अपनी गोद में उठाकर बड़ी मश्किल से हवाई जहाज़ की सीट पर बिठाया। बनारस से दिल्ली का सफ़र सिर्फ़ एक घंटे का है लेकिन मुझे लगा जैसे एक सदी का सफ़र है। मैं मुसलसल दुआएँ माँगती रही। आख़िरकार हम दिल्ली पहुँचे। जावेद ने बम्बई से डॉक्टर नरेश त्रेहन को फ़ोन कर दिया था। उन्होंने एयरपोर्ट पर ऐम्बुलेंस भिजवा दी थी। कैफ़ी को सीधे एस्कॉर्ट्स हास्पिटल में दाख़िल कर दिया गया। वहाँ कैफ़ी intensive care में एक महीने रहे।

फिर शबाना उन्हें बम्बई ले आई। इतने में गुजरात के फ़सादात शुरू हो गए। घर में बिस्तर पर लेटे कैफ़ी सिर्फ़ टी.वी. देखते रहते। मुँह से बोलने की ताक़त तो उनमें नहीं रही थी, लेकिन आँखों में बेपनाह दर्द था। अपने प्यारे मुल्क में एक बार फिर हिन्दू-मुस्लिम फ़सादात देखकर वो लरज़ गए।

शबाना अमर सिंह, राज बब्बर और सीताराम येचुरी के साथ 1 फ़रवरी 2002 को अहमदाबाद पहुँची। नरेन्द्र मोदी से फ़ोन पर बात की लेकिन इन लोगों को फ़सादज़दा इलाक़ों में जाने की इजाज़त नहीं मिली। नरेन्द्र मोदी ने कहा : "अब सब ठीक है। सिर्फ़ छुटपुट घटनाएँ हो रही हैं।" और ज़बर्दस्ती इन सबको वापस दिल्ली भिजवा दिया। उसी रात को वहाँ नरोदा पाटिया में पच्चीस लोग ज़िन्दा जला दिए गए। बम्बई आकर जब यह वाक़िआ शबाना ने कैफ़ी को सुनाया तो कैफ़ी ने शबाना को गले से लगा लिया और कहा : "हिम्मत न हारो और अपना काम करती रहो। एक दिन तो ऐसा आएगा जब यह पागलपन ख़त्म हो जाएगा।"

बम्बई आने के एक महीने के बाद उन्हें फिर वही दौरा पड़ा। यह दौरा ऐसा होता है कि जिसमें इनसान कोमा में जा सकता है। दोनों बच्चे घबरा गए। बाबा ने रातोंरात उन्हें जसलोक हॉस्पिटल के intensive care unit में दाख़िल करवा दिया। दो महीने तक बम्बई के जितने बड़े डाक्टर थे, जैसे—डॉ. एच.जी. देसाई, डॉ. ए.एस. चिटनिस, डॉ. शैलेश रैना, उनकी देखभाल में लगे रहे।

इसी दौरान साहित्य अकेडमी ने कैफ़ी को उनकी अदबी ख़िदमात पर साहित्य अकेडमी फ़ैलोशिप एवार्ड देने का फ़ैसला किया। एवार्ड देने के लिए देहली से कई अदबी शख़्सियतें और दानिशवर जैसे गोपीचन्द नारंग वग़ैरह तशरीफ़ लाए थे। कैफ़ी चूँकि बहुत बीमार थे इसलिए उन्हें एवार्ड हॉस्पिटल में ही दिया गया।

कैफ़ी को उनकी ज़िन्दगी में भी और उनके बाद भी लोगों से बेपनाह मोहब्बत और इ़ज़्ज़त मिली है। पूर्वांचल यूनिवर्सिटी में कैफ़ी के नाम पर एक मीडिया सेंटर बना है। लखनऊ में एक ऑल इंडिया कैफ़ी आज़मी अकेडमी बनी है जो उनके नाम पर एक बड़ा ऑडिटोरियम तामीर करवा रही है। पिछले दिनों देहली में देहली पब्लिक स्कूल के पास एक सड़क का नाम कैफ़ी आज़मी रोड रखा गया। इस स्कूल से कैफ़ी का अजीब रिश्ता है। खाते-पीते घरानों के बच्चों का स्कूल है। काँग्रेस के एम.एल.ए. अशोक सिंह और उनकी बीवी बरखा, जो एम.एल.ए. भी हैं और शायरा भी, कैफ़ी के चहीते थे। दोनों मियाँ बीवी चाहते थे कि किसी तरह डी.पी.एस. स्कूल के आसपास झुग्गी झोपड़ी में रहनेवाले बच्चे भी इस स्कूल में पढ़ सकें। कैफ़ी ने इस कोशिश में दोनों की मदद की। यह बेहद .खुशी की बात है कि आज ऐसा ही हो रहा है।

एक दिन जब मैं कैफ़ी को देखने के लिए ICU में दाख़िल हुई तो मेरा दिल धक से रह गया। बिस्तर पर लेटे हुए कैफ़ी की आँखें बन्द थीं और आँसुओं से गीली थीं। मैंने उन्हें कभी रोते हुए नहीं देखा था। अपने भाई के इंतिक़ाल और अपने पहले बच्चे की मौत पर भी वो नहीं रोए थे। और आज तो डॉक्टरों ने उन्हें ICU से दूसरे कमरे में शिफ़्ट होने की इजाज़त दे दी थी। बाबा मेरे साथ था। कहने लगा : "अब्बा, डॉक्टरों ने आपको ICU से शिफ़्ट होने की इजाज़त दे दी है। मैं आपके लिए ऐसा कमरा लूँगा, जिसमें टी.वी. होगा। आप न्यूज़ भी देख सकेंगे।" कैफ़ी ने आँखें नहीं खोलीं। इतने में शोर हुआ कि चीफ़ मिनिस्टर विलासराव देशमुख कैफ़ी साहिब को देखने के लिए आ रहे हैं। चीफ़ मिनिस्टर कमरे में दाख़िल हुए, फिर भी कैफ़ी ने आँखें नहीं खोलीं। मैंने उनके क़रीब जाकर कहा : "विलासराव साहिब आपसे मिलने के लिए आए हैं।" उन्होंने बन्द आँखों से सिर्फ़ अपना सीधा हाथ बढ़ा दिया जिसे विलासराव साहिब ने प्यार से अपने हाथ में ले लिया। थोड़ी देर बातें करके वो चले गए। मैंने मुड़कर डॉक्टर एच.जी. देसाई से पूछा : "डॉक्टर साहिब, यह डिप्रेशन की वजह से तो नहीं रो रहे हैं। क्या इसकी भी कोई दवा होगी ?" वो मुस्कराकर बोले : "कोई दवा नहीं, आप लोग रोज़ आया कीजिए, हँसिए-बोलिए, ये ठीक हो जाएँगे। कल तो इनको

दूसरे नार्मल कमरे में शिफ़्ट किया जा रहा है।

मगर मेरे दिल को जैसे किसी ने मुट्ठी में लेकर भींच दिया था। एक अनजाने ख़ौफ़ से मेरा दिल धड़कने लगा। मैंने कैफ़ी के माथे पर प्यार करके कहा : "कैफ़ी कल से आपके तमाम दोस्त आपसे मिलने आ सकेंगे। मैं भी रोज़ आऊँगी। आप बिल्कुल मायूस न हों।" वो न कुछ बोले, न आँखें खोलीं।

दूसरे दिन मेरा बेटा बाबा सुबह आठ बजे ही हॉस्पिटल पहुँच गया और कमरे में अब्बा को शिफ़्ट कर दिया। लेकिन वह कमरा उसे पसन्द नहीं आया। दूसरा एक बड़ा कमरा जो उसी दिन ख़ाली हुआ था वह मिल गया।

मैंने बाबा को फ़ोन किया : "बाबा मैं आ जाऊँ ?" बाबा ने जवाब दिया : "मम्मी कमरा बदलने में अब्बा थक गए हैं, आप कल आइए। आज उन्हें आराम करने दीजिए।" मैं चुप हो गई। मेरा दिल घबराता ही रहा।

दूसरे दिन सुबह छह बजे टेलीफ़ोन की घंटी बजी, मैंने फ़ोन उठाया। उधर से कोई नहीं बोला। मैंने हैलो-हैलो करके फ़ोन रख दिया। थोड़ी देर बाद फिर फ़ोन की घंटी बजी। मैंने फ़ोन उठाया, हैलो-हैलो। कोई जवाब नहीं। मैंने डाँटा : "अगर आपको बात नहीं करनी है तो आप ख़्वाहमख़्वाह फ़ोन क्यों कर रहे हैं।" और फ़ोन रख दिया। मुझे क्या मालूम था कि वह मेरे कैफ़ी का आख़िरी फ़ोन था। वह फ़ोन उनकी नर्स मारिया कर रही थी। वह कैफ़ी के कान के पास फ़ोन लगाए हुए बैठी थी कि शायद मेरी आवाज़ से वो जी उठें।

लेकिन जैसे आहिस्ता-आहिस्ता दीये में तेल ख़त्म होने लगता है और उसकी रौशनी मद्धम होती चली जाती है, उसी तरह कैफ़ी आहिस्ता-आहिस्ता बुझते चले गए और आख़िर 10 मई 2002 की उस मन्हूस सुबह छह बजे हमेशा के लिए बुझ गए और मेरी ज़िन्दगी को हमेशा के लिए घुप्प अँधेरों में छोड़ गए।

उस दिन का ख़याल मुझे एक ज़हरीले नाग की तरह डस रहा है। जब कैफ़ी की मय्यत हॉस्पिटल से घर लाई गई थी, बाबा मेरे कमरे में आया और कहा : "मम्मी अब्बा को उनके कमरे में लिटा दिया है, आप देखेंगी ?" मेरे मुँह से निकला : "हाँ, मुझे देखना है।" मैं पलंग से उठकर लड़खड़ाते क़दमों से कैफ़ी के कमरे में गई। धड़कते दिल और ख़ुश्क आँखों से उनको देखती रही, देखती रही, ग़ौर से घूरती रही। एक बेजान आदमी को जिसके साथ मैंने पचपन साल गुज़ारे थे। पचपन साल मुकम्मल होने में सिर्फ़ तेरह दिन बाक़ी थे, 23 मई, 1947 से 10 मई, 2002।

हज़ारों यादें, हज़ारों बातें ज़ेहन में घूमने लगीं। मुझे लगा जैसे कोई ज़हरीला

नाग मेरी गर्दन से लिपटा मुझे डस रहा है। ये सवाल जैसे मुझे डंक मार रहे थे कि क्या यह वही शख़्स है जिस पर मैं जान छिड़कती थी ? जो मेरी ज़िन्दगी था, क्या अब यह मुझसे कभी नहीं बोलेगा ? क्या कुछ देर में लोग इसे मेरे पास से ले जाएँगे हमेशा के लिए ? मैं ज़्यादा देर खड़ी नहीं रह सकी। अपने कमरे में आकर लेट गई। इस कड़वी हक़ीक़त पर यक़ीन करने की कोशिश करती रही।

कैफ़ी के बग़ैर

हर रोज़ सुबह होती है, चिड़ियाँ चहचहाती हैं। कभी बादल घिरकर आ जाते हैं, कभी बारिश की फुहार अन्दर वरांडे में आ जाती है। रोज़ की तरह हमारा मुलाज़िम विनोद मेज़ पर चाय की ट्रे लाकर रख देता है, लेकिन सामने की कुर्सी ख़ाली है। उस पर मेरे कैफ़ी नहीं हैं जो मेरे हाथ की बनी हुई चाय की प्याली के इन्तिज़ार में अपनी कमज़ोरी के बावुजूद कुर्सी पर आकर बैठ जाते थे और अपने काँपते हाथ से प्याली लेकर तशक्कुर-आमेज़ नज़रों से मुझे देखते थे और चाय इस तरह पीने लगते थे, गोया अमृत पी रहे हों।

तमाम दिन में यही लम्हे मेरे सबसे ख़ूबसूरत, पुरसुकून और ताक़तबख़्श होते थे। इन ही लम्हों से मुतअस्सिर होकर कैफ़ी ने एक नज़्म कही थी :

एक लम्हा

ज़िन्दगी नाम है कुछ लम्हों का
और इनमें भी वही इक लम्हा
जिसमें दो बोलती आँखें
चाय की प्याली से जब उट्ठें
तो दिल में डूबें
डूबके दिल में कहें
आज तुम कुछ न कहो
आज मैं कुछ न कहूँ
बस यूँ ही बैठे रहो
हाथ में हाथ लिए
ग़म की सौग़ात लिए
गर्मिए-जज़्बात लिए
कौन जाने कि इसी लम्हे में
दूर पर्बत पे कहीं बर्फ़ पिघलने ही लगे

ज़िन्दगी उसी तरह चल रही है कैफ़ी, मगर तुम कहीं खो गए हो। गाँव जाते थे तो उम्मीद रहती थी कि किसी दिन आ जाओगे। मुझे याद है वह नए साल की रात। घर में शोर और हंगामा था। मैं मेहमानों के लिए इन्तिज़ाम में इधर-उधर घूम रही थी लेकिन दिल के किसी कोने में एक ख़्वाहिश जाग उठी थी, 'काश कैफ़ी यहाँ होते।' मेरी हैरत और ख़ुशी की इन्तिहा न रही जब मैंने देखा कि तुम गेट से छड़ी टेकते हुए अन्दर आ रहे हो। मैं दौड़कर तुमसे लिपट गई। मैंने तुमसे कहा : "अरे वाह ! तुम कैसे आ गए, तुम्हें कैसे पता चला कि इस वक़्त तुम्हारी कमी मुझे ख़ुश नहीं होने दे रही थी। कितना अच्छा लग रहा है तुम्हारा आना। अब सही मानों में मेरा नया साल होगा।"

तुम उस दिन कैसे अचानक आए थे कैफ़ी! क्या अब ऐसा कभी मुम्किन नहीं होगा कि तुम अचानक चले आओ और मैं हैरत और ख़ुशी से तुमसे लिपट जाऊँ। लेकिन अब यह मुम्किन नहीं है। मुझे इस कड़वी हक़ीक़त को क़बूल करना ही पड़ेगा कि तुम कहीं बहुत दूर चले गए हो, जहाँ से कोई वापस नहीं आता।

ऐसा क्यों होता है ?
मेरे दिल पे जो बोझ है वह कब हटेगा कैफ़ी ?
तुम्हारे बग़ैर मुझे कब तक जीना पड़ेगा कैफ़ी ?

कैफ़ी मेरे शौहर ही नहीं एक दोस्त भी थे। जिन्होंने कभी मुझ पर अपनी ख़्वाहिश नहीं लादी। मुझे कभी वह काम करने के लिए मजबूर नहीं किया जिसे मैंने पसन्द नहीं किया। मेरी मर्ज़ी, मेरी ख़्वाहिश उन्हें हमेशा अज़ीज़ थी। मेरे लिए हमेशा उनकी कोशिश यह होती थी कि मैं आगे बढ़ूँ, मेरा नाम हो, मैं independent रहूँ, लोग मेरी तारीफ़ करें।

शादी से पहले 1947 में जब औरंगाबाद में कैफ़ी हमारे घर ठहरे हुए थे तो मैंने एक पेपर पर यह लिखकर उनके सामने बढ़ा दिया था—"काश ज़िन्दगी में तुम मेरे हमसफ़र होते तो ज़िन्दगी इस तरह गुज़र जाती जैसे फूलों पर से नसीमे-सहर का लतीफ़ झोंका।"

मुझे हैरत होती है यह सोचकर कि ये पचपन साल कितनी जल्द गुज़र गए। कैफ़ी का साथ मेरे लिए इतने कम दिनों का था। उनके साथ रहने में मेरा जी नहीं भरा। काश वो और दिन मेरे साथ रहते।

गाँव में मेरे बग़ैर रहना उनके लिए इन्तिहाई तक्लीफ़देह था लेकिन कभी मुझे मजबूर नहीं किया। जब मेरा जी चाहा, मैं उनके साथ चली गई और गाँव में रही

और जब जी नहीं चाहा, नहीं गई। लेकिन मुझे लगता है कि मेरे न रहने ने उन्हें बीमार कर दिया। फिर भी उनकी ज़ुबान पर कभी शिकायत नहीं आई। कैफ़ी में क़ुव्वते-बर्दाश्त ग़ैर-मामूली थी।

1976 की बात है। लखनऊ में होटल की सीढ़ियाँ चढ़ते हुए पाँव मुड़ गया और गिर पड़े। कूल्हे की हड्डी तीन जगह से टूट गई। कैफ़ी के दोस्त भीष्म कपूर, जो ब्लिट्ज़ के रिपोर्टर थे, साथ थे। उन्होंने मेडिकल कॉलेज के हॉस्पिटल पहुँचा दिया। मैं बम्बई में थी। भीष्म कपूर ने मुझे फ़ोन पर इत्तिला दी। मैं फ़ौरन ही बाय एयर लखनऊ पहुँची। कैफ़ी के दोस्त सैयद मुहम्मद मेहँदी को भी बुला लिया जो देहली में रहते थे। मैंने हॉस्पिटल में देखा कि कई डॉक्टर कैफ़ी को घेरे हुए हैं। नाक और मुँह में नलकियाँ लगी हुई हैं। डॉक्टर टेप से पेट नाप रहे थे। पेट फूलता जा रहा था। आँतों ने काम करना बन्द कर दिया था। मैंने उनके कान में आहिस्ता से कहा : "कैफ़ी मैं आ गई हूँ, अब तुम परेशान मत होना।"

पन्द्रह-बीस मिनटों में डॉक्टर गोयल ने कहा : "आपके आने से इनमें नई एनर्जी आ गई है। आँतों में आहिस्ता-आहिस्ता हरकत आ रही है। अगर आप एक घंटा और न आतीं तो हमें इनके पेट का ऑपरेशन करना पड़ता।"

मेहँदी ने मुझसे कहा कि डॉक्टरों की राय है, इन्हें यहीं रखा जाए। इस हालत में बम्बई ले जाना मुश्किल होगा। मैं राज़ी हो गई।

कैफ़ी को एक छोटे-से कमरे में शिफ़्ट कर दिया गया जिसमें एक किचन, एक बाथरूम और एक छोटा-सा आँगन भी था। बाएँ पैर की हड्डी बहुत बुरी तरह से टूटी थी, उसे डॉक्टर गोयल ने जिस तरह जोड़ा, यह उन्हीं का कमाल था। मगर चूँकि पैर की नाज़ुक जिल्द के लिए प्लास्टर मुनासिब नहीं था इसलिए ट्रैक्शन में रखना पड़ा।

चार महीने तक कैफ़ी का पैर ट्रैक्शन में लटका रहा। मैं चार महीने उनके पास रही। वो कर्वट तक नहीं ले सकते थे। लेटे-लेटे हर चीज़ होती थी। मैंने चार महीने में एक दिन भी कैफ़ी को झल्लाते या चिढ़ते हुए नहीं देखा। सिर्फ़ जब सुबह होती तो दुखभरे लहजे में इतना कहते : "शौकत...! शुक्र है, एक दिन और गुज़र गया।"

कभी कहते : "अब मैं सागर का घोड़ा नहीं बन सकूँगा।" सागर मेरे भानजे इरशाद का बेटा है जो उस वक़्त दो-तीन साल का था। कैफ़ी उसे बहुत चाहते थे। मैंने सामने दीवार पर सागर, बाबा और शबाना की तस्वीरें लगा दी थीं ताकि जब सुबह कैफ़ी की आँख खुले तो वो अपने बच्चों की तस्वीरों को देखकर ख़ुश हो जाएँ। यह कितनी अजीब बात है कि चार महीनों में उन्होंने एक दिन भी अपनी जिस्मानी

तक्लीफ़ का इज़हार नहीं किया, लेकिन उस बात पर नज़्म लिखी, जिसने उनके दिल को तक्लीफ़ पहुँचाई थी।

मुहर्रम का ज़माना था। लखनऊ में शीआ-सुन्नी फ़साद हो गए। मेडिकल कॉलेज के हॉस्पिटल में रोज़ एक-दो लाशें आ रही थीं, कभी सुन्नी लड़कों की कभी शीआ लड़कों की। नर्स जो उनकी देखभाल किया करती थी, उन्हें आकर बताती थी। अस्पताल के बिस्तर पर लेटे-लेटे कैफ़ी ने यह नज़्म लिखी–

अज़ा[1] में बहते थे आँसू यहाँ, लहू तो नहीं
ये कोई और जगह होगी, लखनऊ तो नहीं
यहाँ तो चलती हैं छुरियाँ ज़ुबान से पहले
ये मीर अनीस की, आतिश की गुफ़्तगू तो नहीं
टपक रहा है जो ज़ख़्मों से दोनों फ़िर्क़ों[2] के
बग़ौर देखो, ये इस्लाम का लहू तो नहीं
तुम इसका रख लो कोई और नाम मौज़ूँ[3] सा
किया है ख़ून से तुमने जो वो वुज़ू तो नहीं
समझ के माल मिरा जिसको तुमने लूटा है
पड़ोसियो ! ये तुम्हारी ही आबरू तो नहीं
बुझा रहे हैं जिसे आप अपने दामन से
कहीं ये आप ही की शम्ए-आरज़ू तो नहीं

(1977)

शबाना, जो शूटिंग पर से अपने अब्बा को देखने आई थी, दुख भरे लहजे में कहने लगी : "मम्मी, हम अब्बा की तक्लीफ़ सिर्फ़ देख सकते हैं, इसमें हिस्सा तो नहीं बटा सकते, इसे कम तो नहीं कर सकते।"

कैफ़ी ग़ैर मामूली क़ुव्वते-इरादी[4] के इनसान थे। कभी मायूस नहीं होते थे। मरने से कुछ दिन पहले तक जब कोई उनसे पूछता : "कैफ़ी कैसी तबीअत है ?" वो मुस्कराकर कहते : "फ़र्स्ट क्लास।"

ज़िन्दगी भर वो फ़र्स्ट क्लास ही रहे। एक के बाद एक बीमारियों ने उन्हें घेरा लेकिन जो काम उन्हें करना था, वह करते रहे। कभी हार नहीं मानी। मुशायरों में जहाँ बुलाए जाते, ज़रूर जाते। गोपाल, जो उनका सारा काम करता था, हमेशा उनके साथ होता। किसी मुशायरे में मैं जाती थी, किसी में नहीं।

---

1. मृत्युशोक, 2. सम्प्रदायों, 3. उचित, 4. संकल्प-शक्ति।

कैफ़ी ने तमाम परेशानियों के बावजूद अपने छोटे-से गाँव मिजवाँ की काया पलटकर रख दी। दो किलोमीटर की सड़क बनवा के मिजवाँ को फूलपुर से जोड़ दिया। यह काम बहुत ज़रूरी था क्योंकि फूलपुर में रेलवे स्टेशन है, जिस पर उस वक़्त छोटी लाइन की गाड़ियाँ चलती थीं, जो शाहगंज से आज़मगढ़ तक आती-जाती थीं। सारे इलाक़े में यही एक स्टेशन था।

फूलपुर स्टेशन का नाम किसी अंग्रेज़ के नाम पर Khorason Road रखा गया था। एक दिन गवर्नमेंट का आर्डर आया कि फूलपुर स्टेशन तोड़ दिया जाए, वहाँ स्टेशन की ज़रूरत नहीं है। चुनाँचे पटरियाँ उखाड़ी जाने लगीं। ग़रीब लोग कैफ़ी के पास फ़रयाद लेकर आए कि इस स्टेशन को न तोड़ा जाए, हमें बहुत तक्लीफ़ हो जाएगी। ख़बर आई कि लोगों ने स्टेशन पर जुलूस निकाला और वहाँ लाठीचार्ज हो गया है। पुलिस लड़कों को मार रही है। कैफ़ी के साथी हरिमन्दिर पांडे भी पुलिस के हाथों बुरी तरह ज़ख़्मी हो गए हैं। कैफ़ी सीधे अपनी व्हीलचेयर पर स्टेशन पहुँचे। उसी व्हीलचेयर समेत पटरियों के बीचोंबीच बैठ गए। स्टेशन मास्टर घबरा गया। पटरियाँ जो उखाड़ी जा रही थीं, रोक दी गईं। अफ़सरों ने सोचा होगा कि यह काम एक-दो दिन बाद पुलिस के बेहतर इंतिज़ाम के साथ करेंगे। यह मुहलत पाते ही कैफ़ी सीधे देहली गए और रेलवे मिनिस्टर जाफ़र शरीफ़ से मिले। कैफ़ी ने उनसे कहा : "आपकी पुलिस ने मेरे गाँववालों को इस बेदर्दी से मारा है कि उनक जिस्म लहूलुहान हो गए हैं। मैं ख़ून में भरी हुई एक शर्ट लाया हूँ, जो मेरे ब्रीफ़केस में है। आप कहिए तो दिखाऊँ।" जाफ़र शरीफ़ साहिब घबरा गए, कहने लगे : "नहीं-नहीं, रहने दीजिए, मैं अभी आर्डर दे देता हूँ कि आपके गाँव की रेलवे लाइन न तोड़ी जाए।" चुनाँचे कैफ़ी वह आर्डर लेकर फिर अपने गाँव आए। यह बात कैफ़ी के सिवा सिर्फ़ मुझे पता है कि उस ब्रीफ़केस में कोई शर्ट नहीं थी। कैफ़ी ने सिर्फ़ रेलवे मिनिस्टर को डराया था।

कैफ़ी जब यह आर्डर लेकर गाँव पहुँचे तो गाँववाले ख़ुशी से नाचने लगे। छोटी लाइन फिर जारी हो गई लेकिन कैफ़ी ख़ामोश नहीं रहे। इसके बाद उन्होंने बड़ी लाइन की माँग की। उस वक़्त तक दूसरे रेलवे मिनिस्टर रामविलास पासवान आ गए थे। उन्होंने फ़ैसला किया कि इस छोटी लाइन को बड़ी लाइन में तब्दील कर देंगे। कुछ अर्से बाद बड़ी लाइन का इफ़्तिताह हुआ और उस मौक़े पर मुलायम सिंह यादव भी थे। बड़ी लाइन तो हो गई लेकिन फिर भी एक कमी थी कि कोई एक्सप्रेस ट्रेन फूलपुर नहीं रुकती थी। नितीश कुमार जब रेलवे मिनिस्टर होकर आए, कैफ़ी ने उनसे दरख़्वास्त की कि जो ट्रेन फूलपुर से गुज़रे, वह वहाँ ज़रूर ठहरे। चुनाँचे गोरखपुर से बम्बई रोज़ाना जानेवाली एक नई सुपरफ़ास्ट ट्रेन

जिसका नाम गोदान एक्सप्रेस है, फूलपुर भी रुकती है। गाँववालों के लिए इस ट्रेन का फूलपुर रुकना किसी चमत्कार से कम नहीं था। कैफ़ी के बाद, आज़मगढ़ से दिल्ली जानेवाली एक फ़ास्ट ट्रेन का नाम कैफ़ी के शे'री मज्मूए 'कैफ़ियात' की मुनासिबत से 'कैफ़ियात' रखा गया है और यह ट्रेन भी रोज़ाना चलती है। इन गाड़ियों की वजह से गाँववालों को इतनी सहूलत हो गई है कि जिसका तसव्वुर भी वो नहीं कर सकते थे।

कैफ़ी का रिश्ता अपने बच्चों के साथ दोस्तों का-सा था। अगर कभी बच्चों से ग़लती हो जाती तो उन्हें डाँटते नहीं थे, सिर्फ़ अपनी राय दे देते थे। उन्हें बेपनाह चाहते थे। शबाना छोटी-सी थी, उसे आम बहुत पसन्द थे। लेकिन घर में ग़रीबी का दौर-दौरा था। आम महँगे थे इसलिए घर में कम ही आते थे। एक दिन अपनी सहेली परना के घर से दो दर्जन आम ले आई और ख़ुश-ख़ुश मुझे बताने लगी, "मम्मी, परना के गाँव से आम आए थे, तो उनकी मम्मी ने मुझे इतने सारे आम दे दिए।" कैफ़ी के दिल में यह बात तीर की तरह चुभ गई। बोले कुछ नहीं। बीमारी के बाद जब अपने गाँव में रहने का ख़याल जागा तो उनके पास सिर्फ़ पाँच बीघा ज़मीन बची थी। माँ-बाप के पाकिस्तान चले जाने के बाद गाँव के लोगों ने उनके अब्बा के घर और ज़मीनों पर क़ब्ज़ा कर लिया था। कैफ़ी अपने एक दूर के रिश्तेदार सफ़दर भाई के पास ठहरे हुए थे। सबसे पहला काम कैफ़ी ने जो किया, एक ट्रक किराए पर ली, उस पर बैठकर मलीहाबाद गए और आम के तीन सौ पेड़ ले आए। आम का बाग़ लगाया। एक नौकर रखा और पाँच साल बाद जब उसमें फल आए तो सबसे पहले कई सौ आम शबाना के लिए बम्बई ले आए। वह आम का बाग़ आज भी है। उसके आम शबाना के लिए ज़रूर आते हैं। इस साल भी गाँव से शबाना के लिए आम आए लेकिन अब कैफ़ी नहीं हैं, जिन्होंने यह बाग़ अपनी बेटी की ख़ुशी के लिए लगाया था।

कैफ़ी एक शफ़ीक़ बाप, एक ideal शौहर और आम इनसानों से प्यार करनेवाले इनसान थे। अपने बेटे बाबा आज़मी के कैमरामैन बनने के बाद उसका पहला इंटरव्यू अख़बार में छपा तो उसे काटकर फ़्रेम करवाया और अपनी मेज़ के सामने की दीवार पर टाँग दिया।

जावेद के बारे में कहते थे कि यह इस दौर का बहुत अच्छा शायर है। अपनी बहू तनवी को हमेशा दुल्हन पाशा कहते थे। हैदराबाद में बहू को यही कहा जाता है। बाबा और तनवी के घर जाकर बहुत ख़ुश होते थे। नज़्म 'दूसरा बनबास' बाबरी मस्जिद के गिरने पर जो फ़सादात हुए थे, उस मौज़ू पर यह नज़्म उन्होंने अपने बेटे के घर में ही लिखी थी। एक इंटरव्यू में तनवी ने कैफ़ी के बारे में कहा

था : "अब्बा की तारीफ़ हो या उन्हें कोई इनूआम दिया जा रहा हो तो उनके चेहरे से ऐसा लगता था कि यह तारीफ़ किसी और की हो रही है या यह इनूआम किसी और को दिया जा रहा है, उनको नहीं।"

किताबें और Mont Blanc पेन जमा करने का बेहद शौक़ था। उनकी लाइब्रेरी में पाँच हज़ार से भी ज़्यादा किताबें थीं। उनमें ऐसी भी किताबें थीं जो नायाब हैं। शबाना ने कैफ़ी की तमाम किताबें अलीगढ़ यूनिवर्सिटी की लाइब्रेरी को दे दीं।

कैफ़ी को अपने गाँव से दीवानों की तरह इश्क़ था। उसकी बुराई बर्दाश्त नहीं कर सकते थे और इसी शिद्दत से कम्यूनिस्ट पार्टी से मोहब्बत करते थे। सोशलिज़्म पर यक़ीन रखते थे। पार्टी कार्ड हमेशा उनके ब्रीफ़केस में रहता था और अक्सर उसे निकालकर बड़े फ़ख़्र से कहते : "यह मेरा सबसे क़ीमती सरमाया है।"

कभी-कभी कैफ़ी ऐसी बातें करते थे जो सिर्फ़ एक रहनुमा ही कर सकता है। कैफ़ी ने मिजवाँ की बहबूदी और तरक़्क़ी के लिए एक वेलफ़ेयर सोसायटी भी बनाई थी। अपनी ज़मीन पर उसका ऑफ़िस और कमरे बनाए। हर कमरे में पंखे लगवाए। गाँववालों को तो उन्हें परेशान करना ही था, इसलिए एक रात चारों पंखे किसी ने चुरा लिए। गाँव में हंगामा हो गया। कैफ़ी बिल्कुल ख़ामोश रहे। शबाना ने पूछा : "अब्बा आपको इस बात से फ्रस्ट्रेशन नहीं हुआ ?"

शबाना को समझाते हुए कहने लगे : "बेटे, जब आप तब्दीली के लिए काम करते हैं तो इस उम्मीद में यह गुंजाइश भी रखना चाहिए कि शायद यह तब्दीली आपकी ज़िन्दगी में नहीं आएगी लेकिन फिर भी आपको अपना काम तो करते ही रहना चाहिए।"

कैफ़ी जैसे लोग रोज़-रोज़ पैदा नहीं होते। लोग कहते हैं, ऐसे लोग मरते नहीं बल्कि अमर हो जाते हैं।

मैं अपने दिल को समझाती हूँ कैफ़ी कि तुम अमर हो गए हो। लेकिन इसका क्या करूँ कि बार-बार ख़याल आता है कि तुम्हारे बग़ैर मैं बहुत अकेली हो गई हूँ कैफ़ी।

—शौकत कैफ़ी

6.7.2002

शौकत कैफ़ी अभिनीत नाटकों और फ़िल्मों की सूची

पृथ्वी थियेटर के ड्रामे

शकुंतला	1944
दीवार	1945
पठान	1947
ग़द्दार	1948
आहूति	1949
कलाकार	1952
पैसा	1954
किसान	1956

इप्टा के ड्रामे

धानी बाँकें	1947
भूत गाड़ी	1947
डमरू	1958
अफ़्रीक़ा जवान परेशान	1964
लाल गुलाब की वापसी	1965
इलैक्शन का टिकट	1965
आज़र का ख़्वाब	1967
तन्हाई	1971
आख़िरी सवाल	1978
सफ़ेद कुंडली	1980
एंटर ए फ़्रीमैन	1982

थियेटर ग्रुप के ड्रामे

शीशों के खिलौने	1957
नौकरानी की तलाश	1957
सारा संसार अपना परिवार	1959
शायद आप भी हँसें	1959

त्रिवेणी रंगमंच के ड्रामे

पगली	1961
अंडर सेक्रेटरी	1963

इंडियन नेशनल थियेटर के ड्रामे

इडिपस रेक्स	1962

फ़िल्में

हक़ीक़त	1964
हीर राँझा	1970
नयना	1973
गर्म हवा	1973
लोफ़र	1973
स्वीकार	1973
धूप छाँव	1977
आँगन की कली	1979
इंस्पैक्टर ईगल	1979
उमराव जान	1981
रास्ते प्यार के	1982
बाज़ार	1982
लोरी	1984
अंजुमन	1985
सलाम बॉम्बे	1988

●●●